Guido Pinkau

Reisegast in Südafrika

Guido Pinkau

Reisegast

in Südafrika

Herausgeber der Reihe Reisegast:

Buch & Welt GmbH

IWANOWSKI'S *i* REISEBUCHVERLAG

www.iwanowski.de

Hier finden Sie aktuelle
Infos zu allen Titeln,
interessante Links –
und vieles mehr!

© 2010 Buch & Welt GmbH, München
und Iwanowski's Reisebuchverlag, Dormagen

1. Auflage 2010

Konzept, Redaktion, Bildredaktion: Buch & Welt GmbH, München

Lektorat: Ute Diergarten-Wandel, München

Korrektorat: Ines Walke-Chomjakov, München
Katrin Liska, München

Satz und Produktion: Dr. Alex Klubertanz, München

Bildnachweis:
Judith Groeneveld Seite 12, 14 beide, 15, 62, 87, 112, 117, 118, 119, 128, 130,
136, 166, 170, 171, 172, 173, 174 beide, 185, 187, 189, 202, 205; *Horst Schade*
30, 37; *Volkmar E. Janicke* Seite 13, 40 beide, 41, 79, 84, 97, 126, 134, 137, 144,
148, 156, 157, 158, 159, 160, 161; *Guido Pinkau* Seite 2, 10, 11, 16, 21, 22, 24,
26, 29, 34, 48, 76, 80, 81, 83, 93, 115, 116, 132, 135, 151, 153, 155, 162, 167,
169, 178, 179, 180, 182, 184, 186, 190, 197, 206, 207; *South African Tourism
(Johannesburg)* Seite 33, 176; *Malte Wandel* Seite 8, 49, 50, 51, 53, 57, 67, 68,
88, 94, 98, 99, 101, 102, 103, 104, 108, 110, 113, 121, 122, 125, 138, 139, 145,
152, 164, 168, 188, 194, 196, 199; *Wikipedia* Seite 38, 42, 52, 56, 60, 71, 73, 74,
77, 92 beide, 149, 150; *Buch&Welt Archiv* Seite 43, 44, 46, 142; *Leo Purmann*
Cartoons Seiten 207–213; *Alex Klubertanz* Karte Seite 18; *Christian Heeb/laif
(Köln)* Titelbild und Seite 3 (Museumsdorf im Qwa Qwa National Park, Free
State Lesotho)

Gesamtherstellung: Offizin Andersen Nexö, Leipzig

ISBN: 978-3-933041-88-3

Inhalt

Sawubona — Willkommen in der »Regenbogennation« 8

Vorwort von Guido Pinkau 9

Ein Land stellt sich vor 12

Umspült von zwei Ozeanen 13

Die geographischen Großräume 15

Klima — das Wetter schlägt Kapriolen 19

Die Kapflora — Botanikers Glück 22

Zu den wilden Tieren im Land der Big Five 23

Von der Wiege der Menschheit zum modernen Vielvölkerstaat .. 30

Afrika — ein geschichtsloser Kontinent? 31

Die Suche nach dem Ursprung der Menschheit 31

    Info: Wenn ich zur Welt komme, bin ich schwarz 32

Der Zuzug afrikanischer Stämme nach Südafrika 35

    Info: Das goldene Nashorn von Mapungubwe 36

Seefahrer entdecken das Land am Kap 36

Holländischer Einfluss — die Ostindische Handelskompanie 38

Ein Mythos — die »große« Vergangenheit der Pioniere 42

Die Jahre der Kriege 44

Von der Apartheid bis heute — ein langer Weg zur Freiheit 48

Die Ära der Apartheid 49

    Info: Die wichtigsten Gesetze der Apartheid 52

Townships — Hinterlassenschaft der Apartheid 53

Das Ende der Apartheid 54

Schüleraufstand von Soweto 55

Info: Hector Pieterson: Ein Bild schreibt Geschichte 56

Die Jahre des Wandels (1989-1994) 57

Der Neuanfang mit Mandela 60

Wer regiert heute? 61
Jacob Zuma – eine schillernde südafrikanische Politikerkarriere 63
   Info: Helen Zille bootet den ANC aus 63

Über die Vielfalt der Ethnien im Land am Kap 68
Sind Sie Zulu? – Begegnung mit Einheimischen 69
San, die Urbevölkerung Südafrikas 70
Die Zulu – Volk des Himmels 76
   Besuch in einem Zulu-Dorf 77
   Familienbeziehungen – vom ersten Liebesbrief zur Hochzeit 83
   Ubuntu – eine neue Gesellschaftsordnung 85
Die Weißen – abgedrängt an den Rand der Gesellschaft? 86
   Affirmative Action als Umkehrung der Apartheid 86
   Die neue Wagenburgmentalität 89
Inder: Nicht weiß, nicht schwarz – wir sind die Grauen 90
   Info: Gandhi in Südafrika – Geburt des gewaltlosen Widerstands 91
Kapmalaien 92

Multikulti oder doch eher Mosaik? 94
Viele Sprachen – eine Stimme? 95
   Info: Hochgesteckte Ziele – das Bildungssystem 98
Südafrika – ein christianisiertes Land? 101
Das Drama um Aids 107

Wirtschaftsnotizen – Schwellenland oder Industriestaat? 110
Krasse Gegensätze 111
Investieren in die Zukunft 113
Südafrikas Ressourcen 114
Arbeiten in Südafrika 117
Black Economic Empowerment 119
Konfrontation mit unterschiedlichen Mentalitäten 121
Dos und Don'ts im täglichen Umgang 123

Von edlen Tropfen und komischen Vögeln 126
Weinsinniges – Erfolgsgeschichten vom Kap 127
Federvieh – Straußenzucht in der Kleinen Karoo 133

Was den Gaumen verwöhnt 138

Info: Südafrikanische Spezialitäten 140

Traumstädte und Schattenseiten (1) 142

Johannesburg – die Stadt des Goldes 143

Die Glücksritter kommen 143

Jo'burg wechselt sein Gesicht 143

Gimme hope Jo'anna 146

Als Reisegast in Jo'burg 147

Soweto – Good, Bad and Ugly 150

Durban – Californian Feeling am Indischen Ozean 155

Pretoria – die Jacarandastadt 159

Traumstädte und Schattenseiten (2) 162

Kapstadt – Mutterstadt 163

Kapstadt zu Fuß – das 17-Punkte-Programm 165

Die Waterfront – Treffpunkt der Nationen 168

Hinein ins Kapstadt-Feeling 169

Die andere Seite vom Tafelberg 174

Knysna – Austern in der Stadt des Holzes 176

Stellenbosch – Idylle unter Eichen 177

Studieren im Weinland 181

South African Highlights – Safari, Sport, Kultur 184

Auf Reisen in Südafrika 185

Vom Sport und den Helden der Nation 192

Info: Die schönsten privaten Game Reserves 193

Info: Pinkaus Top Ten – Golfplätze 200

Über die Kulturszene am Kap 201

Kulturspiel 207

Literatur- und Filmtipps 214

Register 217

Sawubona – Willkommen in der »Regenbogennation«

Gut gelaunt nach dem Einkauf, Johannesburg

Vorwort von Guido Pinkau

Südafrika übt Faszination aus. Für viele ist es die Traumdestination schlechthin. Angenehme klimatische Bedingungen locken Gäste aus aller Welt an. Dazu aufregend schöne Landschaften, exotische Tiere, seltene Pflanzen, und Menschen, die als warmherzig und gastfreundlich gelten. Aber Südafrika ist auch ein schwieriges Land, ein Land, das polarisiert. Die meisten seiner Bürger sind schwarzer Hautfarbe. Sie blicken auf eine bittere Geschichte zurück, in der eine Handvoll Weißer – im zahlenmäßigen Vergleich zur übrigen Bevölkerung – jahrhundertelang keine besonders rühmliche Rolle spielte. Und dennoch: Schwarze und Weiße haben dieses Land zu dem gestaltet, was es heute ist. Nicht immer im Frieden, nicht immer sozial gerecht, nicht immer unter Einhaltung der Menschenwürde. Auch zwanzig Jahre nach dem Ende der Apartheid ist Südafrika ein Land im Umbruch, das mit den Hinterlassenschaften von Kolonialismus und Rassentrennung kämpft.

Ein verlockendes, aber schwieriges Land

Mit Nelson Mandela an der Spitze des ANC, Siegerpartei der ersten freien und demokratischen Wahlen 1994, hatte sich die Nation viel vorgenommen, um bessere Lebensbedingungen für alle Menschen Südafrikas zu schaffen und das zutiefst gespaltene Land neu aufzubauen. Vielleicht sogar zu viel. Südafrika ist auf dem Weg in eine bessere Zukunft, so die Bilanz nach zwei Jahrzehnten, aber die Entwicklung dahin geht langsamer voran, als viele sich das erhofft hatten.

»Wir treten ein in einen Bund, um eine Gesellschaft aufzubauen, in der alle Südafrikaner, schwarz oder weiß, aufrecht gehen können, ohne Furcht im Herzen, ihres unveräußerlichen Rechts auf menschliche Würde gewiss – eine Regenbogennation, die mit sich selbst und der Welt im Frieden ist.« So hatte Nelson Mandela seine Idee eines neuen Südafrika am 27. April 1994 rhetorisch trefflich auf den Punkt gebracht. Das Bild der Regenbogennation, eine schöne Vision – aber hält sie auch der heutigen Wirklichkeit stand? Schaffen die Südafrikaner ein friedliches Miteinander? Kann der ANC als die bis heute stärkste politische Kraft im Lande die ambitionierten Pläne gegen Armut, Arbeitslosigkeit und Aids umsetzen? Wie sieht es aus im Südafrika des 21. Jahrhunderts? Leben alle Menschen unterschiedlicher Hautfarbe und Herkunft inzwischen unter dem viel beschworenen Regenbogen? Wohl kaum, wenn man die derzeitigen Gegebenheiten im Land am Kap genauer unter die Lupe nimmt.

Schaffen die Südafrikaner ein friedliches Miteinander?

Vieles an der gegenwärtigen südafrikanischen Gesellschaft mag Ihnen als ausländischem Betrachter befremdlich erscheinen. Wenn Sie das Land unvorbereitet bereisen, dann werden Sie mitunter schockiert sein: Etwa beim Besuch eines Townships mit seinen traurigen Verhältnissen. Es reicht auch schon, nur an einer dieser Elendssiedlungen vorbeizufahren. Oder angesichts der bedrückenden Tatsache, dass fast eine ganze Generation schwarzer Kinder ohne Eltern aufwächst. Als Folge der Seuche Aids, die in Südafrika erbarmungslos zuschlägt. Vielleicht haben Sie die vielen Warnungen vor Kriminalität schon im Vorfeld Ihrer Reise irritiert. Jeder weiß es doch: Extreme Armut und extremer Reichtum zementieren ungleiche Verhältnisse. Sozialneid und vielfach auch pure Not lassen die Hemmschwellen zur Gewaltbereitschaft sinken. Eine Gesellschaft, die so lange offenen Rassismus erlebt hat, ändert sich nicht von heute auf morgen. Unvorbereitet sollte daher niemand diesem Land begegnen.

Vieles erscheint befremdlich

»A whole world in one country« (die ganze Welt in einem Land) – so lautet eine
weitere griffige Botschaft, mit der vor allem Südafrikas Tourismusstrategen ihr Land bewerben. Und in gewisser Weise stimmt auch diese Perspektive des bunten Miteinanders
vieler unterschiedlicher Ethnien in einer Nation. Südafrikaner sind sie alle: die burischen
Farmer im Norden, die Deutschstämmigen in den Drakensbergen, die Zulu in KwaZulu-
Natal. Aber es gibt eben auch vieles, was sie voneinander trennt. Nicht selten sind die
Gräben sogar unüberbrückbar. Alles in Südafrika hat seine Kehrseite.

Die großen, europäisch geprägten Metropolen des Landes können sich mit denen anderer Länder messen. Zum Beispiel Kapstadt: Es gibt Wohlstand, modernste Hochhäuser,
Einkaufs-Malls für Konsumrausch, Villen und Restaurants vom Feinsten. Aber nur wenige Kilometer entfernt auch Armut und Trostlosigkeit in den Vorstädten der Schwarzen.
Einerseits erweckt Südafrikas boomende Wirtschaft den Eindruck, als sei das Land bereits
ein hoch entwickelter Industriestaat, in den ausländische Konzerne nach Kräften investieren. Andererseits ist nicht zu übersehen, dass es – neben wenigen Reichen, Schwarzen
wie Weißen – sehr viele Menschen gibt, die nur von der Hand in den Mund leben. Zum
Beispiel in Soweto bei Johannesburg.

Manchmal sind es nur ein paar Häuserblöcke, die ganze Lebensstile und kulturelle
Eigenheiten voneinander trennen, wie bei den Kapmalaien in Kapstadt oder in den indischen Vierteln Durbans. Große Teile der schwarzen Bevölkerung vor allem der Mittelschicht haben sich äußerlich und in ihrem Alltag dem angepasst, was die westliche Welt
als Ideal verspricht. Dennoch wird in den Städten und stärker noch auf dem Land an
uralten, überlieferten Stammestraditionen festgehalten. Das Recht dazu ist sogar in der
Verfassung verbrieft. Auch das prägt die südafrikanische Gesellschaft.

Südafrikas Zukunft, Schulkinder in der Hauptstadt Pretoria

Kriminalität ist – wie schon angedeutet – Dauerthema in einem Land, in dem es derart große Unterschiede zwischen Habenden und Nichtshabenden gibt. Unbestritten ist Johannesburg eines der gefährlichsten Pflaster dieser Erde. Einen Spaziergang am Abend etwa rund um sein Hotel zu unternehmen, ist ein Ding der Unmöglichkeit. Auf einen solchen Gedanken käme nicht mal ein Einheimischer. Verwirrend für Fremde ist außerdem der Anblick von besseren Wohngebieten, in denen Eigentümer aus Angst vor Einbrüchen fast jedes Haus mit dem Hinweisschild »armed response« versehen, ihre Grundstücke mit Mauern und Nato-Zaun verbarrikadieren und private Sicherheitsdienste zu ihrem Schutz engagieren. Obwohl sich die Regierung sehr um mehr Sicherheit bemüht, wird sich an dieser Situation in nächster Zeit kaum etwas ändern.

Manchmal ist auch Vorsicht geboten

Das alles muss verstehen können, wer sich in Südafrika womöglich auch für längere Zeit aufhält und sich dort wohl fühlen will. Die Sinne des interessierten Lesers für die Hintergründe dieser historischen und soziokulturellen Zusammenhänge wenigstens ansatzweise zu schärfen, ist das Anliegen des vorliegenden Reisegast-Bandes. Mit vielen Verhaltenstipps werden Sie aber auch auf das Südafrika Ihrer Träume eingestimmt. Egal, ob Sie nun Safaritourist, Individualreisender, Großstadthopper, Geschäftsmann, Gaststudent oder was auch immer sind. Schließlich sollen Sie auch die immensen Schönheiten des Landes genießen können und gerne an Ihren Aufenthalt zurückdenken.

Einstimmung auf das Südafrika Ihrer Träume

Denn trotz allem hat sich in den letzten zwanzig Jahren auch viel Positives getan. Mir sagte zum Beispiel einer der schwarzen Führer im District Six Museum kürzlich in Kapstadt. »Alle schimpfen immer in diesem Land, dass das Ende der Apartheid keine Veränderungen gebracht hat. Aber ich hätte hier früher nicht so selbstbewusst weißen Gästen über die schwarze Geschichte Südafrikas erzählen können, geschweige denn Fragen kritisch und ehrlich beantworten dürfen. Diese Freiheit haben wir heute. Und das ist genau das, wofür sich alles gelohnt hat und wofür sich die Anstrengungen für die gemeinsame Zukunft lohnen.«

»Woza!« heißt es bei den Zulu. »Komm her und sieh!« Dieser Aufforderung sollten Sie als Reisegast Folge leisten und vor Ort auf die Suche nach der Regenbogennation gehen. Schwarz und Weiß war gestern, heute herrscht die Vielfalt, das Bunte. Der Regenbogen, den Nelson Mandela beschreibt, gibt Anlass zur Hoffnung: *Sawubona* – Willkommen in der »Regenbogennation«!

Der Autor auf Safari

Über den Autor

Guido Pinkau, Jahrgang 1964, M.A. in Geographie und Sozialwissenschaften, ist als Studienreiseleiter tätig und hat einen Lehrauftrag für Anthropogeographie an der Universität Passau. Seit über zehn Jahren bereist er Südafrika regelmäßig. Er ist ein fundierter Kenner des Landes, das auch im Fokus seiner wissenschaftlichen Arbeit steht. Er organisiert außer Spezialreisen, Safaris und Großstadttouren auch Forschungsaufenthalte und Exkursionen. Es sind bereits mehrere Bücher von ihm zu anderen Themen erschienen. Sein Lebensmittelpunkt ist Passau.

Ein Land
stellt sich vor

Der Traum von Afrika, Camps Bay Beach, Kapstadt

Umspült von zwei Ozeanen

Eines vorweg: Es ist nicht das Kap der Guten Hoffnung (Cape of Good Hope), an dem Indischer Ozean und Atlantik zusammenfließen, auch wenn zahlreiche Besucher, die von Kapstadt aus dorthin gefahren sind, das gerne und oft behaupten. Der südlichste Punkt des afrikanischen Kontinents liegt weiter östlich, an einer anderen markanten, ins Meer abfallenden Landspitze: am Kap Agulhas (34°50'S). Der hier verlaufende zwanzigste Meridian stellt die geografische Grenze zwischen den beiden Weltmeeren dar.

Südlichster Punkt Afrikas

Der Name Kap Agulhas (Kap der Nadeln) entstammt den Legenden der portugiesischen Seefahrer. Bartolomeu Diaz war es, der es 1488 als erster umschiffte und – wie wenig später auch Vasco da Gama – hier das Aufeinandertreffen unterschiedlicher Meeresströmungen bemerkte. Doch nicht allein der hohe Wellengang in dieser Gegend machte das Navigieren der Schiffe so schwierig. Die größere Bedrohung ging selbst für erfahrene Nautiker von den »Nadeln« (portugiesisch agulhas) knapp unterhalb der Wasseroberfläche aus: zahlreiche Felsen und Riffe, die je nach Wasserstand mal mehr, mal weniger aus den Wellen ragen. Die Kapküste ist dafür berüchtigt. Manch einem Segler sind diese Nadeln schon zum Verhängnis geworden. Kein Wunder, dass die meisten der frühen Seefahrer lieber einen großen Bogen darum machten.

Aus heutiger Sicht ist viel interessanter, was sich auf Grund unterschiedlicher Temperaturverhältnisse in den Ozeanen westlich und östlich vom Kap Agulhas abspielt. Das Oberflächenwasser des Atlantiks durchzieht der kühle Benguelastrom, der aus den kalten Gewässern Kap Hoorns und vom Falklandstrom gespeist wird. Dagegen ist es der warme Agulhasstrom, der den Indischen Ozean wie eine Warmwasserheizung aufheizt. Surfer

Surferparadies

Felsspitzen ragen aus dem Wasser, Kap Agulhas

machen sich das zunutze. Sie finden hier ihr Paradies. Wer in Südafrika das ganze Jahr über surfen will, sollte die Ostseite wählen. Der Benguelastrom mit rund 14 Grad Celsius kühlt den Atlantik doch deutlich ab, während der Agulhasstrom mit seinen circa 25 Grad Celsius stets für angenehme Badetemperaturen sorgt. In abgeschwächter Weise lässt sich das sogar in der Tafelbucht von Kapstadt und in False Bay »erfühlen«. Das Wasser am Bloubergstrand etwa ist etwas kühler als das am Strand von Muizenberg (vgl. Seite 173). Kenner stellen sich darauf ein.

Whale
Watching

Wie die Menschen verhalten sich auch die Meeresbewohner. Große Gruppen von Walen zieht es in den Monaten Juni bis November rund ums Kap ostwärts in die Buchten von Hermanus bis nach Mosselbay, wo sie in den wärmeren Gewässern ihre Jungen zur Welt zu bringen. Es ist ein Schauspiel der besonderen Art, die Giganten der Meere zu beobachten, wie sie sich ausgelassen und spielerisch im warmen Meerwasser tummeln – von Hermanus oder den Cliffs von De Kelders (Gansbaai) aus.

Für viele kleinere Fischarten bedeutet der Temperaturunterschied zwischen West- und Ostseite von Südafrikas Küste die Begrenzung ihrer Lebensräume. Die einen können nur im warmen Wasser, die anderen nur im kalten Nass überleben. Im Two Ocean Aquarium in Kapstadt hat es der Betrachter direkt vor Augen. In zahlreichen Aquarien – manche sind untereinander verbunden – wird gezeigt, welche Meerestiere in welchem Gewässer

Links: Two Ocean Aquarium, Kapstadt. Rechts: Ein weißer Hai, Two Ocean Aquarium, Kapstadt

 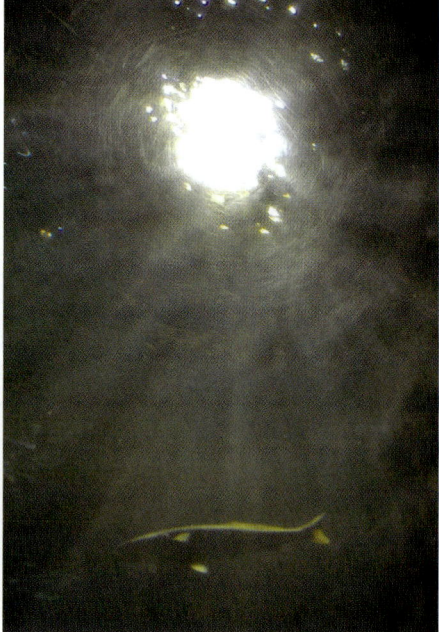

Jackass-Pinguin, Boulders Beach, Simonstown

ihre Heimat haben. Generell reicht bereits ein Temperaturunterschied von fünf Grad aus, um den Fischen einen Wechsel von einem maritimen System in das andere unmöglich zu machen. Die Fischschwärme kehren um.

Auch der weiße Hai ist in Südafrikas Küstengewässern zuhause. Spätestens durch den Film *White Shark* (1975) von Steven Spielberg zum Mythos erhoben, betrachtet manch ein Abenteuerlustiger eine Begegnung mit diesem Tier als finalen Nervenkitzel. In der Gansbaai ist dies im Rahmen organisierter Ausflüge nach Dyer Island ein kalkulierbares Risiko. Aus einem Tauchkäfig heraus kann jeder, der will, einem weißen Hai ins Auge blicken. Naturliebhaber, die einen solchen Kick nicht brauchen, kommen auch weniger spektakulär auf ihre Kosten. Jackass-Pinguine und Kap-Kormorane sind in Hülle und Fülle zu beobachten. Auf der kleinen Nachbarinsel Geyser Rock leben 50.000 Robben. Vor allem aber zwischen Juni und Anfang November ist als Touristenattraktion *Whale and Dolphin Watching* angesagt.

Shark Cage Diving

Die geographischen Großräume

Natürlich lockt das Meer. Aber ein noch größerer Reiz geht von der wunderbar vielfältigen Landschaft Südafrikas aus. Mit eigenen Augen zu sehen, was in zahlreichen Bildbänden, Fernsehdokumentationen und Touristikbroschüren angepriesen wird, das ist es, was die meisten Reisenden an den Fuß von Afrika zieht. Das Land ist ein Eldorado für Fotografen: Tiere, Tiere, Tiere und atemberaubende, abwechslungsreiche Traumlandschaften.

Eldorado für Fotografen

Vier geographische Großräume setzen sich deutlich voneinander ab: Das Binnenhochland (Highveld), die Große Randstufe (Great Escarpment) mit ihrer Plateauabdachung hin zum niedriger gelegenen Tiefland (Lowveld), der Küstensaum sowie das südliche Kap. Südafrikas größte Flusssysteme, Oranje und Vaal, durchziehen das ausgedehnte Binnenhochland, das auf einer Höhe von tausend bis achtzehnhundert Metern liegt. Mittendrin befindet sich der wirtschaftlich wichtigste Verdichtungsraum des Landes rund um die Städte Johannesburg und Pretoria, wo gut zehn Millionen Menschen leben.

Die Drachenberge

Während hier nur einzelne, inselartig auftauchende Berge die Oberfläche gliedern und extensive Weidewirtschaft und Maisanbau die eher einförmige Landschaft prägen, wird es zum »Rand« hin aufregender. Die Große Randstufe im Osten mit den hohen Drakensbergen bietet in ihrem südlichen Teil mit kulissenartigen Gebirgszügen dramatische Eindrücke: Golden Gate, Cathedral Peak, Champagne Castle und Giants Castle Nature Reserve sind klangvolle Namen für atemberaubende Gebirgsszenerien. Zu einem unvergesslichen Erlebnis wird die Fahrt mit geländegängigen, allradbetriebenen Fahrzeugen hinauf nach Lesotho über den Sani Pass. In der östlichen Grenzregion von Lesotho nach Südafrika liegen auch die höchsten Gipfel des südlichen Afrikas, Inyasuti (3.446 m) und Thabana N'Tlenyana (3.482 m).

Etwa tausend Meter tiefer, ebenfalls zur Randstufe zählend, erhebt sich der nördliche Teil der Drakensberge. Der Blyde River Canyon ist ein touristisches Muss auf dem Weg von Johannesburg zum Krügerpark (engl. Kruger National Park). Die kuppelartigen Felsformationen der »Drei Rondavels« ähneln traditionellen afrikanischen Rundhütten, und haben daher von den holländischen Siedlern wohl ihren Namen bezogen.

Übrigens: Unter »Rand« verstehen die Südafrikaner nicht nur den Abbruch vom Highveld zum Lowfeld, es ist auch eine geographische Bezeichnung. Witwatersrand heißt

Über den Sani Pass durch die Drakensberge nach Lesotho

Die Republik Südafrika (RSA) in Zahlen

info

Größe: 1,2 Mio km², entspricht ungefähr 3,5 Mal der Größe Deutschlands

Lage: Von Nord nach Süd erstreckt sich RSA zwischen dem Limpopofluss im Norden (22° 52'S) und Kap Agulhas/Nadelkap im Süden (34° 52'S); von Ost nach West von der Mündung des Oranje am Atlantik (16° 40'O) nach Ponta Do Ouro am Indischen Ozean (33° O)

Bevölkerung: 47,85 Mio Schwarze (77,8 %), Weiße (10,17 %), Coloureds (8,68 %), Asiaten (2,49 %)

Bevölkerungsdichte: 39,2 Einwohner pro Quadratkilometer

Bevölkerungswachstum: 1,06 % pro Jahr

Sprachen: 11 offizielle Landessprachen: isiZulu (23,8 %), isiXhosa (17,6 %), Afrikaans (13,3 %), sePedi (9,4 %), Englisch (8,2 %), setswana (8,2 %), seSetho (7,9 %), xiTsonga (4,4 %), siSwati (2,7 %), tshisVenda (2,3 %), isiNdebele (1,6 %)

Religionen: Christen (75,5 %): davon Independent African Churches (25,74 %), Nederduitse Gereformeerde Kerk (8,9 %), Römisch-katholisch (8,6 %), Methodisten (7,1 %), Anglikaner (4 %), Lutheraner (2,6 %); weitere Religionen: u.a. Hindus (1,4 %), Moslems (1,4 %), Juden (0,2 %)

Hauptstadt: Tschwane (Pretoria) (City of Tschwane Metropolitan Municipality: 2.345.908 Einwohner); Parlamentssitz: Kapstadt (2.375.910 Einwohner)

Provinzen: Eastern Cape, Free State, Gauteng, Kwa Zulu/Natal, Mpumalanga, Northern Cape, Northern Province, North-West-Province, Western Cape

Große Städte: Johannesburg (3.225.608), Durban/eThekwini (3.346.799), Kapstadt (2.376.000), East London/Buffalo City (702.271), Port Elizabeth/Nelson Mandela Bay (1.005.776), Bloemfontain/Mangaung (640.430), Sitz des Obersten Gerichtshofs

Lebenserwartung: Männer (45 Jahre), Frauen (48,8 Jahre)

Säuglingssterblichkeit: 66,66 je tausend Neugeborene (2007)

HIV/Aids-Infizierte: 21,5 %

Analphabetenrate: 39 % (1996), 13 % (2003), 12,4 % (2007) der Bevölkerung über 14 Jahre

Landwirtschaftliche Nutzfläche: 100 Mio Hektar, davon 83 % in weißer Hand

Bruttoinlandsprodukt (BIP): 260,9 Mrd. US-Dollar (2007)

Wachstum BIP: 5 % (im Jahr 2007)

Arbeitslosenquote: offiziell 23 % (2007)

Inflation: 3,6 % (2007)

Haupt-Export-Partner: Deutschland, USA, China, Großbritannien, Japan, Frankreich

Haupt-Import-Partner: USA, Großbritannien, Japan, Deutschland, Niederlande, China, Italien

Telefonanschlüsse je tausend Einwohner: 111,48 (2007)

Mobiltelefone je tausend Einwohner: 531,14 (2007)

Internet-Nutzer je tausend Einwohner: 96,63 (2007)

Fernsehgeräte je tausend Einwohner: 236,94 (2007)

Quellen: Auswärtiges Amt der Bundesrepublik Deutschland, Statistisches Bundesamt, Kinder Nothilfe des Roten Kreuzes, Welt-in-Zahlen.de (jeweils verschiedene Jahrgänge)

der Gebirgszug, der sich mit bis zu 1.779 Metern Höhe auf circa 200 Kilometern Länge nördlich von Johannesburg nach Osten erstreckt. Um die Verwirrung zu komplettieren: Hier stießen die Goldsucher Ende des 19. Jahrhunderts auf die größten Goldfunde. So wurde das Gebirge namensgebend für die Währung des Südafrikanischen Rand – stabil und stark, das ist die Hoffnung.

Der meist schmale und nur mäßig unterteilte Küstensaum schließt sich an das Lowfeld an. Die Wetlands von St. Lucia (nördlich von Richardsbay) mit ihren Mangrovenwäldern, dem Lebensraum von Flusspferden, Krokodilen und zahlreichen Vogelarten, zählen genauso dazu, wie die Strände nördlich und südlich von Durban, die Hafenorte East London und Port Elizabeth, und die Baderegionen entlang der Gartenroute bei Wilderness

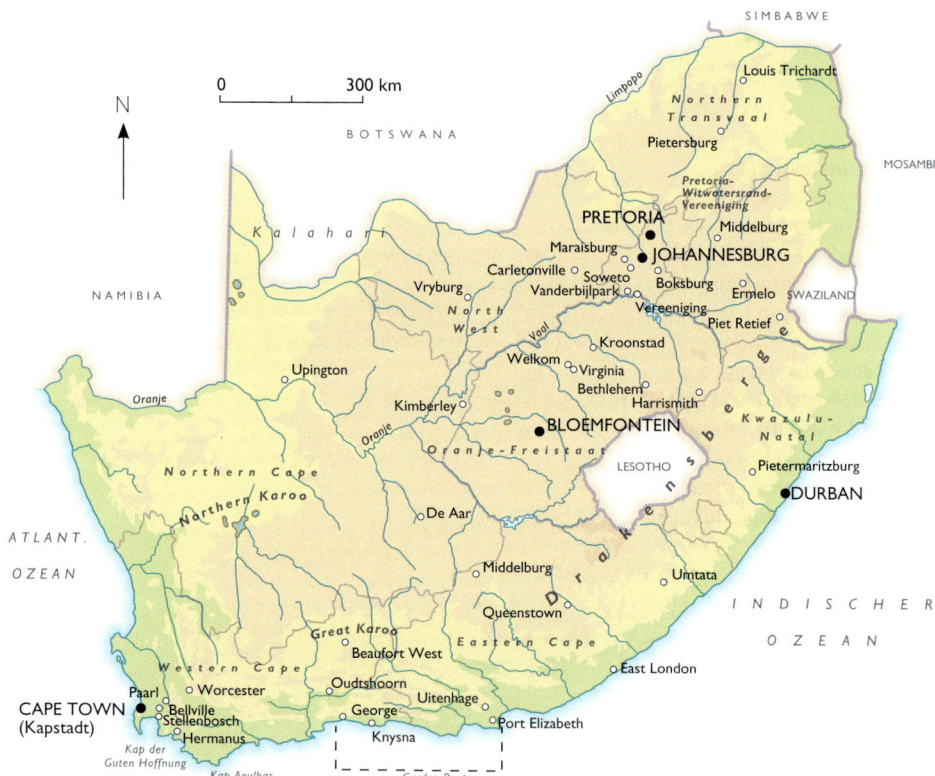

Enklaven – Lesotho und Swasiland

▸ **Lesotho,** das Bergkönigreich, ist eine konstitutionelle Monarchie mit einer annähernd demokratischen Verfassung. Die kleine unabhängige Enklave liegt mitten in Südafrika, zu dem es politisch niemals gehört hat, von dem es aber auf Grund seiner Lage wirtschaftlich immer abhängig war. Fast alle seiner zwei Millionen Bewohner gehören dem Volk der Bantu an. Von zehn Menschen arbeiten derzeit drei als Wanderarbeiter in Südafrika. Dort schlägt ihnen im Kampf um Arbeit mitunter Ablehnung entgegen. Lesotho gehört zu den ärmsten Ländern der Welt.

▸ **Swasiland** ist ebenfalls ein kleiner autonomer Binnenstaat im südlichen Afrika, umgrenzt von Südafrika und auf rund 100 Kilometern Länge angrenzend an Mozambik. Es ist die letzte absolute Monarchie Afrikas. Der 1968 geborene König Mswati III gerät des Öfteren durch sein sehr traditionelles Familienleben in die Schlagzeilen der Weltöffentlichkeit. Bislang hat er von 13 Frauen 27 Kinder. Folgt er dem Beispiel seines Vaters, werden es noch mehr. König Sobhuza II brachte es auf 70 Ehefrauen und 210 Kinder. Als er starb, hinterließ er tausend Enkelkinder. Die Bewohner Swasilands, zu 90 Prozent Bantu, sind bitterarm und von ausländischer Hilfe abhängig.

und Knysna. Dem ebenfalls an der Küste gelegenen Kapland muss eine Sonderstellung eingeräumt werden, da es durch die Gebirge der Kapketten (u.a. Swart Berge, Lange Berge, Over Berge) und dem Tafelbergmassiv viel kleinräumiger gegliedert ist. Vor allem aber herrscht hier im Unterschied zu den anderen Landesteilen rund ums Kap ein subtropisches Winterregenklima. Damit entspricht das Wetter hier genau den uns bekannten mediterranen Verhältnissen, oder denen Kaliforniens oder des südwestlichen Australien. Wahrscheinlich werden Sie als Reisender sogar Ähnlichkeiten im Lebensgefühl der Menschen aus diesen Klimazonen entdecken. Kein Wunder also, dass europäische Eroberer, Siedler, Kolonisten sich hier von Anfang an heimisch und wohl gefühlt haben.

Riviera Südafrikas

Klima – das Wetter schlägt Kapriolen

Als Ganzjahresreiseland wird Südafrika von Touristikunternehmen beworben. Doch es gibt Zeiten, da ist selbst ein sonst so sonnenverwöhnter Staat trüb. Im Winter kann es sogar zu gelegentlichen, geringen Schneefällen kommen – weniger rund um Johannesburg, eher in den Höhenlagen der Drakensberge und in der Kapregion. Wenn das Weinland hinter Kapstadt dann wie leicht überzuckert aussieht, hat das seinen ganz besonderen Reiz. Auf den Straßen allerdings herrscht schon bei ein paar weißen Flocken eine absolute Ausnahmesituation. Niemand ist darauf vorbereitet.

Wenn am Kap Schnee fällt …

Bedingt durch die Lage zwischen den Ozeanen, kommt vom Atlantik her meist kühle, trockene Luft, während es vom Indischen Ozean her warm und feucht weht. Treffen diese Luftmassen dann auf das Festland, werden sie in der Regel von den Gebirgszügen gebremst, die sich wie eine schützende Kette an Südafrikas Küste entlang ziehen. Hier kommt es dann zum Abregnen, wohingegen es im Hinterland trocken bleibt.

Kreuz des Südens

Viele kennen das Sternbild von einer Australienreise, denn dort ist das »Kreuz des Südens« sogar Bestandteil der Staatsflagge: Es besteht aus vier besonders hellen Sternen, die miteinander ein Kreuz bilden. In Südafrika ist es am nächtlichen Himmel ebenfalls klar und deutlich zu sehen. Noch in der Antike strahlte es auch auf der Nordhalbkugel am Nachthimmel. Durch die langsame Richtungsänderung der Erdachse aber hat sich das Sternbild nach Süden verschoben. Bei uns in Mitteleuropa ist es heute nicht mehr zu sehen. Im 16. Jahrhundert diente es den christlichen Seefahrern, die südliche Meere befuhren, nicht nur zur Orientierung auf hoher See (seine senkrechte Achse zeigte zum südlichen Himmelspol). Sie sahen darin auch ein Zeichen des Himmels, ein Symbol, das ihnen Gottvertrauen schenkte. Und das brauchten sie auch auf ihren abenteuerlichen Fahrten in unbekannte Gefilde.

Wappnen Sie sich für alle Eventualitäten!

Da Südafrika auf der Südhalbkugel der Erde am südlichen Wendekreis liegt, sind die Jahreszeiten im Vergleich zur Nordhalbkugel genau umgekehrt. Das heißt, der Nordwinter entspricht dem Südsommer und der Nordherbst dem Südfrühling. Soweit die Theorie. Generell werden Sie den Eindruck haben, dass in Südafrika eigentlich immer Sommer herrscht. Auch wenn im Frühjahr die Morgentemperaturen manchmal noch recht frisch sind, nehmen sie im Laufe des Tages dann doch Werte an, die nicht nur einem Mitteleuropäer mit zum Beispiel 36 Grad im Schatten im Kruger National Park hochsommerlich erscheinen. Allerdings bestätigen Ausnahmen die Regel. Es kann auch sein, dass zur gleichen Jahreszeit ein Ausflug ins Reich der wilden Tiere in offenen Safarifahrzeugen nur mit dicken Wollpullovern, Windjacken und Handschuhen zu überstehen ist. Daher der grundsätzliche Tipp ans Reisegepäck für Südafrika: Seien Sie gewappnet für alle Eventualitäten!

Hitze in der Karoo

Von Dezember bis März ist es fast im ganzen Land sommerlich heiß. Und in der Karoo, der Halbwüstenlandschaft der Hochebene, werden Maximalwerte von über 40 Grad Celsius gemessen. Hier herrscht bullige Hitze, während es nur knapp fünfzig Kilometer entfernt an der Küste bei Wilderness und entlang der Gartenroute bei Brenton on Sea oder Plettenberg allerbestes Badewetter gibt.

Kapstadt liegt als einziges Gebiet Südafrikas in der Klimazone der so genannten Winterregengebiete. Das heißt, die meisten Tage mit heftigen Regenfällen, aufgepeitschter See und empfindlich kühlen Temperaturen sind in den Monaten Juni bis August. Wobei auch hier zu sagen ist, dass die Tagestemperaturen immer noch 20 Grad erreichen können. Die schönste Zeit, um Kapstadt und das Westkap zu bereisen, ist daher die Zeit zwischen März und Anfang Mai. Dann sind die Temperaturen angenehm, und es ist windstill. Dasselbe gilt für die Zeit zwischen September und November. Hier können zwar ab und an, aber dann nur für ein paar Tage, strahlend schöne Sonnentage mit extremen Windverhältnissen herrschen.

Der Southeaster bläst mit hohen Windgeschwindigkeiten vor allem von der False Bay auf die Nordseite der Tafelbucht mit den Stränden von Milnerton, Table View und Bloubergstrand. Die Stadt selbst und die schönen Strände von Clifton und Camps Bay, im Windschatten des Tafelberges liegend, sind gleichzeitig fast windstill. Während der Southeaster mit bis zu 120 Stundenkilometern für klare Luft sorgt und die Stadt vom Smog befreit (daher sein Beiname »Kap-Doctor«), bringt der so genannte Black Southeaster vor allem im November Starkregenfälle, die oft genug zu Überschwemmungen führen. Er ist für Temperaturstürze, Gewitterfronten und raue See mit hohem Wellengang verantwortlich.

Wann also sollte man am besten nach Südafrika fahren? Eine nicht ganz leicht zu beantwortende Frage. Aber zur persönlichen Entscheidung können einige grundsätzliche Überlegungen hilfreich sein. Wollen Sie sich während Ihrer Reise mehr den Natureindrücken einer reichen Tierwelt im Kruger National Park und der blühenden Gartenlandschaft der Kapregion mit moderaten Temperaturen widmen, ist die Zeit von September bis Anfang Dezember zu empfehlen. Gerade dann ist das Gras noch nicht so hoch, und die Bäume sind noch nicht stark belaubt, sodass weite Einblicke in die Buschlandschaft der Tierparks möglich sind und gute Chancen bestehen, auch die kleineren Arten zu erspähen. In Pretoria verwandeln im Oktober die Jacaranda-Bäume die Stadt in ein blassblaues Farbenmeer, und am Kap steht alles in voller Frühjahrsblüte (vgl. Seite 159).

Wann ist die beste Reisezeit?

In der Zeit zwischen Mitte Dezember und Mitte Januar sind in Südafrika die großen Schulferien. Ziemlich alles ist gut besucht bis ausgebucht. Nirgendwo ist mehr Grillholz zu bekommen, da die Männer ihren Familien die Kochkünste beim Braai vorführen – Grillen ist in Südafrika Volkssport. Die Bevölkerung aus dem Norden reist an die Strände von Durban oder fährt Richtung Kapstadt. Die Menschen aus dem Süden zieht es Richtung Norden in den Kruger National Park. Eigentlich könnten sie gleich die Wohnungen

Die großen Ferien meiden!

Im Monat Mai ist es im herbstlichen Kapstadt am schönsten

oder Häuser tauschen. Unnötigem Reisestress können Sie daher vorbeugen, indem Sie diese Zeit meiden.

Wer nur in die Kapregion ans Meer, in die Weinanbaugebiete oder an die Strände der Gartenroute, nach Port Elizabeth und Durban, reisen möchte, dem sei die Zeit von Mitte Januar bis März empfohlen. Dann ist es sommerlich heiß. Ein Aufenthalt am Strand verspricht Abkühlung.

Ich persönlich bevorzuge für einen Aufenthalt im Süden Südafrikas die Monate März und April. Dann entspricht es hier den angenehmen Bedingungen eines Mittelmeersommers. Und noch ein kleiner Tipp: Für eine reine City-Tour nach Kapstadt bietet sich der Monat Mai an.

Die Kapflora – Botanikers Glück

Wechsel auf engem Raum

Mit kleinen Anteilen an der Namib, der Kalahari und großen Gebieten der Karoo sind es Wüste, Savanne und Halbwüste, die in Südafrika neben einem schmalen Streifen Küstenregenwald eine Vegetation zur Entfaltung bringen, die wohl einzigartig ist. Einen

schönen Eindruck vom Wechsel der Pflanzenwelt auf engem Raum vermittelt eine Fahrt von der Küste bei Wilderness über den Outeniqua Pass in die Kleine Karoo (Karoo = große Trockenheit). Auf nur knapp sechzig Kilometern wechselt der Küstenregenwald über die Buschvegetation hin zu den Pflanzen der Halbwüste.

Botaniker unterscheiden sechs »Königreiche der Pflanzen«. Das kleinste davon, die Capensis oder Kapflora, weist dabei aber mit 8.500 verschiedenen Pflanzenfamilien die größte Artenvielfalt auf. Das auch als »Kap Macchie« bezeichnete Gebiet – zwischen Port Elizabeth und der Lamberts Bay im Westen gelegen – ist vor allem berühmt für seinen Fynbos. Der »feine Busch« oder – wie ihn die niederländischen Einwanderer einst nannten – der »fijnbosch« besteht aus zahlreichen, niedrig wachsenden Sträuchern und Büschen. Sie fas-

*Königsprotea,
die Nationalblume Südafrikas*

zinieren vor allem dank einer Vielzahl an Silberbaumgewächsen (Proteaceae), Erikas, Gräsern und Irisgewächsen.

Eine Besonderheit ist die dort mit über 85 Arten vertretene Protea. Weiß, rot, gelb und silbrig leuchtende Blütenstände strahlen eine Würde aus, die der wohl schönsten von ihnen, der Königsprotea, die Stellung als Nationalblume Südafrikas einbrachte. Bei uns ist sie getrocknet eher als Tischschmuck und als dekorative Blüte für Gedenkkränze bekannt. Weitere Exportschlager aus dem *Fynbos* Südafrikas sind neuerdings Rooibos-, Honeybush- und Aloeprodukte, die ihren Einzug in die modischen Kreise der auf körperliche Wellness bedachten Weißen gehalten haben.

Königsprotea

Am bekanntesten ist der (echte) Rooibos-Tee (Afrikaans: rooi = rot; bos = Busch), der im deutschsprachigen Raum auch als Rotbusch-Tee im Handel ist. Er wird von rund dreihundert Farmern ausschließlich in der Region Cederberg angebaut und vermarktet. Einst nur als Getränk der Khoisan (früher Buschmänner) bekannt, wird der würzig schmeckende Tee heute warm oder kalt auf sämtlichen Kontinenten getrunken. Fremd ist uns bislang noch der Honeybush-Tee. Er ist milder und süßlicher im Geschmack und erinnert ein wenig an Früchtetee mit Honig. Aber auch er ist im Kommen. Beiden Tees ist gemeinsam, dass sie als tanninarme und koffeinfreie Getränke mit reichem Anteil an Mineralstoffen wie Eisen, Calcium, Magnesium und Kalium keine anregende Wirkung haben. Sie lassen sich daher auch am Abend genießen. Unbedenklich kann man sie auch Kindern zu trinken geben. Pur genossen, sollen beide Tees außerdem wohltuend bei Bronchial- und Lungenkrankheiten sein. Der Honeybush-Tee wirkt außerdem verdauungsfördernd und entzündungshemmend.

Heilendes aus dem Busch

Die Kap-Aloe (Aloe ferox) ist in Europa ebenfalls immer populärer geworden. Der Saft ihrer dickfleischigen Blätter wird eingedampft und dann als Bestandteil von Pulvern, Getränken, Tinkturen und Salben verarbeitet. Bereits im alten Ägypten soll die Heilkraft der Aloe genutzt worden sein. Heute ist sie als feuchtigkeitsspendendes Gel beliebt und hilft bei der Behandlung von Sonnenbrand mit ihrer kühlenden und die Haut beruhigenden Wirkung.

Alle drei Pflanzen sind für Südafrikas Landwirtschaft sehr wichtig. In den letzten Jahren sind große Anstrengungen unternommen worden, um durch Kultivierung auf kleineren Farmen und bei der Weiterverarbeitung im kleinindustriellen Bereich Arbeitsplätze und Einkünfte in den ärmeren Teilen des West- und Ostkaps zu schaffen.

Zu den wilden Tieren im Land der Big Five

»Eine Welt in einem Land«, so wirbt der südafrikanische Tourismusverband. Dass dabei auch die Welt der Tiere gemeint ist, zeigt ein Besuch im Kruger National Park, dem nach Hluhluwe ältesten und berühmtesten Tierschutzgebiet Südafrikas. Auf einer riesigen Fläche von 350 Kilometern Länge und rund fünfzig Kilometern Breite (das entspricht in etwa der Größe Belgiens) lebt eine große Anzahl von Tieren, die man bei uns in Europa nur als Exoten aus Zirkus und Zoo kennt, in freier Wildbahn und weitestgehend unbehelligt vom Menschen. Eine der größten Artenvielfalten der Welt konnte sich so erhalten. Sieht man einmal davon ab, dass sich an den Wegen und Straßen Autos, Busse, und Safari-

Im Kruger National Park

Jeeps in Lauerstellung positionieren, sobald ein Löwe oder Leopard in Sicht kommt, sind die größten Teile des Parks ungestörte Refugien der Tierwelt. Die Experten des Wildlife Management setzen deshalb auch hohe Maßstäbe. So achteten sie bei der Wiederansiedlung von vom Aussterben bedrohter Tierarten darauf, nur solche auszuwählen, die in der Gegend auch wirklich heimisch sind. Den Springbock, ein Nationalsymbol Südafrikas, suchen Sie hier vergebens. Er war nie in dem Gebiet ansässig. Ebenso bemühen sich die Ranger Pflanzen, die sich wild ausgebreitet haben und landesfremd sind *(Alien Plants)*, zu entfernen – vielerorts ein schier unlösbares Unterfangen.

Tipps zur Safari

Gleich zu Beginn ein paar Tipps, wie sich noch unerfahrene Safari-Neulinge im Kruger National Park und in anderen ähnlichen Nationalparks verhalten sollten, in die man mit dem eigenen Auto oder Mietwagen hineinfahren kann. Es ist auf jeden Fall sinnvoll, sich auch eine aktuelle Überblickskarte zu kaufen, wenn Sie beim Eingangstor zum Park Ihr Permit (Einfahrtsgenehmigung) bezahlen. Auf mehreren Blättern sind darauf die asphaltierten Straßen und Pisten eingetragen. Das erleichtert die Orientierung in Arealen, die relativ ähnlich erscheinen, denn man hat sich sonst schnell verfahren! Neben den Infos zur Geologie, den Ökozonen und den Lebensräumen der Tiere finden sich auch genaue Angaben zu Entfernungen zwischen den Toren, den Camps und den einzelnen Streckenabschnitten. Diese sind besonders wichtig, denn Sie werden rasch feststellen, dass die Zeit im Park wie im Fluge vergeht. Die Tiere werden Sie so sehr in ihren Bann ziehen und Ihren Fotojagdinstinkt wecken, dass Sie dabei leicht vergessen, auf die Uhr zu schauen und Ihre Fahrtstrecken vernünftig zu kontrollieren.

Meiner Erfahrung nach hat sich eine Faustregel bewährt: Man kommt im Kruger National Park und auch in den anderen Nationalparks in der Regel etwa zwanzig Kilo-

Eleganz auf vier Pfoten, der Stolzeste unter den Big Five

meter in der Stunde voran. Auch im Eifer der Fotojagd immer die Höchstgeschwindigkeit beachten! Sie liegt bei fünfzig Kilometern pro Stunde auf geteerten Straßen und vierzig Kilometern pro Stunde auf Sandstraßen. Es gibt Radarkontrollen und es wird geblitzt! Langsames Fahren ist immer angebracht, da Sie damit rechnen müssen, dass Tiere auch häufig Straßen überqueren. Und wenn Sie stehen bleiben, schalten Sie den Motor ab! Nur so können Sie die »Geräusche des Busches« wirklich wahrnehmen – mit einer der Gründe, weshalb Sie überhaupt hergekommen sind.

Mein Rat: Starten Sie Ihren Safari-Tag früh. Sobald das Gate öffnet, sollten Sie schon dort sein. Gerade die Zeit in den Morgenstunden, wenn es noch nicht so heiß ist, ist für Tierbeobachtungen am besten geeignet. Ein früher Start bietet auch die Chance, über den Tag verteilt unterschiedliche Gebiete abzufahren, in denen Tiere leben und zu sehen sind. Eines sollten Sie nie vergessen: Aussteigen ist strengstens verboten! Vielleicht hilft ein Spruch des Rangers Douglas von Shamwari, der sagte: »Wer aus dem Wagen steigt, springt in die Nahrungskette.« Einprägsam genug? – Es gilt dies für alle Parks mit frei lebenden Raubtieren. Denn gefressen werden, möchten Sie sicher nicht.

Aussteigen verboten!

Auf Grund der Konzentration der Übernachtungsmöglichkeiten außerhalb des Parks im Südwesten sind folgende Gates die beliebtesten: Paul Kruger, Phabeni und Numbi. Fast mit hundertprozentiger Garantie werden bereits kurz nach der Einfahrt am Wegesrand friedlich Impalas grasen. Sie sollten aber auch nach Elefanten und Büffelherden auf den nächsten Kilometern Ausschau halten. Vom Tor aus geht es am besten zum Frühstückspicknick nach Skukuza – Ihr Magen wird sich inzwischen rühren, denn Sie sind sicher schon seit vier Uhr früh auf den Beinen. Der große Supermarkt dort bietet die Möglichkeit, noch Getränke und ein paar Snacks für unterwegs wie zum Beispiel Trockenfrüchte oder Nüsse einzukaufen. Entlang der Flussufer von Sabie und Sand geht die Pirschfahrt weiter zum Rastplatz Tshokwane (WC und Kaffee-/Teepause). Anschließend fahren Sie durch eine anfangs hügelige, dann weite Grassavannenlandschaft (ideal für Herden von Büffeln, Gnus, Zebras und Giraffen sowie Raubkatzen) nach Lower Sabie. Eine ausgedehnte Mittagspause von gut anderthalb Stunden einlegen! Gerade um die Mittagszeit werden die wenigsten Tierbeobachtungen gemacht, da auch die Tiere den Schatten unter Bäumen vorziehen. Von der Terrasse des Hauptgebäudes des Camps Lower Sabie können Sie Flusspferde, Krokodile, Vögel und manchmal auch zum Baden kommende Elefanten beobachten. Nach der Unterbrechung folgen Sie dem Sabie Richtung Skukuza. Nach einem erneuten Stopp geht es zurück zum Ausgang.

Routen-vorschlag

Egal, ob Sie allein mit Ihrem Wagen unterwegs sind, oder sich einem *Game Drive,* einer von einem Ranger geführten Safari in offenen Geländefahrzeugen, anschließen: Mit der Einfahrt in den Park beginnt die »Jagd« nach den *Big Five:* Nashorn, Büffel, Elefant, Leopard und Löwe. Und wenn es auch manchmal dauert, bis Sie eines dieser Tiere sichten und vor Ihre Fotolinse bekommen, verzagen Sie nicht! Gehen Sie gleichzeitig auf die lohnende Pirsch nach den vielen anderen kleineren Arten, die der Park außerdem zu bieten hat.

Auf Safari – die Big Five

Der Name Big Five vereint die fünf größten Wildtiere, die einst am häufigsten willkürlich gejagt wurden und die bei europäischen Großwildjägern als Trophäen galten. In erster Linie zum Schutz dieser Tiere kam der Gedanke auf, ein Gebiet abzugrenzen, das ihnen den Lebensraum bewahren, und einzelne kurz vor der kompletten Ausrottung stehende Arten am Leben erhalten sollte. Das war vor über hundert Jahren, hat aber leider dem Irrsinn der Großwildjägerei und der Auftragswilderei bis heute nicht Einhalt bieten können: Vornehmlich für Abnehmer aus dem asiatischen Raum werden zum Beispiel auch heutzutage vor allem Nashörner immer noch rücksichtslos gewildert.

Ein wenig Geschichte

Ähnlich wie in Hluhluwe (KwaZulu Natal) wurde 1898 das Sabi Wildreservat zwischen Crocodile- und Sabiefluss unter dem seinerzeitigen Präsidenten (der Burenrepublik Transavaal) Paul Kruger zum Tierschutzgebiet erklärt. 1902 wurde der mit 35 Jahren noch junge Major James Stevenson-Hamilton als erster Aufseher eingestellt. Stevenson-Hamilton wurde zum erbitterten Feind der damaligen Wilderer. Paul Kruger selbst war sicherlich kein bekennender Tierschützer im heutigen Sinne. Die Regierung sah nur die Notwendigkeit von Maßnahmen ein, da besonders für die Großtierjagd geeignetes Wild auszusterben drohte. In einem Schutzgebiet sollte es wieder herangezogen werden. Dass aus diesen Anfängen einst das weltweit bedeutendste Naturschutzgebiet werden würde, hat damals niemand geahnt. Es war auch gar nicht geplant.

Durch die Verbesserung ihrer Lebensbedinge wuchsen die Tierbestände allmählich wieder an. Vor allem die großen Tiere benötigten jedoch immer mehr Raum, um sich zu ernähren und ihre Reviere abzugrenzen. Schon ab 1903 wurden neue Areale mit einbezogen und um das Singwisi Wild Reservat erweitert. Damit war eines der größten Wildschutzgebiete Afrikas entstanden, das später den offiziellen Namen »Kruger National

Büffel in freier Wildbahn

Checkliste für einen Tag im Park

Nicht jeder hat bereits Safari-Erfahrung. Bereiten Sie sich als Newcomer gut vor:

▸ **Am Vorabend die Akkus aufladen!** Fotoapparaten und Videokameras steht ein Dauereinsatz bevor. Die Ausbeute an Bildmotiven ist sehr groß. Sie werden, auch wenn Sie mehrere Tage im Park sein sollten, immer wieder abdrücken, selbst wenn es die hundertste Giraffe ist. Ihr Mobiltelefon werden Sie vielleicht auch brauchen.

▸ **Ist der Wagen aufgetankt?** Nur an den Hauptcamps und an den Toren Crocodile Bridge im Süden und Numbi im Südwesten sind Tankstellen vorhanden. Planen Sie daher keine zu weiten Strecken. Die Schließungszeiten der Tore und Camps werden strikt eingehalten.

▸ **Sind Verpflegung und Getränke griffbereit?** Da Sie außer an offiziellen Haltepunkten wie Camps und Raststellen und an markierten Aussteigepunkten für Überblicke oder Hochsitze den Wagen nicht verlassen dürfen, muss alles, was Sie zwischen diesen Halts benötigen, griffbereit im Fahrzeug liegen. Es kann schon mal vorkommen, dass zwischen einzelnen Ausstiegsmöglichkeiten bis zu drei Stunden liegen. Eigentlich sollte es ja selbstverständlich sein: Für die Entsorgung von Müll (Dosen, Flaschen, Plastik, Essensreste) unbedingt auch eine Abfalltüte mitnehmen!

▸ **Tierfutter gehört nicht ins Gepäck.** Füttern von Tieren ist strengstens untersagt!

▸ **Fernglas und Bestimmungsbuch mitnehmen!** Obwohl die Tiere auch manchmal überraschend dicht an die Fahrzeuge herankommen können, empfiehlt es sich, ein Fernglas dabei zu haben (gerade auch zum Beobachten von Vögeln wie Geier, Adler und kleineren Vogelarten). Hier ist auch ein Bestimmungsbuch hilfreich.

▸ **Übernachtungen vorher buchen!** Übernachtungen in einem Camp können in der Regel nicht kurzfristig gebucht werden, schon gar nicht während der Hauptsaison. Daher sollten Sie immer schon mehrere Monate vorher Reservierungen vornehmen, um auf der sicheren Seite zu sein.

▸ **In weiser Voraussicht:** Die WC-Möglichkeiten an den Toren, Camps und Raststationen nutzen!

Park« erhielt. Um noch größere Bestände an Tieren erhalten zu können, erfolgte später im Norden die grenzüberschreitende Erweiterung nach Simbabwe und Mosambik in den »Limpopo Transfrontier Park«.

Die Lebensräume der Tiere in Südafrika aber waren auch Lebensräume von Menschen, die sich irgendwie ernähren mussten. Und so ergab sich ein bisweilen bizarrer Überlebenskampf um unterschiedliche Prioritätensetzung: Mensch oder Tier. Die unter den Briten erfolgten Zwangsumsiedlungen einheimischer Bevölkerung zugunsten der Tierreservate blieben nicht ohne Protest. Heute erhalten Dörfer, die einst betroffen waren, Ausgleichszahlungen vom Staat und werden an den Einnahmen beteiligt, die aus offiziellen und somit kontrollierten Wild-Abschüssen stammen.

Während 1927 nur ganze drei Automobile mit Gästen in den Kruger National Park hineingelangten, ein Besuch dort also wirklich noch etwas ganz Außergewöhnliches war, kommen heute über 700.000 Touristen jährlich. Sie reisen von weit her an und sind

Mensch oder Tier?

bereit, viel Geld für einen Besuch der dortigen Tierwelt zu bezahlen; wobei der Eintritt in den Park noch die geringsten Kosten verursacht (für einen Tag zahlen ausländische Erwachsene ca. 14 Euro, Kinder 7 Euro). Das wird nicht von allen Südafrikanern verstanden; vor allem nicht von den Tausenden armer Schwarzer, die an den Grenzen des Parks in ärmlichen Verhältnissen hausen und manchmal nicht wissen, wovon sie ihren Lebensunterhalt bestreiten sollen. Für wen soll man also Partei ergreifen? Für die Menschen? Für die Tiere? Eine nicht leicht zu beantwortende Frage. Der einstige (nachvollziehbare) Plan des ANC (African National Congress), dem »dekadenten Freizeitvergnügen einer europäischen Oberschicht« den Riegel vorzuschieben und den Park aufzulösen, ist jedoch längst vom Tisch. Dazu ist der Wirtschaftsfaktor Safari-Tourismus im Nationalpark auch viel zu bedeutend. Hier kommen Devisen ins Land, auf die der Staat nicht verzichten kann. Im Übrigen hätte die Weltöffentlichkeit, der World Wildlife Fund (WWF) und ein Großteil der südafrikanischen Bevölkerung selbst kaum tatenlos zugeschaut. Dennoch: Es gilt auch heute noch viel Überzeugungsarbeit für einen sinnvollen Naturschutz zu leisten, der den unterschiedlichen Interessen aller gerecht wird. Solange sich Staat, Planer und Touristen an die vorgegebenen Regeln halten, kann auch in Zukunft ein ökologisch sinnvoller Umgang mit der Natur praktiziert werden. Es ist dies aber auch eine Aufforderung an uns alle, die wir ursprüngliches Wildlife erhalten sehen wollen, beispielsweise durch Geldspenden mehr Engagement zu zeigen, und nicht so zu tun, als ob uns dies alles nichts anginge.

Safari oder Game Drive

Unterhalten Sie sich mit einem Südafrikaner, wird er von einem *Game Drive* sprechen, wenn Sie eine Safari meinen. Auch wenn beide Begriffe umgangssprachlich Ähnliches bedeuten, sollten sie doch genauer definiert werden: Safari ist ein Wort aus dem Kisuaheli und meint »Reise«. Werden Sie also gefragt, »Wie war Ihre Safari?«, dann ist damit auch zum Beispiel Ihr Flug von Frankfurt nach Johannesburg oder die Autofahrt von Pretoria zum Hotel am Kruger National Park gemeint. Löwen oder Elefanten dürften Ihnen bis dahin mitnichten begegnet sein. Wild lebende Tiere werden im Englischen als *game* bezeichnet. Diese dann aus Fahrzeugen zu beobachten, ist der *game drive*. Dass der Begriff Safari heute auch für Tierbeobachtungen oder Großwildjagden Verwendung findet, liegt an den berühmt gewordenen Beschreibungen von Autoren wie Hemingway, und an Hollywood Filmen, die die afrikanische Wirklichkeit gerne romantisch verbrämen.

Private Game Reserve

Neben den großen Nationalparks, sind es vor allem die luxuriösen, privat geführten *Game Reserves,* die Tierbeobachtungen in Südafrika anbieten. Meist wurde hierzu aufgelassenes Farmland zusammengekauft, und auf den so entstandenen zusammenhängenden Arealen Tiere bis hin zu den Big Five heimisch gemacht. Manche dieser »Lodges im Busch« befinden sich in unmittelbarer Nähe zu den großen Parks oder grenzen an sie an (z.B. Mala Mala, Sabie Sabie am Kruger Park). So können diese neben den eigenen Tieren auch die der Nationalparks bieten. Andere zeigen nur ihren eigenen Tierbestand (z.B. Shamwari in der Nähe von Port Elizabeth) – allerdings gibt es auch hier die Big Five.

Sowohl die großen als auch die kleinen privaten Tierreservate bieten perfekten Service, Unterbringung in Lodges im Safaristil, breite Tierbeobachtungsmöglichkeiten (unter anderem Fuß-, Nacht- und Jeepsafaris) und Betreuung durch gut ausgebildete Ranger. Natürlich hat das seinen Preis, da hier viele solcher »Gästefarmen« all inclusive arbeiten. Wer sich aber für ein paar Tage ein wenig wie Meryl Streep und Robert Redford in dem

Im Rudel gefährlich, Kolosse mit großen Ohren

Filmklassiker *Jenseits von Afrika* fühlen möchte, sollte es sich leisten. Der Blick im Abendlicht bei einem Sundowner, dem zur Tageszeit passenden Drink, von der Terrasse einer Lodge in die Savanne oder zu einem von Tieren besuchten Wasserloch mag ein Klischee sein, aber eines, das Spaß macht, Genuss verspricht und unvergesslich ist.

Die Camps in den Nationalparks bieten sicher weniger Komfort, sind aber authentisch, und Sie können mehr oder weniger direkt von der Haustür zu den Tieren starten. Vor allem, wenn mehrere Tage Aufenthalt und Standortwechsel geplant sind, sind sie die idealste Form des Quartiers. Genießen Sie besonders die Abendstunden! Denn den Geräuschen aus dem Busch zu lauschen, den klaren Sternenhimmel über sich zu beobachten und sicher am Zaun des Camps entlang zu spazieren, ist mit nichts zu überbieten. Im Schein der Taschenlampe leuchten mit Sicherheit Augen auf, denn der Geruch von im Camp gegrilltem Fleisch lockt die Tiere an. Eine ungeschriebene Regel des Parks wird da bestätigt. Auch wenn man kein Tier sieht, heißt dies nicht, dass es nicht da ist. Das gilt vor allem in der Dunkelheit.

Durch nichts zu überbieten!

Von der Wiege der Menschheit zum modernen Vielvölkerstaat

Der Springbock, eine Antilopenart, Wappentier Südafrikas

Afrika – ein geschichtsloser Kontinent?

Lange Zeit wurde südafrikanische Geschichte von den dort lebenden Weißen als ihre eigene Geschichte wahrgenommen, die mit der Landung der Europäer am Kap im 15. Jahrhundert begann: Ihre Helden? Portugiesische Seefahrer wie Bartolomeu Diaz und Vasco da Gama, der Holländer Jan van Riebeeck, der 1652 Kapstadt begründete und besiedeln ließ, und die weißen Pioniere mit ihrer Tatkraft und ihrem christlichen Sendungsbewusstsein.

In den Augen der Weißen…

Das Land, das die Weißen zu erobern ansetzten, war zwar schon lange vor ihrer Ankunft bewohnt, bot aber wenig Anlass zu Selbstzweifeln. In ihrem kolonialen Expansionsdrang um die Inbesitznahme und Kultivierung von Ackerboden stand die einheimische Bevölkerung den weißen Neuankömmlingen allenfalls im Weg. Gemäß der Denkweise der Epoche galten die Eingeborenen als rechtlose »Neger« (dieser abwertende Begriff kam im 17. Jahrhundert in Gebrauch). Man konnte sie wirtschaftlich ausbeuten, enteignen, versklaven. Alles, was die Europäer im Süden Afrikas und anderswo an Stammesriten, Sitten und Lebensweisen der Schwarzen vorfanden, betrachteten sie als primitives, minderwertiges Verhalten eingeborener Wilder. Dabei war es reiner Selbstzweck, Afrika als scheinbar »geschichtslosen Kontinent« zu betrachten und ihm keine eigene kulturelle Vergangenheit zuzugestehen. Wie sonst hätten die weißen Siedler sich über die schwarzen »Kinder« Afrikas so einfach hinwegsetzen und ihr koloniales Machtgefüge errichten können? Wie sonst hätten sie ihnen so skrupellos ihren europäischen Stempel aufdrücken und nur die eigenen kulturellen Wertmaßstäbe als »zivilisiert«gelten lassen können?

… waren Schwarze nicht ebenbürtig

Anfangs versteckten sich die neuen weißen Herren noch hinter dem Argument, dass es keine schriftlichen historischen Quellen über die Vergangenheit der Eingeborenen gäbe, sondern nur mündliche Überlieferungen. Über die Jahrhunderte hinweg aber haben Afrikaforscher auch tradierte Materialien der Urbevölkerung gesammelt, aufgeschrieben und ausgewertet. Und ganz allmählich öffneten zusätzliche Erkenntnisse von Archäologen, Anthropologen und Paläontologen einer immer größer werdenden, interessierten Öffentlichkeit den Blick auf die eigentliche Geschichte des schwarzen Kontinents.

Die Suche nach dem Ursprung der Menschheit

Die neuere Wissenschaft brachte ganz erstaunliche Dinge an den Tag. So lieferte ein 36.000 Jahre alter, bei Ausgrabungen entdeckter Schädel einen weiteren Beleg dafür, dass die Vorfahren des modernen Menschen (Homo sapiens) aus Südafrika stammen. Der Schädel wurde bereits 1952 gefunden, aber erst kürzlich konnten amerikanische Experten mit gentechnischen Methoden sein Alter einwandfrei feststellen. Wie die Max-Planck-Gesellschaft 2007 dazu mitteilte, zeigt die Form dieses südafrikanischen Fossils »überraschend große« Ähnlichkeiten mit in etwa gleich alten Schädeln, die in Europa gefunden wurden. Eine kleine Sensation, denn man ist damit der Frage wieder ein kleines Stückchen näher gekommen, über die Evolutionsforscher schon lange rätseln: Wie und von wo aus besiedelte der Mensch die Welt?

War der Mensch am Anfang schwarz?

Warum historisch soweit ausholen für einen Reisegastband? Ganz einfach, weil das

Info   Wenn ich zur Welt komme, bin ich schwarz...

Weiß, schwarz oder farbig? Es ist dies eine zentrale Frage, wenn der Wert eines Menschen über seine Hautfarbe definiert wird. Den Nachkommen der als Negersklaven nach Amerika deportierten Afrikaner gestand man beispielsweise auf Grund ihrer Hautfarbe lange Zeit keine Bürgerrechte zu. Emanzipationsbewegungen in der zweiten Hälfte des vergangenen Jahrhunderts aber brachten endlich Veränderungen. Die Black-Power-Aktivisten in den Vereinigten Staaten der 1960er-Jahre weckten in vielen Afroamerikanern erstmals so etwas wie Stolz auf ihre Hautfarbe. Völlig selbstverständlich bezeichnen sie sich inzwischen als »Blacks« – als »Schwarze«. Black Power nun auch für Afrika: Zunehmend selbstbewusst stehen heutige Schwarzafrikaner zu ihrer Hautfarbe. Schwarz zu sein ist nicht mehr mit einem negativen Stigma verbunden.

Dass in Bezug auf amerikanische Verhältnisse Weiße lange Zeit auf den Begriff »Farbige« für Schwarze ausgewichen sind, weil das weniger diskriminierend klang, würde auf Südafrika übertragen gar nicht verstanden. Als »Coloured« werden hier Mischlinge bezeichnet, die aus Beziehungen von Weißen und Schwarzen stammen. Eine besondere Gruppe bilden dabei die »Cape Coloured«. Ihre Vorfahren stammen von Weißen und von Menschen aus dem malaiischen Raum ab, also von Asiaten.

Bereits während der Zeit der Apartheid nahmen die Coloureds eine Sonderstellung in einer klar abgestuften Rassenhierarchie (vgl. Seite 68 ff.) ein. Sie galten entsprechend den Vorstellungen des auf Rassentrennung bedachten Regimes als nicht »rein« weiß: Obwohl hellhäutiger als Schwarze, wurden sie von den Weißen als keineswegs gleichwertig angesehen. Die Coloureds selbst jedoch fühlten sich stärker der weißen als der schwarzen Kultur verbunden. Heute allerdings bekennen sich auch immer mehr Coloureds offen zu den Wurzeln ihrer nicht-weißen Herkunft. So pflegen sie ihre spezifischen kulturellen Eigenheiten bei Festen (Kapmalaien-Fest in Kapstadt), in der Religionsausübung und auch in der Gastronomie (vgl. Seite 92). Vor allem junge Coloureds in Kapstadt erkennen zunehmend, welch kreatives Potential darin liegt und welche Chancen es mit sich bringen kann, wenn man sich in verschiedenen Kulturkreisen heimisch fühlt.

Weiß, schwarz oder farbig? Es bleibt dies ein sensibles Thema. Leider ist der Autor der folgenden Zeilen unbekannt. Aber an seiner Sicht der Dinge gibt es nichts zu deuten.

»Wenn ich zur Welt komme, bin ich schwarz – Wenn ich aufwache, bin ich schwarz – Wenn ich krank bin, bin ich schwarz – Wenn ich in die Sonne gehe, bin ich schwarz – Wenn ich friere, bin ich schwarz – Wenn ich sterbe, bin ich schwarz.
Aber Du!

Wenn Du zur Welt kommst, bist du rosa – Wenn Du aufwachst, bist Du weiß – Wenn Du krank bist – bist Du grün – Wenn Du in die Sonne gehst, bist Du rot – Wenn Du frierst, bist Du blau – Wenn Du stirbst, bist Du grau.

Und Du wagst es, verdammt nochmal, mich einen Farbigen zu nennen?«

Wissen um die für alle Menschen – gleich welcher Hautfarbe – gemeinsame Entwicklungsgeschichte in den letzten Jahrzehnten immer wichtiger für das Selbstverständnis vor allem der Schwarzafrikaner geworden ist. Es macht sie ebenbürtiger gegenüber den Europäern, Amerikanern und Asiaten, die sie einst versklavten, ausbeuteten und missachteten. Im Rahmen von Ausstellungen und in öffentlichen Reden stellen schwarze Politiker dieser Tage daher oft und gerne Bezüge bis in die Frühzeit der menschlichen Spezies her. Jede sich bietende Gelegenheit wird beim Schopf gepackt, um der seit der Französischen Revolution erhobenen Forderung nach dem »Wir sind alle gleich« auch im heutigen Afrika Nachdruck zu verleihen.

Die Oldupai-Schlucht in Tansania am Rande der Serengeti, das Omo-Becken in Äthiopien und die Höhlen von Sterkfontein bei Johannesburg in Südafrika ringen schon seit geraumer Zeit um eine für die Entwicklung der Menschheit wichtige Bezeichnung: Jede dieser Ausgrabungsstätten möchte für sich in Anspruch nehmen, der Platz gewesen zu sein, wo die »Wiege der Menschheit« (Cradle of Humankind) stand. Als gesichert gilt: Im Osten und Süden des afrikanischen Kontinents hatte man die Überreste der bislang frühesten menschlichen Vorfahren gefunden. Leider führten aber bislang noch keine dem Fachpublikum noch so euphorisch vorgestellten Knochenfunde dazu, die allergrößte Frage der Anthropologie letztendlich zu klären: Wie und wann genau geschah der Übergang in der Evolution vom Schimpansen zum Menschen? Wir wissen es nicht. Allein die generelle Abstammung des Menschen vom Affen scheint bewiesen. Das »Missing Link« der Menschheitswerdung zu finden, diese Wissenslücke also zu schließen, bleibt die Herausforderung weiterer Forschung. Dennoch wurden im südlichen Afrika mit dem

Cradle of Humankind

Letzte Ruhestätte im Museum: Mrs. Ples

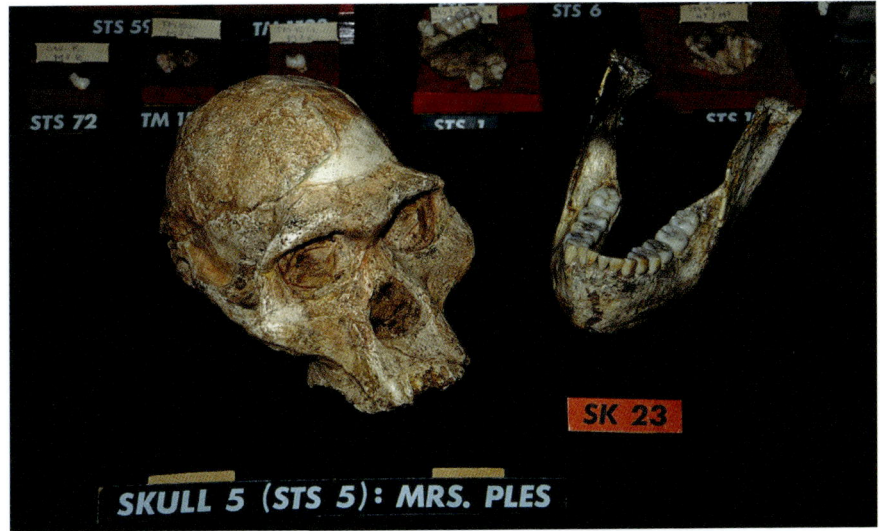

Australopithecus Apheresis, mit »Lucy« in Hadar im ostafrikanischen Äthiopien und dem Schädel von »Mrs. Ples« im südafrikanischen Sterkfontein frühe Zeugnisse ausgegraben, die den Weg dorthin weisen könnten.

Wenn nun also davon auszugehen ist, dass die »Wiege der Menschheit« in Afrika stand, waren dann nicht am Anfang alle Menschen schwarz? In dieser faszinierenden Schlussfolgerung moderner Anthropologen hat das neue afrikanische Selbstbewusstsein auch eine seiner Erklärungen. Allerdings waren derlei Annahmen noch in jüngster Vergangenheit kaum mit den Vorstellungen der restlichen (weißen) Welt vereinbar. Kann es wirklich sein, dass die Blässe der Europäer nur eine bloße Anpassung an veränderte Lebensbedingungen in anderen, kühleren Klimazonen war? Niemand, der die prinzipielle Überlegenheit von Menschen mit weißer Hautfarbe predigte, wollte dergleichen hören.

Out-of-Africa - Evolutions- modell

Doch auch hier lassen neuere Forschungen die Gewissheit zu, dass tatsächlich alle Völker unserer Kontinente identische Erbinformationen in sich tragen. Somit scheint der gemeinsame Ursprung ebenfalls belegt und das als »Out-of-Africa« bezeichnete Evolutionsmodell plausibel zu sein: Der Homo sapiens entwickelte sich im südlichen Afrika und begann vor etwa 65.000 bis 25.000 Jahren von hier aus in andere Erdteile aufzubrechen.

Mrs. oder Mr. Ples?

Warum müssen Paläontologen immer so schwierige Namen finden? Das hat sich wohl auch Dr. Robert Broom gefragt, als er im April 1947 bei Ausgrabungen gemeinsam mit seinem Kollegen J. T. Robinson siebzig Kilometer südwestlich von Pretoria bei Sterkfontein auf den Schädel des Plesianthropus transvaalensis stieß. Übersetzt heißt das »dem Menschen Ähnlichstem aus Transvaal«. Flott abgekürzt nannte Broom, der vermutete, dass es sich um weibliche Knochen handelte, die alte Dame »Mrs. Ples«. Spätere Untersu-

Zehntausend Jahre alte Menschenspuren, Cango Caves bei Oudtshoorn, Kleine Karoo

chungen zur Geschlechtszuordnung ergaben jedoch, dass der Schädel nicht etwa zu einer Frau gehört hatte, sondern eher zu einem jugendlichen Mann. So wurde kurzerhand ein »Mr. Ples« aus dem Fund und damit einer der ersten bekannten Südafrikaner, der vor über zwei Millionen Jahren gelebt hatte. Mr. Ples erlangte eine solche Berühmtheit, dass 2004 der südafrikanische Fernsehsender SABC'3 ihn – obwohl schon so lange tot – auf Platz 95 der 100 wichtigsten Südafrikaner wählte.

Die Stätten der frühen Menschheit werden auf hohem fachlichen Niveau unweit von Pretoria und Johannesburg bei Krugersdorp mit den Ausgrabungen von Maropeng und den von der Universität Witwatersrand (Johannesburg) geleiteten Sterkfontein-Höhlen (seit 2000 UNESCO-Weltkulturerbe) anschaulich und multimedial modern präsentiert. Wenn es Ihnen möglich ist, sollten Sie auf Ihrer Südafrikareise einen Besuch einplanen. Stehen Sie dort, läuft Ihnen aller Wahrscheinlichkeit nach ein Schauer der Ergriffenheit über den Rücken. Von diesen Höhlen aus setzte unter anderem die Wanderung der Menschheit ein. Das dazugehörige Museum von Maropeng (Maropeng Visitor Center, www.maropeng.com) ist außerdem eine sehenswerte, bautechnische Glanzleistung moderner südafrikanischer Architekten (GAPP Architects und Mphethi Morejele Architects, Kapstadt, Johannesburg, Durban). Sie haben auch das Apartheidmuseum in Johannesburg und das Robben Island Museum gestaltet (vgl. Seite 59).

Maropeng

Der Zuzug afrikanischer Stämme nach Südafrika

Als sich die ersten europäischen Siedler in den Jahren nach 1652 in der Tafelbucht niederließen, trafen sie auf die San (Buschmänner), deren Vorfahren dort schon seit mehr als zehntausend Jahren ansässig waren. Die San dürften somit die am längsten auf dem Gebiet des heutigen Südafrika lebende einheimische Bevölkerungsgruppe sein. Ursprünglich nomadisierende Jäger, die sich später mit den Landwirtschaft betreibenden Khoi Khoi zusammentaten und seither als Khoisan bezeichnet werden.

Erst viel später wanderten die Bantu-Gruppen, gegenwärtig die zahlenmäßig dominierenden Schwarzen im Lande, in das südliche Afrika ein. Zu ihnen zählen Nguni (Zulu, Xhosa, Swazi und Ndebele), die sich südwärts vom Limpopo ausbreiteten, und so in die Regionen KwaZulu-Natal und Ostkap gelangten. Die Sotho und Tswana siedelten im Zentrum Südafrikas. Die Venda, Lemba und Shangaan-Tsonga in den nördlicheren Regionen. Legt man ihre Muttersprache zu Grunde, sind es heute die Zulu, die die größte Einzelgruppe der schwarzen Bevölkerung Südafrikas bilden; gefolgt von den Xhosa.

Bantustämme wandern ein

Die Zugehörigkeit zu einer dieser Volksgruppen hat bis heute Konsequenzen: Zum Beispiel sind die führenden ANC-Politiker Nelson Mandela und Thabo Mbekhi Xhosa, Regierungschef Jacob Zuma und der frühere Innenminister und Noch-Vorsitzende der Inkatha Freedom Party, Mangosuthu Buthelezi, Zulu. Wenn man nun weiß, dass Xhosa und Zulu seit jeher miteinander rivalisierenden Stämmen angehörten, so wundert es nicht, dass sie auch heutzutage aufs Heftigste um politischen Einfluss in ihrem Land streiten.

Konsequenzen bis heute

Kommen Sie im Rahmen einer Townshiptour vielleicht nach Soweto, der Hochburg der Zulu? Dann wird Ihnen der örtliche Führer sicher erzählen, dass innerhalb schwarzer Kreise gerade den Zulu gegenüber der meiste Respekt gezollt wird. Sie stehen in dem Ruf

Info — **Das Goldene Nashorn von Mapungubwe**

Bereits 1932 wurde auf dem Gelände der Farm Greefswald am Hügel von Mapungubwe (der Ort des Steins der Weisheit) im Übergangsraum zwischen Südafrika, Simbabwe und Botswana ein bemerkenswerter Grabungsfund gemacht. Archäologen legten Ruinen einer aus Stein gebauten riesigen Stadtanlage frei (Great Zimbabwe Ruins), in der einmal weit über 15.000 Menschen gelebt haben dürften. Sie stießen auch auf Königsgräber; die Stadt muss also von erheblicher politischer und wirtschaftlicher Bedeutung gewesen sein. Daneben fanden die Forschungsexperten aus Elfenbein und Gold gearbeitete Objekte, die auf eine hohe Kunstfertigkeit ihrer Erschaffer schließen lassen. Das »Goldene Nashorn von Mapungubwe« gehört sicher zu dem wertvollsten Fund aus diesen Grabungen. Weitere Porzellan- und Glasfunde deuten auf einen regen Handel mit Arabern der ostafrikanischen Küste, Persern, Ägyptern, Indern und Chinesen hin. Datierungsuntersuchungen ergaben, dass dieser Siedlungsplatz zwischen 950 bis 1300 nach Christus bestanden haben muss. Zu Zeiten Kaiser Barbarossas, um es leichter vorstellbar zu machen, existierte hier also eine frühe Hochkultur, die etwa ab 1220 ihre größte wirtschaftliche Blüte erreichte.

Kurz nach der Entdeckung der Ruinen – Anfang der 1930er-Jahre – verschwanden die Artefakte und das Wissen über diesen Fundort hinter den Mauern der Universität von Pretoria. Es passte offenbar nicht in das Weltbild der damaligen südafrikanischen Regierung, dass schon so früh eine bedeutende afrikanische Hochkultur südlich der Sahara bestanden hatte. Erst 2001 wurde Mapungubwe zum nationalen Denkmal Südafrikas erklärt. Seit 2003 zählt es ebenfalls zum Weltkulturerbe der UNESCO (www.mapungubwe.com).

heißblütig zu sein, zu Gewalt zu neigen. Manche Handgreiflichkeit kann daher ernstere Folgen zeitigen. Nur ungern ziehen Angehörige anderer schwarzer Volksgruppen in die Wohngebiete der Zulu. Denn Vorurteile und Diskriminierung gibt es auch unter Schwarzen, was in manchen Fällen zu einer »Light-Variante« von Rassismus führt: Animositäten in den Townships gegenüber schwarzen Zuwanderern beispielsweise und offene Konkurrenzkämpfe um die wenigen einfachen Jobs.

Seefahrer entdecken das Land am Kap

Im Auftrag des Königs von Portugal …

Doch zurück zu den Weißen und ihrer Geschichte. Als Abenteurer, Kreuzritter, Eroberer und Entdecker kann man den Portugiesen Bartolomeu Diaz bezeichnen. Bereits Heinrich der Seefahrer (1394-1460) hatte Anstrengungen unternommen, den Seeweg nach Indien suchen zu lassen. Diaz (1450-1500) sollte die wichtigste Vorarbeit dafür leisten. Der Handel mit den von Indien kommenden Gewürzen – hoch begehrt in Europa – versprach unermesslichen Reichtum, und der Nation, unter deren Flagge das erste Handelsschiff den asiatischen Subkontinent erreichte, die wirtschaftliche Vormachtstellung.

König Johann II von Portugal konnte diesen Verlockungen nicht widerstehen. Er erteilte seinem tüchtigsten und erfahrensten Kapitän den Auftrag, sich an das südlichste Ende Afrikas vorzuwagen und es zu umsegeln, um diesmal für Portugal den Seeweg nach Indien zu finden. Nur mit halbem Erfolg kehrte Diaz nach 16 Monaten auf hoher See im Dezember 1488 wieder in den Hafen von Lissabon zurück. Er hatte es zwar geschafft, das Kap Südafrikas zu umsegeln, und damit die entscheidende Vorbereitung für den Seeweg nach Indien geleistet. Bis nach Indien selbst war er jedoch nicht gekommen. Seine Mannschaft, von Skorbut geplagt und vom Kampf gegen harte Stürme zermürbt, hatte ihren Kapitän vorzeitig zur Rückkehr in die Heimat gezwungen. So wurde das eigentliche Ziel der Expedition nicht erreicht. Erst auf der Rückfahrt erblickte Bartolomeu Diaz das Südwestkap Afrikas. Ehrfürchtig benannte er

Galeonen waren als Handelsschiffe auf der Ost-Indien-Route im Einsatz

es nach den überstandenen Strapazen »Kap der Stürme«. (Später wurde es das »Kap der guten Hoffnung«.) Für Diaz war nunmehr klar, dass die »Gewürzroute« von Portugal aus mit dem Schiff befahrbar war. Die mühsamen und langwierigen Überlandrouten auf der Seidenstraße und der alten Weihrauchstraße verloren ihre Bedeutung.

Mit Diaz nautischem Wissen im Kopf ging sein Landsmann Vasco da Gama am 8. Juli 1497 an Bord der Sao Gabriel. Etwas küstenferner als seine Vorgänger, um die kräftigeren Winde auszunutzen, segelte er mit drei Schiffen und rund 170 Mann Besatzung gen Süden. Die Bucht von Mosselbaai war am 25. November erreicht. Danach setzten die portugiesischen Karavellen erneut Segel. Nach der Landung im Hafen von Mombasa, wo arabische Kaufleute da Gamas Fahrt ein Ende bereiten wollten, flüchtete er in den ostafrikanischen Hafenort Malindi. Der dortige Sultan war ihm wohlgesonnen. Er stellte da Gama einen Navigator seines Hofes zur Seite. So gelangte er am 20. Mai 1498 an die Malabarküste bei Calicut. Die Portugiesen waren die ersten! Die lange Suche nach dem Seeweg nach Indien hatte zum Ziel geführt. Von nun an kamen Pfeffer, Gewürznelken, Muskat, Zimt sowie Myrrhe und Weihrauch direkt per Schiff nach Europa. Die Konkurren-

... wird der Seeweg nach Indien gefunden

ten aus dem arabischen, türkischen und venezianischen Raum hatten ihre vorherrschende und für Portugal erdrückende Wirtschaftsmacht verloren.

Trade Winds

Arabische Kaufleute an der Küste Ostafrikas hatten für ihre Handelsschiffe schon lange die besonderen Winde rund um den Äquator zu nutzen gewusst. Ähnlich wie die Passate gab es einen so genannten »Trade Wind« nach Indien. Es sind die Monsune, die im Sommer vom Meer zum Land wehen und im Winter vom Land zum Meer. Die Ra-Segel der damaligen Karavellen ließen ein Kreuzen auf See nicht zu. Der wechselnde Monsun aber füllte die Segel der Schiffe auf ihrer Route von West oder Ost. Sie mussten nur abwarten, bis sie der Wind in die richtige Richtung blies. Das erforderte mitunter Geduld – manchmal bis zu einem halben Jahr.

Holländischer Einfluss – die Ostindische Kompanie

Gewürzhandel

Lockende Reichtümer, die durch den Gewürzhandel zu erzielen waren, ließen auch den Holländern keine Ruhe. Als weitere große Seefahrernation der damaligen Zeit wollten sie an diesem Geschäft ebenfalls teilhaben. Sie konzentrierten sich daher auf den Ausbau ihrer bereits bestehenden Kolonien in Südostasien. Batavia (Jakarta) auf Java in Indonesien wurde im 17. Jahrhundert zum Hauptstützpunkt ihrer Handelsflotte. Fern von Europa lag dort die wichtigste Einnahmequelle der Niederländischen Ostindien-Kompanie. Mit ihrer Gründung 1602 und dem vom niederländischen Parlament vergebenen Privileg eines Handelsmonopols über den gesamten Raum östlich vom »Kap der Guten Hoffnung«

Jan van Riebeecks Landung am Kap, Gemälde von Charles Bell (1813-82)

Der fliegende Holländer

Eine Legende aus der damaligen Zeit bietet den romantischen Stoff für weiterführende Dichtung und vielerlei Gruselgeschichten: Den Plot kennt bei uns jedes Kind:

Seit neun Wochen versucht der holländische Kapitän Vanderdekken das »Kap der Stürme« zu umsegeln. Als weitere neun Wochen ohne sichtbaren Erfolg verstreichen, stößt er wilde, gotteslästerliche Flüche aus. War es Unglück oder Mord? Den Steuermann, der die Mannschaft dazu aufgerufen hat, den Kapitän an den Mast zu binden, weil der nicht umkehren will, spülen die tosenden Wogen über Bord. Immer wütender flucht Vanderdekken, und das Meer türmt sich zu riesigen Wellenbergen empor. Das Schiff – den Gewalten der Natur ausgesetzt – ist aber nicht um das Kap der Guten Hoffnung zu manövrieren. Die Rückkehr in die sichere Tafelbucht kommt für den Kapitän nicht in Frage, eine solche Niederlage will er nicht einstecken. Unter Blitz und Donner beschwört er selbst den Teufel, dass er das Kap umsegeln würde, und sollte es auch bis zum Jüngsten Tag dauern. Der geht den Bund ein. Rastlos muss Vanderdekken von nun an die Ozeane durchqueren, vor dem Zorn der Götter fliehend, aber dafür mit den Fähigkeiten ausgestattet, ohne Wind segeln zu können, und selbst die schwersten Stürme zu überstehen. Gespenstisch ist die Fahrt, denn die Mannschaft bleibt unsichtbar und erwacht nur nachts zum Leben. Wird das Geisterschiff mit seinem schwarzen Mast und den blutroten Segeln von einem anderen Segler gesehen, ist dies ein schreckliches Omen für eine bevorstehende Katastrophe. Nur die aufrichtige Liebe und Treue einer Frau kann den Kapitän und seine Mannschaft von diesem Fluch des Teufels befreien…

In der Literatur sind vor allem die Romane von Frederick Marryat *(Das Geisterschiff oder Der fliegende Holländer)*, Wilhelm Hauff *(Die Geschichte von dem Gespensterschiff)* und ein kurzes Reisebild Heinrich Heines bekannt. Richard Wagner komponierte, wohl unter dem Eindruck einer eigenen sehr stürmischen Seereise von Norwegen nach England, die romantische Oper *Der Fliegende Holländer* (1843). Er nahm sich die Freiheit, die Handlung vom Kap der Guten Hoffnung nach Skandinavien zu verlegen.

---

entstand ein Imperium einflussreicher holländischer Kaufleute. Zur Finanzierung ihrer kostspieligen Unternehmungen gaben sie erstmals Aktien an niederländische Bürger aus, die so über ihr Vermögen mit von der Partie waren und sich gute Geschäfte versprachen. Doch der Weg über das Meer von Holland nach Batavia war weit und gefährlich. Er forderte immer wieder zahlreiche Opfer unter den Seeleuten, die meist unter Zwang angeheuerte Söldner waren, von denen die überwiegende Zahl aus Deutschland kam. Aber auch Flamen, Skandinavier und Polen stellten die Besatzungen der Handelsschiffe. Es wird berichtet, dass bei Erkundungsfahrten auf der Gewürzroute von sechshundert Mann nur 53 lebend zurück in den Hafen von Amsterdam kamen. Malaria, Ruhr, Skorbut, aber auch Zwistigkeiten unter den Seeleuten an Bord und Todesstrafen gegen Meuterer führten zu immensen Verlusten an Menschenleben. Hinzu kamen die Schiffbrüche auf stürmischer See. Viele der Karavellen gingen mit Mann und Maus unter. Die Küste rund ums Kap birgt zahlreiche Wracks. So lag die Überlegung nahe, den langen Seeweg nach Hinterindien auf halber Strecke zu unterbrechen, und auch auf der Rückfahrt einen planbaren Halt einzulegen. Doch wo sollte man einen sicheren Stützpunkt errichten? Berichte von früheren Landungen am Kap und Erzählungen von Schiffsbrüchigen der »Nieuw Amsterdam«, die hier 1647 gestrandet waren, gaben Anlass zu der Hoffnung, dass die Tafelbucht ein geeigneter Platz für eine Versorgungsstation wäre.

Kapstadts Gründung

Mit neunzig Siedlern calvinistischen Glaubens an Bord – Männern, Frauen und Kindern – landete am 6. April 1652 Jan van Riebeeck in der Tafelbucht. Ziel und Traum der Holländer war es, hier am Südzipfel Afrikas Häuser und einen Garten anzulegen, und die Seeleute der Ostindischen Handelskompanie bei ihren künftigen Besuchen am Kap mit frischer Nahrung zu versorgen. Dort, wo einst Schiffbrüchige notdürftig gelagert hatten, ließ van Riebeeck ein befestigtes Fort errichten. In unmittelbarer Nähe dazu wurden Obstbäume und aus Holland mitgebrachtes Saatgut sowie Gemüse angepflanzt. Die Arbeit auf dem Feld verrichteten Sklaven, die man in großer Zahl von weit her aus Batavia geholt hatte, und die gleich neben dem »Company's Garden« einfachst untergebracht waren.

Die Weißen stoßen vor

Für die Seeleute, die sich auf der langen Reise von Amsterdam nach Ostindien befanden, wurden in der Tafelbucht eigene Unterkünfte und sogar ein Krankenhaus errichtet, van Riebeck war Marinearzt. Die neue Kolonie versprach Erfolg. Um noch mehr Lebensmittel produzieren und sich gegen Übergriffe von einheimischen Schwarzen besser zur Wehr setzen zu können, warben die holländischen Kolonisten mit Erlaubnis der Kompanie ab 1655 so genannte »Freibürger« an. Diese brauchten keine Holländer zu sein, und so kamen auch immer mehr Deutsche, ausgestattet mit einem Freibrief, in das neu gegründete »Kapstadt«.

Links: Windmühle bei Rondebosch. Rechts: Historische Wohnhäuser bei Swellendam

Obwohl das eigentliche Siedlungsgebiet der Khoi Khoi rund fünfzig Kilometer vom ursprünglichen Siedlungsplatz der Europäer entfernt lag, kam es 1659 zu ersten kriegerischen Auseinandersetzungen mit den Kolonisten. Die Eingeborenen unterlagen – die Weißen waren technologisch besser ausgerüstet und daher überlegen. Sie besaßen Feuerwaffen und setzten diese bei ihren Vorstößen in das Land der Eingeborenenstämme auch ein. Kilometer für Kilometer entfernten sich die weißen Farmer aus Kapstadt, der »Mutterstadt«, und drangen immer weiter in das Binnenland vor. Stellenbosch, Swellendam und Graaf-Reinet wurden von Buren (abgeleitet von Boers, holländisch für Farmer), wie sie sich nannten, gegründet und zu dörflichen Gemeinden ausgebaut. Bislang frei zugängliches Land, das nach traditioneller Vorstellung der Eingeborenen allen als Jagdgebiet gehörte und ihre Gemeinschaften somit ernährte, wurde von den Europäern eingezäunt und zu deren Privatbesitz erklärt. Die aggressive Landnahme seitens der Siedler bedrohte das Leben der Eingeborenen, die ihre traditionelle Lebensweise (vergeblich) zu verteidigen suchten. Zahlreiche blutige Fehden und Kriege waren die Folge dieser Entwicklung.

Allen Stürmen trotzend:
das Riebeeck-Denkmal in Kapstadt

Suchen Sie auf Ihrer Südafrika-Reise nach Spuren dieser frühen europäischen Siedler in Kapstadt, dann finden Sie diese vor allem im Castle of Good Hope. Auch das Cultural History Museum — einst das Sklavenhaus — und die Groote Kerk bieten Einblicke in die Siedlungsgeschichte. Wenn auch nur noch ein einziger Obstbaum an die anfängliche Nutzung erinnert, der »Company's Garden« ist einen Besuch wert. Er ist heute ein allen zugänglicher Botanischer Garten und eine Oase der Ruhe in der lebhaften Stadt.

Spuren der Vergangenheit

Der 6. April, Jahrestag der Landung am Kap 1652, war bis 1994 alljährlich ein offizieller, nationaler Feiertag, an dem Kranzniederlegungen am Riebeeck-Denkmal an der Heerengracht erfolgten. Aber bereits in den Jahren zuvor, als sich die Ablösung des Apartheidregimes in Südafrika bereits abzeichnete, war er nur noch verschämt zelebriert worden. Zu dem neuen, freien und demokratischen Staat passte dieser Jahrestag nicht mehr und sicherlich steht er nicht für den Beginn der Zivilisation im südlichen Afrika.

Mit der Landung der Briten 1795 in Muizenburg und der bis 1798 erfolgten Übernahme aller Regierungsgeschäfte durch Vertreter der englischen Krone endete die Ära der holländischen Ostindischen Handelskompanie am Kap. In dem bis zu diesem Zeitpunkt noch weitgehend von Weißen unberührten Hinterland befehdeten sich schwarze Stämme um die Vorherrschaft — angeführt von charismatischen Chiefs. Berühmtester Stammeshäuptling war Shaka, der – 1785 in KwaZulu-Natal geboren – zum »schwarzen Napoleon

Shaka, schwarzer Napoleon

Afrikas« herangewachsen war. Als König der Zulu organisierte er sein Militär zu einer schlagkräftigen Armee. Bereits im jugendlichen Alter wurden Männer im Umgang mit Schild und Speer trainiert. Shaka war kampfbereit und setzte seine Truppen gegen unliebsame Rivalen mit großem Erfolg ein. In der Folge vereinten sich die einzelnen Bantustämme, um sich gegen Shaka zur Wehr zu setzen. Die Ndebele und die Bevölkerung der Königreiche Swasilands (Swasi) und Lesotho (Süd-Basotho) kamen so zu ihrer Einheit. Die Rivalität der schwarzen Stämme untereinander wussten die nun weiter vordringenden Weißen künftig geschickt für sich zu nutzen: Sie zogen so manchen Stammeshäuptling auf ihre Seite.

Ein Mythos – die »große« Vergangenheit der Pioniere

Auflehnung gegen die Briten

Am Kap erließen die Briten ab 1807 mehrere Gesetze, die bei der holländisch-deutschen Bevölkerung auf Ablehnung stießen. Vor allem die Erklärung der Khoi Khoi zu britischen Untertanen und das Verbot der Sklaverei (1833) – Sklavenarbeit bildete die ökonomische Grundlage burischer Farmwirtschaften – steigerten die Unzufriedenheit. Die Buren weigerten sich, den Engländern zu gehorchen. »Eher gehe ich barfuß über die Drakensberge, als mich unter das Joch der Briten zu begeben«, so soll es eine Burin auf den Punkt gebracht haben. Ähnlich dachten viele Nachfahren der ersten Siedler und sahen es als einzigen Ausweg an, sich neues Land außerhalb des Einflussbereiches der Briten zu suchen.

Damit begann eine für die burische Vergangenheit auch heute noch mit Mythen und Idealisierung verbundene Glorifizierung der Zeit des »Großen Trecks« (niederdeutsch: trekk, africaans/holländisch trek). Bis 1841 machten sich unter der Führung von Louis Trichardt, Andries Hendrik Potgieter, Piet Retief und Andries Pretorius fast sechstausend Buren auf den gefährlichen Weg von der Küste in das Hinterland. Reihenweise zogen ganze Familien mit leichten Planwagen weit hinein in die prärieartigen Gebiete nördlich des Oranje Flusses.

Treckburen, historische Darstellung

Mit ihren gesamten Habseligkeiten auf wackligen Gefährten sollte das der Aufbruch in eine neue bessere Zukunft ohne britische Bevormundung werden. Tief verankert in ihrem calvinistischen Glauben, im festen Bewusstsein das Richtige zu tun, zogen die Buren wie auf der Suche nach dem Gelobten Land in die »Wildnis«. Unbekannte Gefahren des Busches, unwegsames Gelände, schlechtes Ackerland, Krankheiten wie Malaria, Überfälle und Angriffe wilder Tiere, all das machte nur einen Teil der Strapazen aus. Der oft zitierte Pioniergeist der Buren war geboren. Nicht wenige weiße Farmer in den nördlichen Provinzen des Landes denken noch heute mit sentimentalen Gefühlen an diesen Teil der heroischen Geschichte ihrer Vorfahren zurück. Am besten spüren Sie diesem Geist nach, wenn Sie bei Pretoria das Voortrekker Monument besuchen: Eine massive, protzige, steinerne Ruhmeshalle für weiße Tatkraft und burisches Selbstverständnis.

Zulu-König Dingane, durch Mord an seinem Halbruder Shaka an die Macht gekommen, traf im Februar 1883 in seinem Kraal uMgungundlovu auf Piet Retief und seine Siedler. Es sollten Verhandlungen über einen freien Siedlungsplatz am Meer von Natal geführt werden. Retief wollte dort einen Hafenort für sich und seine Leute erbauen. Der König der Zulu und der weiße Treckführer

Burenfamilie in Transvaal

einigten sich in einem schriftlichen Vertrag, der auch die Übergabe von einer großen Rinderherde an Dingane beinhaltete. Die Siedler erfüllten ihre Verpflichtungen; doch auf Dingane, den heimtückischen Brudermörder, war kein Verlass. Bei einem erneuten Treffen im Kraal nur wenige Tage später, zu dem die Siedler ohne Waffen gekommen waren, gab Dingane den Befehl, Piet Retief und seine Gefolgsmänner zu ermorden. Anschließende Überfälle auf die Lager der Siedler forderten weitere fünfhundert Todesopfer.

Um diese Tat zu rächen, ließ der neue Treckführer Andries Pretorius 64 Planwagen rüsten, und zog mit 470 Männern in Richtung Dinganes Kraal. Frauen und Kinder waren zuvor an sicheren Orten untergebracht worden. Am Fluss Ncome (Büffel) wurde der Vorstoß der Buren dann von 15.000 Zulukriegern aufgehalten. Zahlenmäßig weit unterlegen, aber mit Gewehren und zwei Kanonen ausgerüstet, besaßen die Siedler die vernichtenderen Waffen. Die Planwagen zu einer runden »Wagenburg« geordnet, konnten sie am 16. Dezember 1838 mehrere Angriffe der Zulu abwehren. Rund dreitausend Zulu verloren ihr Leben. Das Wasser des Ncome Flusses war rot gefärbt vom Blut der Toten.

Die Schlacht am Blutfluss

Der »Blutfluss« wurde so zum Schicksal beider Gruppen. Die überlebenden Zulu flohen, was den Buren wie ein Wunder vorkam. Die Überzahl der Angreifer hatte ihnen große Angst eingeflößt, die sie mit dem Singen von Kirchenliedern und durch inbrünstige Gebete zu beherrschen versuchten. Der Sieg konnte folglich nicht allein der strategischen Überlegenheit zu verdanken gewesen sein; er wurde als »von Gott gegeben« betrachtet. Den Erfolg auf dem Schlachtfeld interpretierten sich die Buren als die Erfüllung einer Vorsehung von höherer Instanz: Sie sahen darin die göttliche Legitimation ihrer Vorherrschaft über die Schwarzen: Die Wurzeln der Apartheid reichen also bis hierhin zurück. Wie am Vortag der Schlacht versprochen, errichteten die Siedler später die Gelöbniskirche in Pietermaritzburg. Der Jahrestag der Schlacht wurde bis 1994 als »Tag des Gelübdes« gefeiert. Heute gilt er als »Tag der Versöhnung«.

Wagenburg-mentalität

Im Gespräch mit weißen Farmern und älteren Menschen wird Ihnen sicher so manche Äußerung auffallen, die mit diesem historischen Erbe der Pioniere und der Schlacht am Blutfluss verbunden ist. Der Glauben an die Großtaten der Vorfahren, die das Land nach weißem Verständnis urbar gemacht, kultiviert und zivilisiert haben, wurde weitestgehend verinnerlicht. Abgrenzung und Schutz vor dem Fremden ist für viele auch heute noch der einzige Weg, sich Sicherheit zu verschaffen. Der Geist der Siedler mit ihrer »Wagenburgmentalität« und dem »Schwarz-Weiß-Denken« ist in vielen Köpfen noch weit verbreitet. Hinzu kommt, dass die ländlichen Gemeinden auch heute noch sehr stark von der niederdeutsch reformierten Kirche geprägt sind. Deren calvinistischer Grundgedanke von der Vorbestimmtheit des menschlichen Schicksals (nach Johannes Calvins »Prädestinationslehre«) trägt sicher nicht dazu bei, die hohen Barrieren zwischen den Hautfarben und Kulturen zu überwinden.

Die Jahre der Kriege

Die Buren-republiken

Die Jahre nach der Schlacht am Blutfluss führten Mitte des 19. Jahrhunderts zu einem zweigeteilten Südafrika. Die Briten festigten ihre Stellung am Kap und die Buren waren auf der Suche nach einer neuen Heimat. Der Treck der Siedler war schon weit in den Norden des Landes vorgedrungen. Nördlich des Flusses Vaal gründeten sie mit Transvaal die Südafrikanische Republik (ZAR = Zuid Afrikaanse Republik) mit Pretoria als Hauptstadt

Attacke, Darstellung aus einem Buch von 1902 über den Burenkrieg

Geschichte in Zahlen   info

ca. 3 Mio. v. Chr.	Australopithecus Africanus und Homo Erectus treten in Südafrika auf
100.000 v. Chr.	San (Buschmänner) später Khoisan
20.000 v. Chr.	Khoi Khoi besiedeln die Westküste
500	Bantu-Volksgruppen ziehen südwärts
1400	Verschiedene Stämme besiedeln das heutige Gebiet von Südafrika
1488	Bartolomeu Diaz umschifft das Kap der Guten Hoffnung
1652	06. April: Jan van Riebeeck begründet für die Niederländische Ostindische Companie (VOC) die Siedlung am Kap, Kapstadt. Sklaven werden aus Ostindien und Madagaskar geholt
1688	225 französische Hugenotten landen am Kap
1779	Erste kriegerische Auseinandersetzungen zwischen den Xhosa und weißen Siedlern
1795	Die Briten übernehmen die Regierung am Kap; Rückeroberung durch die Holländer (1803); Wiedereinrichtung einer britischen Regierung (1806)
1815	Shaka wird König der Zulu
1820	Ankunft von 5.000 britischen Siedlern in der Algoa Bay
1834	Abschaffung der Sklaverei; Beginn des Großen Trecks aus der Kap-Region
1838	Schlacht am Blood River mit dem Sieg der Buren über die Zulu; Ausrufung einer burischen Regierung in Natal (bis 1843) und Gründung der Republiken Transvaal und Oranje-Freistaat
1843	Natal wird britisch
1860	Inder kommen an die Küste von Natal, um auf den Zuckerrohrfarmen in sklavenähnlichen Verhältnissen zu arbeiten
1867	Erster Fund von Diamanten in Hopetown
1877	Die Briten übernehmen die Republik Transvaal
1879	Krieg der Briten gegen die Zulu
1889	Erster Anglo-Boer Krieg
1886	Goldfunde am Witwatersrand; Johannesburg wird gegründet
1896	Ghandi kommt nach Südafrika
1899	Ausbruch des Zweiten Burenkrieges
1902	Transvaal und Orange Free State werden britische Kolonien
1910	Briten und Buren gründen am 31. Mai die Südafrikanische Union

und nördlich vom Oranje den Oranje-Freistaat. Doch Ruhe sollte auch hier nicht einkehren. Unabhängige burische Republiken waren der britischen Kapregierung ein Dorn im Auge: Sie gefährdeten den britischen Traum von der Verwirklichung eines Kolonialreiches vom Kap bis nach Kairo.

Die Annexion des neu gegründeten Burenstaates Transvaal 1877 war da nur die logische Konsequenz. Beflügelt durch den Sieg im Zulukrieg (1879) und der Auflösung der Zuluherrschaft in Natal, sollte nun auch der Norden mit in das britische Weltreich

Erster Burenkrieg

Soldaten der britischen Kolonialarmee, Darstellung aus einem Buch von 1902 über den Burenkrieg

einbezogen werden. Dagegen setzten sich die Buren ab dem 16. Dezember 1880 mit ersten Kampfhandlungen zur Wehr. Sie hatten diesen Tag bewusst gewählt: Es war der Jahrestag des Sieges am Blutfluss, scheinbar ein verlässliches Datum für burische Kriegserfolge. Nach mehreren Gefechten in Transvaal und den Drakensbergen unterlagen die Briten. Selbstverwaltung und letztendlich die volle Unabhängigkeit (1884) der Burenrepublik wurden besiegelt.

Gold- und Diamanten- funde

Der Ruf nach Gold und Diamanten veränderte alles grundlegend. Als 1869 in Kimberley und 1886 in Witwatersrand Diamant- und Goldfunde gemacht wurden, und sich die Kunde wie ein Lauffeuer im Land sowie fern von Afrika verbreitete, überschlugen sich die Ereignisse. Goldgräber, Abenteuerlustige und Glücksritter zog es zu Tausenden nach Südafrika. Johannesburg entstand als eine Zeltstadt der vom Goldrausch Herangelockten, zu denen auch zahlreiche Briten gehörten. Für den Staatspräsidenten der jungen Burenrepublik Transvaal, Paul Johannes Krüger (kurz »Ohm« - Onkel Krüger) sollte der Umgang mit den von ihm ungeliebten Briten zu seiner größten politischen Herausforderung werden. Als Kind hatte Ohm Krüger am Treck teilgenommen. Seitdem waren für ihn, dem strenggläubigen Calvinisten, Briten und die einheimische schwarze Bevölkerung Feinde. Kurzerhand erklärte er alle Nicht-Buren, die in die südafrikanische Republik zogen, zu Ausländern (Uitlanders).

Für den britischen Gouverneur in Kapstadt war dies ein diplomatischer Affront, auf den er reagieren musste. Vordergründig setzte er sich für die Gleichbehandlung seiner

Landsleute in Transvaal ein. Tatsächlich ging es ihm aber um die dort gefundenen Bodenschätze, die sich die Briten gerne gesichert hätten. Mit Nachdruck stellte die britische Kapregierung Paul Krüger ein Ultimatum, dem dieser mit einem Gegenultimatum antwortete: Binnen 48 Stunden sollten alle britischen Truppen Transvaals Grenzen verlassen haben. Als jedoch nichts dergleichen geschah, brach am 12. Oktober 1889 der Zweite Burenkrieg aus. Nach anfänglichen Erfolgen für die Buren unter ihren Generälen Jan Smuts, Louis Botha und James Barry Munnick Hertzog wendete sich das Blatt zugunsten der Briten. Truppenverstärkungen auf ihrer Seite führten zur Einnahme von Transvaals Hauptstadt Pretoria. Krüger floh nach Europa. Während seiner Abwesenheit ging der Krieg indessen weiter. Nur die Art der Kriegsführung änderte sich. Ab jetzt verfolgten die Buren die Strategie eines Guerillakrieges. Um ihren Überraschungsangriffen und den verlustreichen Überfällen aus dem Hinterhalt Herr zu werden, und die Kämpfertrupps mürbe zu machen, griffen auch die Briten zu neuen Methoden: Sie brannten die Farmen und Felder der Buren nieder (»Taktik der verbrannten Erde«) und internierten vor allem Frauen und Kinder in Konzentrationslagern (Concentration Camps) – eine britische Erfindung dieser Tage. Beide Seiten erlitten entsetzliche Verluste. Doch der Plan der Briten ging auf, sie konnten die Buren in die Knie zwingen.

Zweiter Burenkrieg

Ein bis dahin noch unbekannter, junger britischer Kriegsberichterstatter machte damals übrigens erstmals von sich reden: Winston Churchill. Seine Reportagen und der Bericht seiner Flucht aus dem Gefangenenlager der Buren in die fünfhundert Kilometer entfernte Delago Bay machten ihn in seiner fernen Inselheimat zum Kriegshelden. Seine Afrikaerfahrungen waren die Grundlage seines späteren Erfolges beim Einzug ins britische Unterhaus und bei seinem weiteren, politischen Aufstieg zum Premierminister.

Der Frieden von Vereeniging am 31. Mai 1902 beendete alle Kampfhandlungen und das sinnlos gewordene gegenseitige Massentöten. Die Einigung sah im Wesentlichen folgendes vor: Eingliederung der Burenrepubliken in das British Empire, rechtliche Gleichstellung der Buren mit britischen Staatsbürgern, Zulassung von Afrikaans als Amtssprache. 1907 konnten außerdem im Oranje-Freistaat und in Transvaal eigene Selbstverwaltungen aufgebaut werden. Der eigentliche Durchbruch in Richtung Unabhängigkeit von Großbritannien kam wenig später. Mit der Erlangung des Status einer sich selbst verwaltenden Kolonie (Dominion) innerhalb des British Commonwealth war jetzt ganz Südafrika (die Kapkolonie, Natal und die ehemaligen Burenrepubliken) zu einem de facto souveränen Staat geeint. Ein Zeichen der Versöhnung zwischen Briten und Buren? Die einst feindlichen Burengeneräle Smuts, Botha und Hertzog wurden in den Folgejahren nacheinander Premierminister der 1910 gegründeten Südafrikanischen Union.

Gründung der Südafrikanischen Union

In die Geschichtsbücher ist der Burenkrieg als ein »weißer Krieg« auf afrikanischem Boden eingegangen. Doch sowohl auf Seiten der Briten als auch auf der Seite der Buren waren zahlreiche Schwarze zwangsrekrutiert worden. Unfreiwillig haben so viele von ihnen ihr Leben für die Sache der Weißen aufs Spiel gesetzt und auch verloren, für eine Sache, die nicht die ihre war.

Von der Apartheid bis heute – ein langer Weg zur Freiheit

Viel hat sich nicht geändert, Soweto bei Johannesburg

Die Ära der Apartheid

»Schade«, sagte mal eine Freundin in Kapstadt zu mir, »das einzige afrikaanse Wort, das alle kennen, ist »Apartheid«. Der heute ausschließlich negativ belastete Begriff heißt übersetzt schlicht »Trennung«, büßte aber im 20. Jahrhundert seine Harmlosigkeit ein: Fast jeder assoziiert damit die nationalistische Politik der Südafrikanischen Union; die zur Staatsdoktrin erhobene Segregation zwischen Schwarz und Weiß der Jahre 1948 bis 1989; die systematische Unterdrückung von rund 41 Millionen überwiegend Schwarzer durch vier Millionen Weiße. Apartheid entwickelte sich zum Synonym für »Rassentrennung«, für eine Weltanschauung und Politik, die Menschen nach ihrer Hautfarbe abgrenzt und ausgrenzt. Über Jahrzehnte hatte Südafrikas weiße Elite auf diesem Prinzip ein gesellschaftspolitisches System aufgebaut, das eine weiße Minderheit privilegierte, die schwarze Bevölkerungsmehrheit dagegen in Abhängigkeit und Armut hielt.

Das einzige Wort, das alle kennen

Nach einer »Hierarchie der Hautfarbe« wurden Nicht-Weißen Lebensräume, Rechte und Privilegien zugesprochen oder vorenthalten, so die Ungleichheit festgeschrieben und – wenn es sein musste – mit Polizeigewalt durchgesetzt. Die Weißen ganz oben in der gesellschaftlichen Pyramide besaßen Macht, Geld und Einfluss, und wussten die billige Arbeitskraft der schwarzen Mehrheit für sich zu nutzen. Als Wirtschaftssystem garantierte die Apartheid den Wohlstand der Weißen.

Die historische Entwicklung in die Apartheid war geradlinig verlaufen. Die Abgrenzung zwischen Einheimischen und Neuankömmlingen war seit Ankunft der ersten europäischen Siedler am Kap bewusst betrieben worden. Gestärkt durch ihren calvinistisch geprägten, christlichen Glauben fühlten sich diese als »Auserwählte«, die den Eingeborenen, den Wilden, den Heiden die Zivilisation brachten. Aus ihrer mentalen Überlegenheit,

Parallelwelt, Township Orangefarm bei Johannesburg

ihrem Bildungsvorsprung, ihrer Tatkraft, ihrem Fleiß und ihrer Ausdauer leiteten sie ihren Führungsanspruch über ihre neue Heimat Afrika ab. Lange Jahre sollte das so bleiben.

Diskriminierende Gesetze

Mit der Gründung der Südafrikanischen Union 1910 wurde Apartheid Institution: Als legales Fundament einer Politik konsequenter Rassentrennung diente fortan eine für die große schwarze Mehrheit der Bevölkerung diskriminierende Gesetzgebung. So waren bereits bei der ersten Parlamentswahl Nicht-Weiße vom Wahlrecht ausgeschlossen. Mit einigen wenigen Ausnahmen auf Provinzebene (und diese auch nur bis 1936) gestand man auch künftig den Schwarzen keinerlei politisches Mitspracherecht zu.

Zu den ersten offiziellen »Trennungen«, der Segregation nach weißer und schwarzer Hautfarbe und unterschiedlicher Bewertung von Arbeit, kam es in den Bergwerken. Proteste weißer Arbeiter in den Gold- und Diamantminen hatten den Anlass geliefert. Als »gelernten Kräfte« – so die Begründung – stünde ihnen eine bessere Bezahlung gegenüber den »ungelernten« Schwarzen zu. Der »Mines and Works Act« verbriefte dann die Diskriminierung: Ab 1911 durften schwarze Minenarbeiter ausschließlich »niedrige« Arbeiten unter Tage verrichten. Für kaum mehr als einen Hungerlohn schufteten sie in den Bergwerken.

Geburtsstunde der Homelands

Ab 1913 erfolgte – ebenfalls per Gesetz – die »räumliche Segregation«, zunächst auf dem Land, ab 1923 auch in den Städten. Bestimmte Siedlungsräume wurden ausschließlich für Schwarze ausgewiesen, in der Absicht diese zu isolieren. Anfänglich teilte die weiße Regierung der schwarzen Bevölkerung nur 7,3 Prozent (ab 1936 13 Prozent) des gesamten Staatsgebietes der Südafrikanischen Union als Privatland zu. Tatsächlich handelte es sich hierbei um die Einrichtung von »Reservaten«. Es war dies die Geburtsstunde der späteren »Homelands«, außerhalb derer es den Schwarzen verboten war, Land zu erwerben. Durch Zwangsumsiedlungen wurden in den Folgejahren hunderttausende

Der Frühling zaubert Farbe in die Tristesse, Orangefarm, Johannesburg

Schwarze ihrer Heimat beraubt. Der jeweiligen Ethnie entsprechend, mussten sie sich in den Homelands niederlassen. 1959 gab es – administrativ ausgewiesen – zehn solcher formell unabhängiger »Stammesgebiete«, von denen Transkei und Ciskei die beiden größten und bevölkerungsreichsten waren. Dort blieben die Schwarzen weitestgehend sich selbst überlassen. In den übrigen Gebieten der Südafrikanischen Union galten die in den Homelands lebenden Schwarzen offiziell als »Ausländer«. Man hatte sie zu »Fremden« in der eigenen Heimat gemacht.

Die Einführung des Afrikaans (Kapholländisch) in der Kapregion als zweite Amtssprache – neben Englisch – dokumentierte bereits 1925 auch die kulturelle Überlegenheit der Weißen. Für die Schwarzen waren dies Fremdsprachen. Was dann kam, war die konsequente Rassentrennung im öffentlichen Leben. Bis zum Zweiten Weltkrieg unterschied man die verschiedenen schwarzen Bevölkerungsgruppen noch nach ihrer Zugehörigkeit zu den jeweiligen Stämmen. Dann wurde vereinfacht. Ab 1948 begann mit dem Wahlsieg der rechtslastigen National Party, die die Apartheid als »Politik der getrennten Entwicklung« in ihrem Regierungsprogramm hatte, die staatlich verordnete strikte Einteilung der Bevölkerung in Weiße, Schwarze, Mischlinge (Coloured) und Asiaten. Die Einführung eines Passzwangs sollte dies manifestieren. Jeder Südafrikaner musste ab 1953 einen Pass mit sich führen, der durch einen Sondervermerk Auskunft darüber gab, welcher ethnischen Gruppe er angehörte. Spätestens seit diesem Zeitpunkt kann die Apartheid in Südafrika als offizielles und international bekanntes politisches System der Abgrenzung von Menschen unterschiedlicher Hautfarbe angesehen werden. Die per Gesetz erlassenen Verbote und Einschränkungen betrafen aber nicht nur das öffentliche Leben. Sie griffen auch tief in das Privatleben der Menschen ein. Intime Kontakte zwischen Schwarzen und Weißen waren verboten und wurden – wie auch gemischte Ehen – unter Strafe gestellt.

Whites only – Blacks only

Getrennte Entwicklung

Zuhause hinter Stacheldraht, Orangefarm, Johannesburg

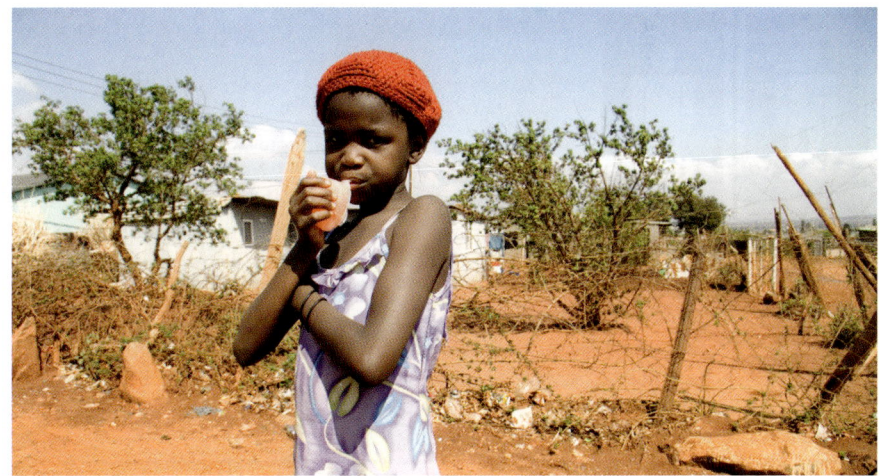

Rassismus pur nur wenige Jahre nach dem Sieg über den deutschen Hitler-Faschismus; eine kaum zu glaubende Parallele zu den Nürnberger Rassegesetzen der Nazis.

Kleine und große Apartheid

Wenn Sie tiefer in das Thema Apartheid einsteigen, als es im Rahmen dieses Buches möglich ist, dann werden Ihnen die Begriffe »Kleine Apartheid« und »Große Apartheid« begegnen. Während es bei der »Kleinen Apartheid« in erster Linie um Einschränkungen im alltäglichen Leben ging, bezog sich die »Große Apartheid« auf die Organisation des Staatswesens. »Kleine Apartheid« meint zum Beispiel, dass es Schwarzen verboten war, öffentliche Parkanlagen zu betreten. Oder dass Schwarze nicht auf Strände durften, die nur Weißen vorbehalten waren. Oder dass es in Bussen und anderen öffentlichen Verkehrsmitteln nach Rassen getrennte Abteile gab. Oder dass schwarze und weiße Kinder nur getrennten Schulunterricht hatten. Oder dass Post, Krankenhäuser, Banken, öffentliche Toiletten nur durch mit Schildern gekennzeichnete, getrennte Eingänge für Weiße und Schwarze betreten werden durften – man kann sich das heute kaum mehr vorstellen. Aber auch damals waren viele ausländische Besucher über diese Verhältnisse schockiert. Die menschenverachtenden Maßnahmen der herrschenden Elite durch alle diese Jahrzehnte hindurch hatten nur einem Zweck gedient: Sie zementieren die privilegierte Vormachtstellung der Weißen im Alltag, in Wirtschaft und Politik. Die Nachfahren der ehemaligen

Info Die wichtigsten Gesetze der Apartheidzeit

▶ Miners and Workers Act: Wirtschaftliche Trennung, »gelernte Berufe« sind Weißen vorbehalten, ab 1911
▶ Natives Land Act: Räumliche Trennung, Schwarze werden in Reservate umgesiedelt, die Vorläufer der Homelands, ab 1913
▶ Natives Urban Areas Act: Räumliche Trennung auch in der Stadt, ab 1923
▶ Riotous Assemblies Act: Demonstrations- und Versammlungsverbot für Schwarze, ab 1930

▶ Group Areas Act: Festlegung bestimmter nach Hautfarbe getrennter Wohngebiete, Passzwang, Schaffung von Townships für diejenigen Schwarzen, die in den Städten arbeiteten, ab 1950
▶ Supression of Communism Act: Gesetzliche Maßnahmen, die sich vordergründig gegen kommunistische Parteien richteten, wesentlich aber auch gegen alle Anti-Apartheid-Bewegungen gingen, ab 1950
▶ Natives Law Amendment Act: Schwarze dürfen sich nur mit Genehmigung länger als 72 Stunden in Städten aufhalten, ab 1952
▶ Bantu Education Act: Erziehungs- und Bildungsaufsicht in den Wohngebieten der Schwarzen; Englisch und Afrikaans als Unterrichtssprachen sind nicht zugelassen, um die Konkurrenzfähigkeit auch für die Zukunft einzuschränken, ab 1953
▶ Bantu Selfgovernment Act: Zusammenlegung der Reservate in zehn Homelands, ab 1959
▶ Reservation of Separate Amenities Act: Strikte Trennung öffentlicher Bereiche wie Verkehrsmittel, Haltestellen, Toiletten, Strände, Krankenhäuser, Sportplätze usw.
▶ Beschilderungen »Whites Only«, »Blacks Only!«

Küche in Lindgrün, Orangefarm, Johannesburg

Buren, jetzt nennen sie sich »Afrikaaner«, und die Briten waren dazu ein verhängnisvolles Bündnis eingegangen.

Townships – Hinterlassenschaft der Apartheid

Homelands sind heute Geschichte in Südafrika, Townships reeller Alltag. Mit Townships bezeichnet man die riesigen Wohngebiete der Schwarzen am Rande der großen und kleinen Städte. Sie entstanden ebenfalls während der Apartheidzeit, als in den Zentren unzählige Dienstleistungsarbeiten anfielen, für die sich keine Weißen fanden. Einfache, schlecht bezahlte Jobs wurden an Schwarze vergeben, es waren genügend Arbeitswillige da. Allerdings wollten die Weißen sie nicht dauerhaft in der eigenen Wohnumgebung haben. Tagsüber war ihre Arbeitskraft zwar gefragt, nachts sollten sie jedoch zu ihren eigenen Familien »außerhalb« der Städte zurückkehren. Es sei denn, sie waren im Besitz einer Sondergenehmigung. Ansonsten gab es strenge zeitliche Regulierungen.

Wohngebiete der Schwarzen

Heute sind die Townships die Zuzugsgebiete der Schwarzen und eine Art Paralleluniversum zu den modernen, westlich anmutenden Stadtzentren Südafrikas. Die wohl bekanntesten und auch größten Townships sind Soweto bei Johannesburg mit 3,5 Millionen Einwohnern sowie Langa und Khayelitsha bei Kapstadt mit 1,5 Millionen Einwohnern. Zum Vergleich: In Berlin leben rund 3,4 Millionen Menschen, also etwa genauso viele wie in Soweto. In Kapstadts Townships leben drei Mal so viele Menschen wie in Hannover.

Durch Landflucht und Wellen von Arbeitsmigranten und politischen Flüchtlingen aus den umliegenden Nachbarstaaten sind die Townships zu einem Sammelbecken von Arbeitslosigkeit, Armut und Kriminalität geworden. Trostlose Behausungen, oft Wellblechhütten und einfache Bretterverschläge (Squatter Camps) reihen sich aneinander. Gleichzeitig wohnt hier aber auch eine stetig wachsende, schwarze Mittelschicht – Menschen, die sich sehr um annehmbarere Wohnverhältnisse und bessere Lebensbedingungen bemühen und einer geregelten Arbeit nachgehen.

Im Vergleich zur Innenstadt von Johannesburg gehören deren Nachbarschaften mit zu den sichersten Orten im Land. Deshalb Vorsicht! Die Bewohner der Townships sollte man nicht alle über einen Kamm scheren. Nicht überall herrscht nur Gewalt, obwohl die Townships in diesem Ruf stehen. Welcher Ort der Welt kann schon mit einer Straße aufwarten, an der zwei Friedensnobelpreisträger lebten? Soweto kann es! In der Vilakazi Street waren es Desmond Tutu und Nelson Mandela, die beiden Schlüsselfiguren der Anti-Apartheidbewegung. Dennoch, die ärmsten Viertel der Townships mit ihren vielen Arbeitslosen sind die traurige Hinterlassenschaft der Apartheid und ein dringend zu lösendes Problemfeld aktueller südafrikanischer Politik.

Das Ende der Apartheid

»Ich bin nicht mit dem Hunger nach Freiheit geboren worden. Ich bin frei geboren worden – frei auf jede Weise, die ich kennen konnte. Frei, auf die Felder nahe der Hütte meiner Mutter zu laufen, frei, in dem klaren Fluss zu schwimmen, der durch mein Dorf floss, frei, Mealies unter den Sternen zu rösten und auf dem breiten Rücken langsam dahintrottender Bullen zu reiten. Solange ich meinem Vater gehorchte und den Gebräuchen meines Stammes folgte, kümmerten mich weder Menschen- noch Gottesgesetze.«

aus: Nelson Mandela, »Der lange Weg zur Freiheit« (»Long Walk To Freedom«), 1994

Speer der Nation

Das Ende der Apartheid hat viele Wegbereiter: Schwarze und Weiße, die den Kampf um Gleichberechtigung häufig mit ihrem Leben bezahlt haben. Die Saat des Widerstandes gegen eine Regierung der Minderheit von nur 20 Prozent gegenüber dem Rest der Bevölkerung wurde bereits in den Anfangsjahren der Südafrikanischen Union gelegt. Der ANC (African National Congress), als Partei der Schwarzen 1912 gegründet, wollte zunächst mit friedlichen Mitteln, zu denen Boykotts und Streiks gehörten, Veränderungen herbeiführen. Da sich dies aber so nicht erreichen ließ, radikalisierte sich der schwarze Widerstand. Der PAC (Pan African Congress), 1959 als Befreiungsbewegung gegründet, und eine Gruppe des ANC, die sich nach dem Massaker von Sharpeville bewaffnet hatte, übernahmen die Mobilmachung gegen das Apartheidregime. Diese Splittergruppe des ANC leitete der damals noch junge Nelson Mandela. An seiner Seite befanden sich Freunde und Kampfgefährten wie Oliver Tambo und Walter Sisulu. Zu allem entschlossen gaben sich die Männer den Zulu-Namen »Umkonto we Sizwe« (»Speer der Nation«).

Sharpeville und die Folgen

Die Geschehnisse in der Stadt Sharpeville markieren einen Wendepunkt in der südafrikanischen Geschichte. Am 21. März 1960 demonstrierten rund sechstausend Schwarze unter der Führung des PAC vor dem örtlichen Polizeipräsidium gegen die Passgesetzgebung der Regierung. In Panik geratene Polizisten eröffneten das Feuer, dem 69 Demonstranten zum Opfer fielen. Die Reaktion des Staates: Verbot von ANC und PAC. Die Folge: Deren Mitglieder waren so kriminalisiert und konnten jederzeit verhaftet werden. Unter anderem auch um ein Exempel zu statuieren, wurde der bereits schon einmal (1956) wegen Hochverrats in Haft genommene Nelson Mandela 1962 wegen Aufruf zum Streik zu weiteren fünf Jahren Gefängnis verurteilt. Diese Strafe wurde wegen des Vorwurfs, den bewaffneten Aufstand zu planen, 1964 in lebenslang umgewandelt. Damit war die Opposition für Jahre eingeschüchtert und kalt gestellt. Doch im Untergrund lief der Widerstand weiter, obwohl der staatliche Geheimdienst die oppositionellen Schwarzen gnadenlos verfolgte. In den späten 1960er-Jahren gründete Steve Biko analog zur Black-Power-Bewegung in den USA die »Black-Conscious-Bewegung«: Das Selbstbewusstsein der Schwarzen wuchs auch in Afrika. Viele der Aktivisten trafen sich heimlich und illegal in Kneipen, den so genannten Shebeens, immer in Angst vor Spitzeln. In der schwarzen Arbeiterschaft regte sich ebenfalls Widerstand. Die Bereitschaft zu Streikaktionen nahm zu. Tausende schwarzer Arbeiter solidarisierten sich mit den Forderungen der Freiheitsbewegungen. Die Wirtschaft begann darunter zu leiden, und die Regierung sah sich zu zunächst nur unbedeutenden Zugeständnissen gezwungen.

War es bislang ein Widerstand im Land selbst gewesen, so formierte sich ab den 1970er-Jahren auch im Ausland der Protest gegen das Apartheidregime. Südafrikanische Künstler wie die Sängerin Miriam Makeba, die erfolgreich durch die USA und Europa tourte, sowie Autoren und Exilpolitiker sensibilisierten die Weltöffentlichkeit. Letztendlich erfolgte die internationale Ächtung des Landes. Am 2. Dezember 1973 verabschiedete die UNO-Vollversammlung eine internationale Konvention, in der Apartheid zum Verbrechen gegen die Menschlichkeit erklärt und damit nach internationalem Völkerrecht strafbar wurde. Sie trat im Juli 1976 in Kraft. Südafrikanische Sportmannschaften wurden daraufhin von internationalen Veranstaltungen ausgeschlossen, Kultur sowie Tourismus boykottiert. Der wirtschaftliche Boykott verlief etwas löchriger. Die Früchte vom Kap verschwanden zwar aus den Regalen der meisten europäischen Lebensmittelgeschäfte. Der Krüger-Rand verlor seinen Glanz als Geld-Anlagemöglichkeit; es gab ja schließlich auch in anderen Ländern Goldwährungen. Mehrere multinational agierende Industriefirmen, darunter auch deutsche, schafften es aber dennoch, ihre Geschäfte mit dem Apartheidstaat am Laufen zu halten.

Internationaler Protest

Schüleraufstand von Soweto

Die berühmteste Demonstration Südafrikas begann zunächst friedlich. Von den Schulen Sowetos kamen Schüler und Lehrer zusammen, um am 16. Juni 1976 mit einem gemeinsamen Marsch in Richtung Orlando Highschool ihrem Protest gegen die Einführung des Afrikaans als allgemeine Pflichtsprache an den Schulen Ausdruck zu verleihen. »Wenn wir Afrikaans sprechen sollen, muss Voster Zulu sprechen«, stand auf einem der zahlreichen Spruchbänder, das die Schüler schwenkten. Hierdurch war der Premierminister zum Dialog herausgefordert. Die Staatsmacht reagierte mit Polizeibarrikaden, die den Protestzug aber nicht aufhalten konnten.

Der 16. Juni 1976

Die friedliche Stimmung, bei der die Demonstranten auch die heutige Nationalhymne »Nkosi Sikelel' iAfrika« (Gott segne Afrika!) sangen, schlug in Gewalt um, als ein Polizist den ersten Schuss abgab. Hastings Ndlovu, 15 Jahre alt, war das erste Opfer. Panik brach

Straßenschlachten

auf beiden Seiten aus; die Situation geriet außer Kontrolle. Mit äußerster Brutalität ging die Polizei gegen die meist unbewaffneten Schüler vor. Ein schockierendes Foto ging damals um die Welt: Es zeigte den sterbenden, erst 12 Jahre alten Hector Pieterson, getragen von seinem 18jährigen Mitschüler Mbuyisa Makhubo und Hectors 17jähriger Schwester Antoinette an seiner Seite. Das Foto zählt heute zu einem der berühmtesten Pressefotos überhaupt, weil es das offensichtliche Unrecht so hautnah dokumentierte und zu einem Symbol des Anti-Apartheidprotestes avancierte. Über fünfhundert Schüler wurden erschossen. Am nächsten Tag erfolgte ein weiteres Fanal der Stärke durch Polizei und Militär.

*500 Schüler
erschossen*

Info   **Hector Pieterson – ein Bild schreibt Geschichte**

Der Tag, an dem der junge Schüler Hector Pieterson (1964–1976) starb, kann als Anfang vom Ende der Apartheid in Südafrika angesehen werden. Es ist der Morgen des 16. Juni 1976, als sich mehrere Protestzüge von Schülern zum Orlandostadion aufmachen. Nach mehreren Tagen der Vorbereitung wollen sie an diesem Tag friedlich gegen die Einführung des Afrikaans als allgemeine Unterrichtssprache demonstrieren. Südafrikanische Unternehmer hatten Einfluss auf die Regierung genommen, um zu erreichen, dass die schwarzen Schüler Afrikaans lernen sollten. Nur so wären sie für einfache Arbeiten besser einsetzbar, so die Begründung. Doch keines der schwarzen Kinder will die Sprache der Weißen, der sie unterdrückenden Apartheid, an den Schulen sprechen. Unter den rund zwanzigtausend Demonstranten befindet sich auch der zwölfjährige Hector. Gemeinsam mit den Mitschülern seiner Schule wird er an der Ecke Moema- und Vilakazi Street von der Polizei gestoppt. Überall in Soweto stehen Truppen weißer und schwarzer Polizisten den Schülern gegenüber. Für den Ausbruch von Gewalt gibt es zwei Theorien: Konservative Weiße weisen darauf hin, dass die Gewalt von den Schwarzen ausging. Eine Flasche soll den weißen Polizeichef am Kopf getroffen haben, wobei er angeblich ein Auge verlor. Beim anschließenden Schusswechsel wird dann derjenige getötet, der geworfen haben soll. Augenzeugen berichten aber, dass der Schusswechsel ohne Vorwarnung eröffnet wurde und die Lage dadurch eskalierte.

Der Fotograf Samuel Nzima nahm in diesem beginnenden Chaos eines der berühmtesten Bilder der Pressefotografie auf. Es zeigt den von Kugeln getroffenen Hector Pieterson, getragen von dem 18jährigen Mbuyisa Ndlovu und Hectors Schwester Antoinette an seiner Seite. Ein Bild, das zum Symbol wurde. Nicht nur für den Aufstand allein, sondern auch für die Brutalität der Unterdrückung. Was ist aus den Abgebildeten geworden? Hector starb an seinen Verletzungen und wurde in Soweto beigesetzt. Die Mutter von Mbuyisa erhielt erst zwei Jahre später ein Lebenszeichen ihres Sohnes, wie sie der Wahrheitskommission berichtete. Er war geflohen und hatte ihr 1978 einen Brief geschrieben. Seitdem gibt es aber keine weiteren Nachrichten von ihm. Antoinette Sithole leitet heute das Hector Pieterson Museum in Soweto – nur zwei Blocks von der Stelle entfernt, an der ihr Bruder starb.

Es ist kein Trost, aber mit der Berichterstattung über den Soweto-Aufstand begann endlich auch das Umdenken in der südafrikanischen öffentlichen Meinung. Von der University of Witwatersrand in Johannesburg zogen dreihundert weiße Studenten in die Stadtmitte, um damit auch ihren Protest und ihre Solidarität auszudrücken. In zahlreichen weißen Familien kamen Zweifel am Apartheidsystem auf. Auch in den weißen Schichten wuchs der Unmut über die sozialen Zustände. Vom Ausland her verstärkte sich der Druck auf die Regierung. Somit war mit dem 16. Juni 1976 die Hochphase der Apartheid zu Ende. Heute ist der 16. Juni der Jahrestag der Jugend und ein nationaler Feiertag. *Ein Umdenken setzt ein*

»Das große Krokodil«, Pieter Willem Botha (1916-2006), ab 1978 Premierminister, musste sich der neuen Situation stellen. Obwohl bekannt als langjähriger Verfechter eines harten Kurses der Apartheidpolitik, der er Zeit seines Lebens auch blieb, ließen ihm die damaligen Entwicklungen keine andere Wahl: »Anpassen oder untergehen« waren seine Worte, die erste Veränderungen einläuteten: Gemischte Ehen wurden legalisiert, die Freizügigkeit bei der Wahl des Wohnortes für Nicht-Weiße gelockert und der politische Kontakt zum ANC wieder aufgenommen – ab 1988 in Geheimverhandlungen mit den Führern des ANC im Exil. *Anpassen oder untergehen*

Die Jahre des Wandels (1989–1994)

Die Wahl Frederik Willem de Klerks zum Präsidenten Südafrikas als Nachfolger von Botha im September 1989 läutete Jahre eines großen gesellschaftlichen Umbruchs ein. Seit 1986 war das Land durch Streiks, Massenproteste, blutige Unruhen und wirtschaftlichen Niedergang auf dem sicheren Weg ins Chaos. Selbst die Verhängung eines landesweiten *Der Umbruch*

Schulalltag zwanzig Jahre danach: Orangefarm, Johannesburg

Notstandes konnte diese Entwicklung nicht stoppen. Nur in der vollständigen Umgestaltung des gesamten Gesellschaftssystems lag eine Chance für Südafrikas Zukunft. Frieden, Gerechtigkeit und Demokratie sollten die Grundlagen hierfür bilden, so die immer lauter werdenden Forderungen. Der neue Präsident stand unter Druck. Fast im Alleingang kündigte de Klerk 1990 die Bereitschaft zu offiziellen Gesprächen mit dem ANC und die Aufhebung dessen Verbots an. Wie ein Paukenschlag kam auch die Erklärung, alle politischen Gefangenen frei zu lassen. Dass dem schon einige Jahre lang zähe Verhandlungen mit dem inhaftierten Mandela vorausgegangen waren, war nicht an die Öffentlichkeit gedrungen.

Nelson Mandela ist frei

Am 11. Februar 1990 verließ Nelson Mandela unter dem Jubel der Massen und als Nationalheld der Schwarzen das Victor Verster Prison bei Paarl. Ein freier Mann nach insgesamt 27-jähriger Haftzeit; darunter 17 Jahre in dem Gefängnis auf der berühmtberüchtigten Insel vor Kapstadt, »Robben Island«. Die Geburtsstunde der kommenden politischen Führungsfigur! Mit seiner Freilassung hatte der längst überfällige Systemwechsel am Kap begonnen und er verlief besonnener, als erwartet. Mit allem hatte die rechte, weiße Propaganda zuvor gedroht: Mit Anarchie, Morden, Vergeltung und Rache sei zu rechnen, wenn der ANC an die Macht käme. Dass eine schwarz-afrikanische Regierung aber den Willen aufbringen würde, den gesellschaftlichen Wandel friedlich zu vollziehen, hatten sich nur wenige vorstellen können. Bereits in einer seiner ersten öffentlichen Reden rief Mandela alle Menschen dazu auf, die die Apartheid aufgegeben hatten, oder bereit dazu waren, »gemeinsam an einem nichtrassistischen, geeinten und demokratischen Südafrika zu arbeiten«. Damit war das Ziel seiner Politik in einem neuen Südafrika klar umrissen.

Titel der deutschen Buchausgabe von »Long Walk to Freedom«

Für die meisten Beobachter dieser mächtigen Revolution steht auch heute noch fest: Ohne Mandela wäre der weitestgehend unblutige, gesellschaftliche Umbruch nicht möglich gewesen. Neben ihm, dem unbestrittenen Hauptagitator des Anti-Apartheidkampfes standen jedoch zahlreiche Mitstreiter. Zu den wichtigsten Namen in diesem Zusammenhang gehören: seine damalige Frau und Kampfgefährtin Winnie Mandela, Bischof Desmond Tutu, Chris Hani, Joe Slovo, einer der einflussreichsten Weißen im Widerstand, und der schon erwähnte Steve Biko. Als die Symbolfigur der Apartheidgegner aber geht Nelson Mandela in die Geschichte ein. Schwarze und weiße Südafrikaner empfanden und empfinden auch heute noch großen Respekt vor Mandelas fast übermenschlicher Leistung, Vergebung zu praktizieren: Er rief zum Ge-

Die Schrecken der Apartheid erfassen – im Museum

▶ Das Apartheidmuseum in Johannesburg

Durch zwei Eingänge »nur für Weiße«,»nur für Schwarze« geht es in das 2001 eröffnete Museum. Beklemmend bleibt das Gefühl, wenn im Folgenden die Geschichte der Trennung in Bevölkerung erster und zweiter Klasse aufgezeigt wird. Eindrucksvoll sind die Jahre 1948 bis 1994 mit Fotos, Filmen und Rekonstruktionen von Haftbedingungen dokumentiert. Die kühle, strenge Architektur des Museums unterstreicht das Anliegen, den Schrecken der Vergangenheit spürbar zu machen.

▶ Robben Island Kapstadt

Ehemalige schwarze Häftlinge des Anti-Apartheidkampfes führen Sie durch das zum Museum umgewandelte Gefängnis auf der nicht weit von Kapstadt entfernt liegenden Insel, die schon im 16. Jahrhundert als Sträflingskolonie diente. Das Apartheidregime internierte hier seine politischen Gefangenen, viele von ihnen jahrzehntelang. Der berühmteste von ihnen war Nelson Mandela, dessen Gefängniszelle zu besichtigen ist. Die Häftlinge mussten im Steinbruch arbeiten, erreichten aber in zähen Verhandlungen mit ihren Widersachern einigermaßen humane Haftbedingungen. So konnten sie sich weiterbilden und sogar studieren. Da sie auch die Möglichkeit hatten, miteinander zu kommunizieren, wurde das Gefängnis eine Art Kaderschmiede des schwarzen Widerstands.

▶ Constitution Hill Johannesburg

»Number Four«, der wohl berüchtigtste Gefängniskomplex der Apartheid-Ära befand sich auf dem Gelände von Constitution Hill in Johannesburg. Er war bis 1983 das Staatsgefängnis des Regimes, wo tausende Schwarzer aus den Widerstandsbewegungen unter grauenhaften Bedingungen inhaftiert und gefoltert worden waren. Heute ist das wohl hässlichste Symbol dieser Zeit in ein multimediales, hochmodernes Museum umgewandelt worden, in dem man sich sowohl über die Schrecknisse der Apartheidzeit als auch über den Befreiungskampf und über Südafrikas Weg in die Demokratie anschaulich informieren kann.

waltverzicht auf und tat dies sehr überzeugend. Ein charismatischer Mann, der heute im gleichen Atemzug mit Dr. Martin Luther King und Mahatma Gandhi genannt wird.

Bis die ersten allgemeinen, freien Wahlen mit Stimmrecht für alle im Frühjahr 1994 abgehalten werden konnten, mussten noch einige juristische Hürden aus dem Weg geräumt werden. De Klerk hatte den Wandel eingeläutet, und Mandela die Partnerschaft angenommen. Doch die Verfassung Südafrikas und die Gesetze des Landes sahen eine solche Entwicklung nicht vor. Gemeinsam erarbeitete man bis Ende 1993 eine Übergangsverfassung, die im April 1994 verabschiedet wurde und nach der Unterzeichnung durch den Präsidenten endgültig 1997 in Kraft trat. Sie gilt heute als eine der modernsten und fortschrittlichsten der Welt: Jegliche Form der Unterdrückung und Diskriminierung ist verboten, und eine unabhängige, unparteiische Justiz gefordert. Im Unterschied zu den Verfassungen anderer Staaten finden in der südafrikanischen Verfassung auch die Wahrung der Tradition und der Respekt gegenüber der Stammeskultur mit ihren Chiefs an der Spitze Berücksichtigung. Offiziell war die Zeit der Apartheid damit beendet. Die

Eine demokratische Verfassung

Wunden, die das Apartheidregime der schwarzen Bevölkerung jahrzehntelang zufügte, wirken jedoch bis heute nach.

Der Neuanfang mit Mandela

Neue Staats-symbole

Die Abkehr von der Vergangenheit sollte auch durch den schrittweisen Abschied von den Staatssymbolen vergangener Tage deutlich gemacht werden. Eine neue Staatsflagge (1994), Hymne (1996) und Staatswappen (2000) sind die äußeren Zeichen der jungen »Republic of South Africa« (RSA). Gemeinsam ist ihnen, dass sie die Einheit betonen. Die Mehrfarbigkeit der Flagge, die Zusammenführung der Hymne der Buren und die der Schwarzen oder die im Staatswappen wiedergegebene Vielfalt von Kultur und Natur sind symbolhafter Ausdruck der Stärke und Einheit des ganzen Landes. Schauen Sie auf die Rückseite südafrikanischer Geldmünzen und Sie finden klein geschrieben unter dem Staatswappen den Wahlspruch der Nation auf Khoisan: »IKE E: IXARRA IIKE« – »Unterschiedliche Völker vereinen sich.«

Die erste allgemeine Wahl

Das historisch bedeutsamste Ereignis fand im April 1994 statt: Die Wahl eines neuen Parlaments und damit eines neuen Präsidenten. Aus organisatorischen Gründen wurde die Wahl auf drei Tage gelegt. Endlose Schlangen bildeten sich vor den Wahllokalen. Für dieses Recht war lange gekämpft worden. Nun wollte jeder seine Stimme abgeben, um der neuen Politik seine Zustimmung zu erteilen. »Frei und fair«, so die internationalen Wahlbeobachter, wurde bei einer Wahlbeteiligung von neunzig Prozent der ANC (62,6 Prozent) mit der Regierungsbildung beauftragt. Die ehemals regierende Nationale Partei (20,4 Prozent) mit ihrem Spitzenkandidaten de Klerk und die Inkatha Freedom Party (10,5 Prozent) waren als die stärksten Oppositionsparteien aus der Wahl hervorgegangen. Am 9. Mai 1994 wählte das Parlament Nelson Mandela zum ersten schwarzen Präsidenten Südafrikas.

Einheit ist Stärke: Die Staatsflagge repräsentiert die Regenbogennation und findet sich überall

Für viele Südafrikaner wurde die schlimme Zeit der Apartheid noch einmal lebendig, als 1996 von Präsident Mandela die »Wahrheitskommission« (Truth and Reconciliation Commission – TRC) eingesetzt wurde. Den Vorsitz übernahm sein Freund, der anglikanische Erzbischof Desmond Tutu. Innerhalb der folgenden 18 Monate sollte – so der Plan – eine öffentliche Auseinandersetzung zwischen Tätern und Opfern und deren Hinterbliebenen stattfinden. Amnestie wurde den Tätern politisch bedingter Verbrechen zugesichert, und den Opfern finanzielle Hilfen versprochen. Hochemotionale Sitzungen, im Fernsehen übertragen und protokolliert, konfrontierten die Öffentlichkeit während dieser Zeit erneut mit den Geschehnissen der letzten Jahrzehnte. Nur auf diesem Weg der Aufarbeitung der Vergangenheit sahen Mandela und seine Vertrauten die Chance, eine Brücke zwischen einst verfeindeten Gruppen zu

Die Wahrheits-kommission

bauen – ohne, dass Krawalle und Übergriffe stattfanden. Eine strafrechtliche Aburteilung hätte eventuell zu Märtyrern auf beiden Seiten geführt, was den friedlichen Wandlungsprozess Südafrikas in Gefahr gebracht hätte. Ganz bewusst hatte sich die Regierung gegen ein Tribunal zur Aburteilung von Verbrechen während der Apartheid entschieden.

Wer regiert heute?

Im Großen und Ganzen verliefen die Anfangsjahre des »neuen Südafrika« friedlich und voller Hoffnung in die Regierung Mandela. Er war der Garant, die Klammer für die gemeinsame Zukunft. Sein schon früh angekündigter Rückzug vom Präsidentenamt nach nur einer Amtsperiode ließ aber immer mehr die Frage keimen: »Was kommt danach?« Die schwarze Bevölkerung verzieh Mandela, dass vieles versprochen und nur weniges erfüllt worden war. Zu groß war und ist die Hochachtung vor seiner Person. Programme für den Hausbau in den Townships liefen zwar an, wurden aber nicht durchgezogen, weil viel Geld in dubiosen Kanälen verschwand. Korruption ist ein großes, ungelöstes Problem auch innerhalb des ANC. Hohe Beamte und Politiker hatten ihre Finger im Spiel, was nicht gerade das Vertrauen in die neue Staatsmacht förderte. Die Bekämpfung von Korruption und Schwerkriminalität bestimmte das Arbeitsprogramm der Regierung. Da blieben brennende Problemfelder wie Aids-Aufklärung, Krankenversorgung, Bildung und Beseitigung der Armut oftmals auf der Strecke.

Soziale Probleme

Die Wahlen 1999 und 2004 lieferten mit einem deutlichen Rückgang der Wahlbeteiligung die Quittung. Dennoch konnte der ehemalige Stellvertreter Mandelas und neue Führer des ANC, Thabo Mbeki, den Anteil der Stimmen für seine Partei ausbauen. Be-

Die Zeit nach Mandela

Gingen für Zuma auf die Straße – ANC-Parteianhänger 2009

Die Früchte der Arbeit gerechter verteilen

Quelle: Süddeutsche Zeitung

Im Müll gelandet, ANC-Wahlplakat in Kapstadt

trachtet man die Amtszeit Mbekis (1999 – 2008), so führte sie außenpolitisch zu einer weiteren Stärkung des Vertrauens in den Demokratisierungsprozess Südafrikas. Innenpolitisch fiel Mbeki zwar mit sehr merkwürdigen Ansichten zur Bekämpfung von Aids auf, trat aber besonders für ein starkes Südafrika ein. Die Einhaltung der Menschenrechte, Demokratie und soziale Gerechtigkeit in Südafrika proklamierte er zu seinen wichtigsten Anliegen. »Sein Südafrika« sollte eine Vorreiterrolle für ähnliche Entwicklungen im gesamten Schwarzafrika einnehmen.

Hoch-geste ckte Ziele

In der Zulu-Sprache gibt es den Begriff *Ubuntu*. Er umfasst das, was in modernen Gesellschaften mit Gemeinsinn, Solidarität und der Wahrung sozialer Werte gemeint ist. Kein südafrikanischer Politiker kommt heute daran vorbei, diesen Begriff in seine Reden einzubauen. Traditionelle Werte sollen die Basis für die gemeinsame Zukunft bilden. Das Gelingen solch hochgesteckter Ziele hängt davon ab, wie die drängenden – und von jedem Besucher des Landes sichtbaren – sozialen und ökonomischen Probleme in den Griff zu bekommen sind (vgl. hierzu auch Seite 85).

Laut Verfassung gibt es für den Präsidenten nur zwei Amtszeiten. Dass Mbeki sein Amt noch vor Ablauf dieser Frist aufgeben musste, lag an seinem Verhältnis zu seinem designierten Nachfolger Jacob Zuma. Ein innerparteilicher Machtkampf innerhalb des ANC war entbrannt, währenddessen Mbeki die Kandidatur Zumas zum Präsidentschaftskandidaten durch direkte Einflussnahme zu verhindern suchte. Er wurde daraufhin zum Rücktritt gezwungen.

Aus den Wahlen vom April 2009 ging der ANC deutlich siegreich hervor, und kürte Jacob Zuma zum neuen Präsidenten Südafrikas. Der übernahm das Amt am 9. Mai 2009 und damit die politischen und wirtschaftlichen Geschicke der größten Volkswirtschaft Afrikas.

Populistisch und massenwirksam hatte Zuma eine Abkehr von der unternehmerfreundlichen Politik Mbekis gefordert und sich für eine schnelle und Erfolg versprechende Bekämpfung von Armut und Arbeitslosigkeit stark gemacht. Seinen Wählern versprach er millionenfache, neue Arbeitsplätze und hohe Investitionen ins Bildungssystem, was fraglos gut ankam. Jacob Zuma stellte seinen Anhängern glaubwürdig die schnelle Verbesserung ihrer Lebenssituation in Aussicht. Mit strahlendem Gesicht, stets einem Lächeln um die Mundwinkel, und einen fröhlichen afrikanischen Tanz auf der Bühne darbietend, versucht er Hoffnung zu wecken. Er gibt dabei das Bild eines Präsidenten ab, der auch die Rolle des traditionellen *Chiefs* mit Leichtigkeit ausfüllt. Allerdings wird er – wie jeder Politiker vor ihm – an den Resultaten seiner Amtsführung gemessen werden. Zumindest jedoch haben sich weithin verbreitete Befürchtungen nicht bestätigt, dass mit dem Wechsel an der Führungsspitze des ANC auch ein Wechsel hin zu einem marxistisch geprägten Sozialismus in Südafrika Fuß fassen würde. Bislang ist es nicht zu Verstaatlichungen und Landenteignungen gekommen. In der Wirtschaftspolitik folgt Südafrika auch nach der Wahl dem seit Mandela aufgezeigten Weg der Kontinuität.

Ein Populist an der Regierung

Jacob Zuma – eine schillernde Politikerkarriere

Jacob Gedleyihlekisa Zuma erreichte im April 2009 das Ziel seiner politischen Träume. Auch mit ihm als Spitzenkandidat hatte der ANC die Wahl gewinnen können. Eine satte

Helen Zille bootet den ANC aus

Als einzige weiße Oppositionspolitikerin gewinnt Helen Zille, die ehemalige Kapstadter Bürgermeisterin (2006-2009), für ihre Partei Democratic Alliance (DA) die Parlamentswahlen vom 6. Mai 2009 in der Provinz Westkap. Sie wird Premierministerin dieser Provinz, während sich in allen anderen acht Provinzen Südafrikas der ANC durchgesetzt hat.

Die 1951 in Johannesburg geborene, deutschstämmige Südafrikanerin studierte an der University of Witwatersrand, bevor sie sich als Journalistin einen Namen machte: Für die Zeitung The Rand Daily Mail klärte sie die Hintergründe der Ermordung des Apartheidgegners Steve Biko im Gefängnis 1977 auf. Später ging sie in die Politik und bemühte sich als Bürgermeisterin von Kapstadt vor allem um die Drogenproblematik in der Metropole. Auch Bau und Finanzierung des Green-Point-Stadions in Kapstadt für die Fußballweltmeisterschaft 2010 fiel in ihre Amtsperiode.

Bei einem Besuch in Deutschland erklärte sie im August 2009 vor Journalisten, dass ihr persönliches Verhältnis zu Jacob Zuma, dem neuen Präsidenten, trotz politischer Gegensätze gut sei. Allerdings fügte sie hinzu, dass dieser wohl bald »unpopuläre Entscheidungen treffen müsse«, um Armut und hohe Kriminalität wirksam zu bekämpfen.

Stimmenmehrheit von 65,9 Prozent aller Wähler ließ keinen Zweifel daran, dass er der nächste Präsident Südafrikas würde: Eine schillernde Persönlichkeit, deren politischer wie auch privater Lebensweg polarisiert. Viele seiner politischen Gegner hofften bisher vergeblich, dass er in einer Sackgasse steckenbleiben möge und die politische Bühne verlässt.

Am Ziel seiner Träume

Geboren am 12. April 1942 in einem Zulu-Dorf in KwaZulu-Natal wuchs er in ärmlichen Verhältnissen auf. Durch den frühen Tod des Vaters, Sohn Jacob war erst drei Jahre alt, war es der Familie nicht möglich, dem Kleinen einen Schulbesuch zu finanzieren. Seine Mutter verdiente als Dienstmädchen in Durban nur wenig Geld, und so blieb ihm nichts anderes übrig, als sich mit Gelegenheitsjobs und als Viehhirte durchs Leben zu schlagen.

Anti-Apartheidkampf

Ersten Kontakt zum ANC nahm Zuma im Alter von siebzehn Jahren auf. Die Mitgliedschaft in der Partei folgte umgehend. Schnell schloss er sich dem bewaffneten Untergrundflügel der Partei an. Deren Hymne »Lethu Mshini Wami« – »Gebt mir mein Maschinengewehr« – wurde sein Schlachtruf. Bei Wahlveranstaltungen und anderen öffentlichen Auftritten singt und tanzt Zuma auch heute noch gern zu diesem Song.

Den Ruf eines Freiheitskämpfers gegen das Apartheidregime erwarb sich Zuma während der zehnjährigen Haftzeit auf Robben Island (1965-1975), wo auch viele andere ANC-Mitglieder einsaßen. Gleichzeitig entstand hier auch seine politische Nähe zu Nelson Mandela. Nach der Haftentlassung ging er bis zur Wende in Südafrika (1990) ins Exil nach Swasiland, Mozambique und Sambia. Zurück in Südafrika war er maßgeblich an der Bildung der neuen Nachapartheidregierung beteiligt. Während dieser frühen Jahre des neuen Südafrika ging Zuma sehr klug vor. So war es ein weiser Schachzug, sich unter der Regierung Mandela noch mit einem Regierungsposten in KwaZulu-Natal zu

Sorgt auch im Ausland für Schlagzeilen, Südafrikas derzeitiger Präsident Zuma

Quelle: Süddeutsche Zeitung

begnügen. Das bereits vom ANC an ihn herangetragene Amt des Vizepräsidenten überließ er Thabo Mbeki, dem Protegé Mandelas. Diese einflussreiche Position fiel ihm dann 1999 unter der Präsidentschaft Mbekis zu.

Mandela und Mbeki waren Xhosa, Zuma ist Zulu, und nach traditionellen Zulu-Stammessitten lebt er auch. Westliche Sittenwächter bezeichnen seine Familienverhältnisse als Polygamie. Seine derzeit rund zwanzig Kinder soll er von neun Frauen haben. Genaue Angaben fehlen, aber man vermutet, dass er zwischen drei und sechs Ehefrauen hat.

Das Image des Frauenhelden und Stammesfürsten mögen ihm Gegner wie Anhänger verzeihen. Undurchsichtige Gerichtsprozesse, die gegen ihn sowohl als Privatmann als auch als Politiker angestrengt wurden, dagegen weniger. So sah sich Zuma im Vorfeld und während des Wahlkampfes schweren Vorwürfen ausgesetzt. Innerhalb des ANC, aber auch bei der Bevölkerung geriet sein Ansehen ins Wanken. Es drohte das politische Aus. Zuma konnte sein sonst so strahlendes Lächeln während vieler Monate nur gequält öffentlich präsentieren. *Frauenheld und Stammesfürst*

Angefangen hatte alles mit Korruptionsvorwürfen im Zusammenhang mit Waffengeschäften. War er als einer der führenden Politiker Südafrikas bei der Aufrüstung von Marine und Militär von internationalen Rüstungsfirmen bestochen worden, um lukrative Deals abzuschließen? Ermittlungen gegen ihn, seinen Finanzberater und Freund Schabir Shaik (Unternehmer aus Durban) und gegen Toni Yengeni (Fraktionsvorsitzender des ANC in der Nationalversammlung) schlossen sich an. Es kam aber anfangs nur zu einer Anklage gegen Yengeni und Schaik. Beide wurden zu längeren Haftstrafen verurteilt. Obwohl das Gericht ein *General Corrupt Relationsship* zwischen Schaik und Zuma sah, blieb letzterer jedoch straffrei.

Für Zuma wurde die Situation dann aber doch noch eng, als sich Untersuchungen über finanzielle Zuwendungen von Shaik an Zuma anschlossen. Hatte der Finanzberater selbst dem Vizepräsidenten Gelder zukommen lassen, um sich vor Nachforschungen im Zusammenhang mit den Waffengeschäften zu schützen? Auch hier liefen die Ermittlungen ins Leere. Zumas Anwälte konnten sogar noch Verfahrensfehler nachweisen, sodass die Anklage fallengelassen werden musste. Dennoch hatten diese erneuten Untersuchungen gegenüber Zuma Folgen. Präsident Mbeki entließ seinen Vize aus dem Amt.

Seinen spektakulärsten Gerichtsauftritt lieferte Zuma im Jahr 2006. Die Anklage lautete auf Vergewaltigung. Zuma bestritt jedoch die Tat. Nach seiner Sicht der Dinge geschah alles »im gegenseitigen Einverständnis«. Allerdings war ihm bewusst, dass seine Partnerin HIV-infiziert war. Geschockt nahmen auch internationale Beobachter und Kommentatoren seine inzwischen berühmt gewordene Aussage zur Kenntnis, dass er nach dem ungeschützten Sex »eine Dusche nahm, um das Risiko einer Ansteckung mit Aids zu reduzieren«. Eine solche Äußerung vom Vorsitzenden des nationalen Aids-Rates führte nicht nur in Südafrika zu Empörung. *Spektakulärer Gerichtsauftritt*

Es ist und bleibt erstaunlich, dass der politische Stern eines solchen Mannes erneut aufsteigen konnte. Weil alle Vorwürfe an ihm abzuprallen schienen, war sein Ruf als »Mr. Teflon« geboren.

Der ANC-Parteitag vom 16. Dezember 2007 in Polokwane ebnete dann Zumas Weg ins Präsidentenamt. Er wurde in der nördlichen Provinzhauptstadt zum Parteivorsitzenden

*Politischer
Siegeszug*

des ANC gewählt. Damit stand fest, die Partei will ihn als Staatsoberhaupt. Das Jahr vor der Wahl war im Wesentlichen durch Verbalattacken aus den Lagern rund um Mbeki und Zuma geprägt, die bis hin zu Gewaltandrohungen reichten. Ausschlaggebend für Zumas letztendlichen Siegeszug wurde, wie könnte es bei ihm anders sein, eine richterliche Entscheidung. Diese unterstellte der Regierung Mbeki, Einfluss auf die Anklagebehörde im Korruptionsprozess genommen zu haben. Präsident Mbeki musste zurücktreten, als Übergangspräsident kam Kgalema Motlanthe ins Amt.

Noch bis kurz vor der Wahl im April 2009 blieb unklar, ob es auch zu erneuten Ermittlungen gegen Zuma oder zu einer endgültigen Einstellung des Verfahrens kommen würde. Doch überraschend kippte die Staatsanwaltschaft sämtliche Anklagepunkte gegen ihn. Jacob Zuma gewann die Wahlen haushoch.

*Und die
Zukunft?*

Während die schwarze Bevölkerung ihren neuen Präsidenten in weiten Teilen liebt, sorgen sich viele Weiße. Mandela stand wie ein Held als Vermittler zwischen Weißen und Schwarzen für den Neubeginn. Mbeki war der intellektuelle Parteiführer und Wegbereiter für Investitionen aus dem Ausland. Nur was wird Zuma sein? Seine undurchsichtige Vergangenheit, seine Verwurzelung in der Zulu-Kultur und seine zum Kampf bereite Gefolgschaft machen vielen Weißen Angst.

Das neue Südafrika geht nunmehr in sein drittes Jahrzehnt. Es hat einschneidende Veränderungen gegeben, die sowohl die schwarze als auch die weiße Bevölkerung betrafen. Viele Weiße haben das Land am Kap verlassen – aus Furcht vor einer schwarzen Regierung, aus berechtigter Sorge vor der unkontrollierten Kriminalität und aus wirtschaftlichen Gründen. Gesetzlich legitimierte Bevorzugungen schwarzer Bewerber bei der Stellensuche auf dem Arbeitsmarkt beispielsweise führen bis in die Gegenwart zu einer Abwanderung vor allem junger weißer südafrikanischer Familien nach Australien, Neuseeland, Nordamerika und Europa. Pessimisten sprechen im Fall Südafrikas bereits von einer »Apartheid mit umgekehrten Vorzeichen« (affirmative action) und neuen Ungerechtigkeiten (vgl. Seite 119).

Aus der Sicht der schwarzen Bevölkerung geht die sozio-ökonomische Anpassung viel zu langsam voran. Die ärmlichen Hüttenviertel am Rande der Großstädte wachsen. Es fehlt an vernünftiger Gesundheitsversorgung. Und auch die politische Mitbestimmung sehen viele noch nicht verwirklicht. Die Armut gerade in den bevölkerungsstarken Townships wächst.

*Von einer
Erfolgsge-
schichte zu
sprechen,
erscheint
verfrüht*

Unter diesen Umständen von einer südafrikanischen Erfolgsgeschichte zu sprechen, erscheint daher verfrüht. Bedenkt man jedoch, dass sich in Südafrika immer noch ein Prozess des Wandels vollzieht, werden aber auch die Errungenschaften sichtbar. Im 17. Jahrhundert begann die Politik der Rassentrennung, die erst zum Ende des 20. Jahrhunderts aufgehoben wurde. Ein langer Zeitraum. Da sind Schwierigkeiten bei der Demokratisierung doch nur natürlich.

Eines der größten Ziele wurde weitestgehend friedlich erreicht: die Freiheit und Gleichheit aller Bevölkerungsgruppen des Landes vor dem Gesetz. Nun geht es in Zukunft darum, für alle auch eine gemeinsame Identität als Südafrikaner zu schaffen. Vielfach ist schon heute das wachsende Selbstbewusstsein der jungen Nation zu spüren. In den großen Städten hört man häufiger, dass etwa Studenten stolz von »ihrem« Südafrika

Miese Zustände, großes Selbstvertrauen; Township Khayelitsha bei Kapstadt

sprechen, und auf den Sportplätzen wurde die Einheit schon längst vollzogen. Veranstaltungen, die früher nur von den Weißen besucht wurden, wie Kricket und Rugby, oder wie Fußball ausschließlich von den Schwarzen, werden heute bei internationalen Wettkämpfen von allen gemeinsam bejubelt.

Ich bin gespannt, wann Südafrika einen neuen Namen bekommt. Ähnlich der Umbenennung einzelner Städte, Stadtgroßräume (Pretoria in Tschwane) oder Provinzen (zum Beispiel Gauteng, Mpumalanga) erwarten viele, dass auch der Staatsname künftig afrikanisiert wird. Von manchen würde dabei ein Name mit dem Anfangsbuchstaben »A« begrüßt. »Dann brauchen wir beim Einzug der Nationen bei den Olympischen Spielen nicht so lange zu warten«, heißt es da ganz pragmatisch.

Die Afrikanisierung Südafrikas

Ernsthaft geht es um eine deutlichere Betonung der afrikanischen Wurzeln. Das 21. Jahrhundert kann neue Perspektiven für den afrikanischen Kontinent bringen. Die Zeit imperialer Kolonialmächte ist vorüber, und die Apartheid ist Geschichte. Nun geht es darum, sich gegenüber anderen Staaten und wirtschaftlichen Großmächten zu behaupten und partnerschaftlich aufzutreten. Der eigenen Identität durch einen afrikanischen Staatsnamen Ausdruck zu geben, könnte dieses stützen.

Über die Vielfalt der Ethnien im Land am Kap

Der Weg zum Markt: ein eleganter Kraftakt; Township Orangefarm

Sind Sie Zulu? – Begegnung mit Einheimischen

Ob Sie als Tourist nach Südafrika kommen oder als Mitarbeiter einer international tätigen Firma, Sie werden sich kaum nur für Landschaft, Tier- und Pflanzenwelt, oder Geschichte interessieren. Der Kontakt mit der einheimischen Bevölkerung wird Ihnen wichtig sein. Als Expatriate für eine bestimmte Zeit, als Student oder Praktikant werden Sie gar
nicht umhinkommen, sich mit den Menschen Südafrikas auseinanderzusetzen. Übrigens,
der beste Weg ein wenig »der Seele« des Landes nachzuspüren; für viele aber auch die
größte Herausforderung. Denn — wie wir schon wissen — den Südafrikaner gibt es nicht.
Die interkulturelle Begegnung mit der Regenbogennation und ihrer vielschichtigen und
vielgesichtigen Bevölkerung erfordert daher Einfühlungsvermögen und Toleranz — und
ein wenig Grundwissen um landeskundliche Zusammenhänge. Leider sind es auch hier
wieder die historischen Ereignisse, die besonders bei weißen Reisenden selbst zwanzig
Jahre nach dem Ende der Apartheid die Unbefangenheit im Umgang mit Südafrikanern
nehmen. Und das nicht unberechtigt: Auch wenn offiziell die unterschiedliche Hautfarbe
im gesellschaftlichen Zusammenleben keine Rolle mehr spielt, gibt es auch heute noch
ein »weißes« und ein »schwarzes« Südafrika.

> Den *Südafri-
> kaner gibt es
> nicht*

Immer noch werden Menschen nach ihrer Hautfarbe eingeschätzt. Wie sollen Sie
als Gast im Land damit umgehen? Was erwartet man von Ihnen? Wie benennen Sie zum
Beispiel Ihren südafrikanischen Bekannten oder Arbeitskollegen, Ihren hoffentlich künftigen Freund während eines Gesprächs auf die richtige Weise? Vor allem, wenn er ein
Schwarzer ist. Was ist politisch korrekt, wenn Sie über ihn sprechen? Generell sind sie alle
»Südafrikaner«, Schwarze, Weiße und Coloureds. So zu differenzieren geht in Ordnung.
Schwarze sind außerdem stolz auf die Zugehörigkeit zu einem Stamm. Sollten Sie also
wissen, welcher Volksgruppe Ihr schwarzer Gesprächspartner angehört, können Sie ihn
ruhig daraufhin ansprechen. Er wird sich geehrt fühlen. Schwieriger wird es schon bei
Südafrikanern mit asiatischer Abstammung. Für sie ist diese Allgemeinbezeichnung zu

> Was ist poli-
> tisch korrekt?

Vorsicht Fettnäpfchen!

info

Ausdrücke, die man unter keinen Umständen verwenden sollte, sind:

▶ **Kaffer:** Im Bezug auf Schwarze verwendet, entstammt der Begriff dem arabischen Kafir
und entspricht in der Bedeutung dem amerikanischen »Nigger«. Es ist eine im höchsten
Maße abfällige Bezeichnung, entlarvt eine rassistische Grundhaltung, gilt als Schimpfwort
(auch anderswo) und ist in Südafrika und Namibia verboten!

▶ **Non-whites:** Von der reinen Übersetzung her ein eher unverfänglicher Begriff für
»Nicht-Weiße«. Im historischen Kontext aber rassistisch einzustufen. Also Vorsicht! Während der Apartheidzeit wurde in *non-whites/non blankies* im Gegensatz zu *whites / blankies*
unterschieden, wobei »blankies« die englisch ausgesprochene Verballhornung des kapholländischen Wortes für »blankes« ist. (Afrikaans: *nie-blankes* und *blankes*)

▶ **Kuli oder englisch Coolie:** wird als Herabwürdigung und Verunglimpfung asiatischer
Arbeitskräfte verstanden.

umfassend. Chinesen, Inder oder Malaien legen auf ihre besondere Herkunft Wert. Geschickter ist es, vor allem im Großraum Durban von indisch-stämmiger Bevölkerung und im Kapstädter Raum von Kapmalaien zu sprechen, wenn von ihnen die Rede ist.

Tiefe Gräben zwischen den Kulturen

Betrachtet man das Land als Ganzes, dann ist der Norden Südafrikas schwarz geprägt, während der Süden (Kapstadt und die Gartenroute) von Weißen dominiert wird. Auch wenn Ihnen als Europäer die schwarze Kultur als die exotischere erscheinen mag, sollte doch auch die »neue Kultur der Weißen« am Kap Ihr Interesse finden. Kleinräumig werden Sie ebenfalls feststellen, dass zwischen den Kulturen noch tiefe Gräben bestehen. Kapstadt versteht sich gern als »multikulturelle« Metropole und wird auch überall so beworben. Beim ersten, oberflächlichen Blick auf diese faszinierende Großstadt überwiegt zunächst der Eindruck einer eher weißen, international geprägten Gesellschaft. An vielen Arbeitsplätzen der großen Bürohäuser Kapstadts kommen Mitarbeiter aus aller Herren Länder zusammen. Doch in der Innenstadtdisko, die von Schwarzen besucht wird, treffen die Tanzwütigen nur auf ein versprengtes kleines Grüppchen Weißer – meist ausländische Gäste, die zufällig hierhin geraten sind. Außerdem sind die Wohngebiete genau wie früher noch nach Hautfarben getrennt. Wobei hier neben der Hautfarbe auch das Einkommen eine Rolle spielt. Egal, ob in Kapstadt, Durban, Johannesburg oder Pretoria, Hautfarbe und Geld entscheiden über die Wahl des Wohnortes. Überall leben die reichen Weißen abgeschottet in ihren Villenvierteln. Dorthin verirrt sich in der Regel auch kein Tourist.

Auf Ethno gestylte Eingeborene

Einblicke in das Alltagsleben der schwarzafrikanischen Bevölkerung zu gewinnen, ist für Ausländer hingegen relativ einfach. Zahlreiche Agenturen bieten mehr oder weniger intensive Möglichkeiten an. Diese reichen von Touren in Townships bis hin zu Fahrten in die Dörfer der »Naturvölker«. Befremdet Sie das? Empfinden Sie »Armen-Sightseeing« in Townships als leicht makaber? Sind die auf Ethno gestylten Eingeborenen vor ihren Rundhütten nur in Szene gesetzte Schauveranstaltungen? Sie haben sicherlich nicht Unrecht, wenn Sie so denken. Aber Folklore dieser Art bringt Geld ein. Daran ist nichts verwerflich. Und solange man als Tourist im Rahmen folkloristischer Darbietungen auch noch etwas dazulernt, ist das sogar sinnvoll. Der Tourismus bietet für manche schwarzafrikanische Familie oder für das ganze Dorf oftmals die einzige Möglichkeit auf Arbeit und Verdienst. Er sichert den Lebensunterhalt vieler Einheimischer.

San, die Urbevölkerung Südafrikas

Im Einklang mit der Natur

Auch die schwarzen Stämme gilt es, differenziert zu betrachten. Beginnen wir mit der Urbevölkerung Südafrikas. Allein die San, allgemein auch als Buschmänner bezeichnet, und die Khoi Khoi zählen zu den wirklich indigenen Volksgruppen im südlichen Afrika. Seit fast 20.000 Jahren bewohnen sie die Küstenräume, Savannen und Wüsten im Süden des Kontinents. Berichte über die Buschmannzeichnungen in Bildbänden und eventuell auch die Kino-Komödie »Die Götter müssen verrückt sein« (1980) haben die San weltberühmt gemacht – einen freundlichen, friedvollen Stamm kleinwüchsiger Menschen, die im Einklang mit der Natur leben. So jedenfalls das Bild in den Köpfen der Fremden, doch die Realität sieht schon seit langem anders aus. Eindringende Bantustämme und die

Besiedlungspolitik der Europäer haben dieses Volk immer mehr zurückgedrängt, sodass es bereits in der ersten Hälfte des 20. Jahrhunderts kurz vor dem Aussterben stand.

Einst lebten sie als große Gruppen in Familienverbänden von vierzig bis zweihundert Personen zusammen. Sie waren Nomaden, stets auf der Suche nach zu jagenden Tieren zwischen dem Kap der Guten Hoffnung bis hinauf nach Botswana und Angola. Heute zählt man im gesamten südlichen Afrika höchstens 100.000 (Botswana: 49.000, Namibia: 38.000, Südafrika: 4.500, Sambia: 1.600 und Simbabwe: 1.200). Ihrer traditionellen Lebensform können sie nur noch in Reservaten in der Kalahari nachgehen. In der Weite der dortigen Savannen-Landschaft betreiben sie – wie einst ihre Vorfahren die »Hetzjagd«, – eine der ältesten Jagdformen der Menschheit, bei der die Jäger dem Tier so lange hinterherlaufen, bis es vor Erschöpfung zusammenbricht und leicht erlegt werden kann. Die sonst üblichen Jagdwaffen – Pfeil und Bogen – kommen hierbei erst gar nicht zum Einsatz.

Nomaden und Jäger

Durch die Verdrängung in Reservate wurde die Bevölkerung der San, der man nachsagt, noch am ehesten genetisch dem »ursprünglichen Menschen« zu gleichen, zu einer

Die Geschichte der Sarah Baartman   **info**

Sarah Baartman, 1789 in Südafrika geboren, erlangte als »Hottentotten-Venus« im Europa ihrer Zeit einen zweifelhaften Ruhm. Als menschliches Schauobjekt auf englischen Jahrmärkten für Geld ausgestellt, bestaunt und begafft wurde sie zur lebenden Projektionsfläche erotischer Phantasien weißer Europäer. Männer wie Frauen, die kaum etwas über das Leben in der südafrikanischen Kolonie wussten, erst recht nichts über das Volk der Khoi San, aus dem sie stammte, machten sich über Sarahs Körperformen und ihr fremdartiges Aussehen lustig. Die junge schwarze Sklavin starb 25jährig 1815 in Paris unter nicht weiter geklärten Umständen. Ihr Leichnam gelangte in die Hände eines französischen Anatomen, der zweifelhafte Untersuchungen damit anstellte, ihn später teilweise konservierte und das Skelett in einem Museum aufhob. Bis 1974 befanden sich Sarah Baartmans Überreste im Pariser *Musée de l'homme*, um dann schließlich ganz von der Bildfläche zu verschwinden.

Die »Hottentotten-Venus« als Karikatur, eine Darstellung aus dem 19. Jh.

Aber sie wurde nicht vergessen. Ihr Schicksal hatte nach dem Ende der Apartheid in Südafrika eine Nachgeschichte. Es wurde zum Stoff eines Dokumentarfilms (1998) und damit einhergehend wieder zu einem Thema in der Öffentlichkeit. Nelson Mandela höchstpersönlich schaltete sich ein und erreichte, dass Sarah Baartmans Überreste von Frankreich an Südafrika zurückgegeben wurden. Mit der Nationalflagge über dem Sarg fand sie 2002 in heimischer Erde ihre letzte Ruhe.

*Verfolgt,
verdrängt,
versklavt*

Randgruppe in ihrer Heimat. San ist übrigens eine Bezeichnung, die nur in Südafrika und Namibia Verwendung findet. Alle Zuwanderer – egal ob Weiße oder Bantuvölker – haben die bescheidene Lebensform der Buschmänner als steinzeitlich angesehen, als primitiv und nicht achtenswert. Bereits die ersten europäischen Kolonisten machten die San zu ihren Sklaven. Bis auf wenige, in der Kalahari Namibias in Reservaten lebende Buschmänner – gelten ihre Nachfahren als »modernisiert«. Das heißt, sie sind zu Land- und Hilfsarbeitern auf den Farmen »verkommen«. Im Alltag führt der Verlust der eigenen Identität zu Frustration und Hoffnungslosigkeit, die dann häufig und gerne im Alkohol ertränkt werden. Der Alkoholismus ist eine tödliche Gefahr für die San: Genetisch bedingt verfügt ihr Körper über keine Möglichkeit, Alkohol zu verarbeiten. Die Begegnung mit der modernen Welt und dem so genannten Fortschritt kommt für sie einem Todesurteil gleich.

*Kenner der
Savanne*

Kleinwüchsig, aber keine Pygmäen, erreichen San eine Körpergröße von 140 bis 160 Zentimetern. Unverkennbar ist ihre eigenartige Sprache mit den typischen Klick-Lauten, die für Europäer kaum erlernbar sind. Die San unterstützen ihre nur mündlich überlieferte Sprache durch ausgefeilte Gebärden. Das Nachahmen von Lauten von Tieren, das Imitieren ihrer Bewegungen und die Andeutung der äußeren Erscheinung kann in einem Gespräch unter San deutlich machen, welches Tier gejagt und welche Strategie dabei verfolgt werden soll. Derartige meist sehr lebhafte Unterhaltungen finden insbesondere unter Männern statt. Denn sie gehen auf die Jagd.

San sind außerdem Kenner im Umgang mit Nervengiften. Pfeilspitzen werden sorgsam präpariert, um das zu erbeutende Tier zu töten. Das Gift entnehmen sie den Larven des Diamphidia-Käfers. Bis zu einem Meter Tiefe müssen die San unter den Commiphora-Strauch graben, um an die in einem Erdkokon ruhenden Larven zu kommen.

Doch das beste Gift nutzt nichts, ohne die Spuren der Savanne lesen zu können. Auch hierin sind die San wahre Meister. Die Fährten der Tiere aufzuspüren, ihnen auf langen Distanzen zu folgen und sich geschickt heranzuschleichen, all das zeichnet einen San-Mann als guten Jäger aus. Gejagt werden Säugetiere, Vögel, Reptilien und Insekten. Der Speiseplan der San reicht von Termiten über Schlangen, Strauße, verschiedene Antilopen bis hin zur Giraffe.

Info   Biltong und Droerwors

Die San trockneten das Fleisch früher für Notzeiten. Im heutigen Südafrika ist *Biltong*, luftgetrocknetes gewürztes Fleisch, ein Alltagssnack. Egal, ob bei langen Autofahrten, beim Fernsehabend zum Bier oder als Beilage zum Essen, *Biltong* passt immer und ist äußerst beliebt. Meist wird es aus Rindfleisch zubereitet. Aber auch Strauß, Kudu, Springbock und Oryx, eine Antilopenart, liefern *Biltong*-Fleisch. *Hot spicy* mit Chili oder mild mit Koriander und Pfeffer – für jeden Geschmack gibt es die richtige Würze und Schärfe.

Auch die Holländer brachten eine Wurstdelikatesse mit: Sie führten die *Droerwors*, die Trockenwurst, ein. Ihre Lieblingsspeise, die unter anderem mit Zimt und Nelken gewürzte, grobe Brat-/Grillwurst (*Boerwors* – Farmerswurst) darf bei keinem *Braai* (Barbecue) fehlen. Die getrocknete Form ergibt die herzhafte *Droerwors*.

Hoodia **info**

Auch unter dem unschönen Namen »Aas-Blume« ist die sukkulente (wasser-speichernde) Pflanze Hoodia bekannt. Ihr Name stammt vom übelriechenden, an faules Fleisch erinnernden Geruch verblühter Blüten. Dieser lockt Insekten an, die in den Blüten Eier ablegen und so die Pflanze bestäuben. Die sehr bitter schmeckenden Blätter wurden schon seit alters her von den San gekaut. Ob es letztendlich einem britischen Pharmaunternehmen gelingt, den Wirkstoff der Pflanze zu einem erfolgreichen Appetitzügler zu entwickeln, bleibt abzuwarten. Einen kleinen wirtschaftlichen Sieg aber haben die San bereits erzielt. Sie setzten gerichtlich durch, dass ihnen ein minimaler Teil (0,003%) des Nettogewinns zusteht, sollte ein Medikament auf den Markt kommen. Zwischenzeitlich arbeiten Pharmaforscher auch mit dem Wirkstoff der Hoodia-Pflanze an der Entwicklung eines Mittels gegen Diabetes.

War die Jagd erfolgreich und die Männer haben zum Beispiel ein Kudu erlegt, dann schneiden die Frauen das viele Fleisch in Streifen und trocknen es an der Luft. Auf diese Weise hält eine proteinreiche Nahrung über längere Zeit und steht zur Verfügung, wenn die Jagdbeute einmal nicht so groß ist. *Biltong*, das Trockenfleisch der San, gilt als südafrikanische Spezialität und wird heute in den Supermärkten der großen Städte und an Straßenständen verkauft.

Biltong

Betrachten Sie Bilder von San oder alte Darstellungen in Felsmalereien, dann fallen Ihnen sicher die besonderen Körperformen auf. Ein dicker Bauch und ein sehr ausgeprägtes Gesäß sind kennzeichnend. Die Veranlagung, Nahrung sehr schnell in Fett umzuwandeln, und die Neigung zur Fettsteißbildung sind Ursachen für die ungewöhnlich erscheinende Silhouette der San. Ein weitaus schwächeres Bindegewebe als das anderer Menschen lässt dem Bauch Platz zum schnellen Wachsen. In Zeiten karger Nahrungsaufnahme kann so von den körpereigenen Reserven gezehrt werden. »Schlank« sehen die San nach Hunger-Strapazen dann eher faltig aus.

Auf Vorrat essen — gut! Auf Vorrat trinken, können aber auch die San nicht. Dennoch müssen sie bei ihren weiten Jagdzügen keinen Durst leiden. In der Regel werden ja bekannte Reviere aufgesucht: Plätze, an denen vergangene Jagden erfolgreich waren. Dort vergraben die Jäger vorsorglich an verschiedenen Stellen leere, mit Wasser gefüllte Straußeneier. Diese decken den lebensnotwendigen Wasserbedarf. Leider ist das Jagdglück den Männern aber nicht immer hold. Hunger wie auch Durst werden dann durch das Kauen von Hoodia-Blätter zumindest zeitweise unterdrückt.

Angepasst an das Leben im Busch

Dass aber selbst ohne Fleisch genügend Lebensmittel zur Verfügung stehen, liegt an den Frauen der San. Sie tragen durch ihre Arbeit am meisten zur Ernährung bei. Wie die Männer sind San-Frauen mit dem Leben in der Savanne vertraut. Aber anstatt zu jagen, sammeln sie im Busch Melonen, Früchte, Beeren und Honig. Ohne ihre Hilfe wäre der Speiseplan der San nicht nur einseitig, sondern gar nicht ausreichend. Die Kenntnis der San-Frauen über das, was die Natur ihnen als Nahrung schenkt, ist beeindruckend. Man

San-Frauen sind Pflanzenkenner

sagt, dass manche Frau bis zu zweihundert verschiedene Pflanzen kennt, die zum Verzehr geeignet sind.

Besitz belastet

Der Wechsel von Trocken- und Regenzeiten bestimmt die Suche nach Erfolg versprechenden Gebieten zur Jagd. Wanderungen von bis zu viertausend Kilometern in einem Jahr sind keine Seltenheit. Dass man da nicht viel Gepäck mit sich herumschleppen kann, und dass Besitz belastet, ist verständlich. So verzichten die San darauf. Ein festes Haus ist den nomadisierenden San ebenfalls unbekannt und für sie nutzlos. An der Küste oder in den Bergländern konnte eine Höhle Sicherheit bei Unwettern und anderen Gefahren bieten. In der offenen Savanne genügte eine aus Zweigen gebaute Unterkunft. Manchmal in Form eines Windschutzes oder einer kleinen Hütte.

Respekt vor der Weisheit der Älteren

Bekommt eine San-Frau ein Kind, entfernt sie sich von der Siedlung ihrer Familie und bringt es unter freiem Himmel zur Welt. Erst nachdem Mutter und Kind wieder in die Gemeinschaft zurückgekehrt sind, wird das Neugeborene in die Sippe aufgenommen. Die ersten Jahre kümmert sich fast ausschließlich die Mutter um das Kind. Ist es aus dem Gröbsten heraus, übernehmen aber auch die Männer Fürsorge- und Erziehungsaufgaben. Wenn ein Junge 15 Jahre alt ist, darf er mit auf die Jagd gehen. Er wird als Mann akzeptiert. Im gleichen Alter beginnt auch ein Mädchen mit den anderen Frauen das Sammeln von Früchten. Beide lernen in der gemeinsamen Arbeit von den Älteren, was sie zum Gemeinwohl der Familie beitragen müssen. Respekt zollen die San daher den Älteren in ihrer Sippe. Sie sind es, die das Wissen der Vergangenheit weitergeben können. Eben jenes Wissen, das die Existenz der San über Jahrtausende in der Savanne bewahrt hat. Nur in Zeiten äußerster Not oder Krankheit lösen sich die Alten von der Gruppe, um allein zu sterben und so den Jungen nicht zur Last zu fallen.

Gesellschaftlich gibt es in der Sippe keine patriarchalische oder matriarchalische Ordnung. Die Arbeitsteilung beschränkt sich auf Jagen und Sammeln. Während die Män-

Buschmann-Zeichnung einer Elenantilope, Ukalamba, Drakensberge

Hautnah – Begegnung mit San in Südafrika

Im kleinen südafrikanischen Teil der Kalahari wurde 1931 der Gemsbok National Park gegründet. Es war ein erster Versuch, den Buschmännern auf einem großen Gelände Land zur Verfügung zu stellen, damit sie ihre traditionelle Lebensform weiter ausüben konnten. Doch was passierte? Die Tiere, denen die San bei der Jagd folgten, zogen oft auf das Farmgelände der benachbarten Weißen. Wie viel leichter war es da – ähnlich wie früher bei den Kolonisten – ein Rind auf der Weide zu erlegen, als den Antilopen zu folgen. Die Weißen sahen das aber anders. Unter anderem dieses kulturelle Missverständnis führte zu Protesten der Farmer und zum frühen Ende des Plans, auf diese Weise die Tradition der Urbevölkerung zu bewahren. Ein erneuter Vorstoß brachte dann den erhofften Erfolg. Ein weiteres Beispiel ist Kagga Kamma: Bewahrung von Tradition bei gleichzeitigem, allmählichem Heranführen an moderne Lebensformen sind das Ziel in diesem privaten Game Reserve im südlichen Teil der Cedarberge, drei Stunden von Kapstadt entfernt.

---

ner die Jagdgeräte bauen, errichten die Frauen die Hütten. Gemeinsam mit den Kindern tragen sie getrocknetes Feuerholz zusammen. Das wiederum gehört der gesamten Gemeinschaft. Die Vorstellung, persönlichen Besitz zu haben, ist den San fremd. Kein Wunder also, dass die San die Aufregung der weißen Siedler nicht verstehen konnten, als sie die Rinder jagten, die diese auf eingezäunten Weiden hielten. Aus dem Blickwinkel der Europäer hingegen waren die San wegen dieser Vorkommnisse gemeine Viehdiebe, die man verfolgen und einsperren musste. Was für ein weitreichendes, interkulturelles Missverständnis!

Felsmalereien

Buschmann-Zeichnungen sind berühmt geworden. In Höhlen, an Felsüberhängen oder freien Felsplatten findet man Abbildungen von Tieren und Menschen. Stilisiert, aber zum Teil auch sehr gegenständlich, sind sie dort aufgetragen. Es sind Alltagssituationen bei der Jagd oder dem Leben in der Gemeinschaft, beim Tanz oder dem Feiern von religiösen Festen. Häufig haben sich die Künstler selbst in Trance versetzt, um in völliger Selbstvergessenheit Wunschbilder von Jagdglück und Harmonie zwischen Mensch und Natur zu schaffen. Aus manchen Bildern kann man heute »ablesen«, welches reiche Tierleben einst im südlichen Afrika herrschte. Es tauchen Tiere auf, die inzwischen dort, wo sie einst gezeichnet wurden, längst ausgestorben sind.

Beleg für früheren Artenreichtum

Im Laufe der Jahrtausende entwickelte sich diese Malerei von der stark abstrakten zu einer immer gegenständlicheren und farbigen Darstellung. Die Rot- und Brauntöne gehen auf Eisenoxid zurück, das Weiß wurde aus Ton, Kaolin oder Zinkoxid gemischt und für Schwarz wurde Holzkohle verwendet. Die Radiokarbonmethode macht das Datieren möglich. Vor fast 27.000 Jahren hatten die San bereits eine Ausdrucksform gefunden, so abstrakt als wäre es ein Picasso. Allerdings verhielt es sich umgekehrt: Spätestens ab 1907 ließ sich Picasso von der afrikanischen Kunst inspirieren. Früher dachte man, primitive Menschen könnten nur primitive Kunst hervorbringen. Heute denkt man anders. Die

Kunst der San gehört mit zu dem Ältesten, was der Mensch an bildhaften Werken hinterlassen hat. Eine der besten Möglichkeiten, die Buschmann-Zeichnungen zu sehen, bieten geführte Wanderungen und Spaziergänge in den südlichen Drakensbergen. Die Gebiete von Cathedral Peak, dem Giants Castle Game Reserve, Injasuti Valley, Game Pass Shelter oder Kamberg Nature Reserve sind die ergiebigsten.

Die Zulu – Volk des Himmels

Repräsen-
tanten des
schwarzen
Afrika

Die rein zahlenmäßig für Südafrika bedeutendste Volksgruppe, jedoch seit der Wahl von Jacob Zuma zum Staatspräsidenten nun auch politisch im Fokus, sind die Zulu. Fast elf Millionen Einwohner werden dieser Volksgruppe zugerechnet. Vor allem in der Provinz KwaZulu Natal dominieren die abakwaZulu (»das Volk des Himmels«) die schwarze Bevölkerung, sodass dieser Teil des Landes sogar von offizieller Seite als »Zululand« bezeichnet wird. Dieser und die anderen Bantu-Stämme (etwa Xhosa, Basotho, Venda, Tswana, Shangaan, Tsonga, Swazi, Ndebele) sind es heute, die das schwarze Südafrika repräsentieren. Damit haben sie die eigentliche Urbevölkerung der San abgelöst. Spätestens unter König Shaka (ab 1816) schlossen sich die vielen unterschiedlichen Bantuvölker zusammen: Eine streitbare, militärische Kraft gegenüber den europäischen Einwanderern zu werden, war das Ziel. Gerade die Zulu galten dabei als besonders kampfbereit. Das hat sich bis heute nicht geändert. Streitigkeiten mit ihnen gehen alle lieber aus dem Weg, es kann leicht eskalieren.

Angehörige der Ndebele, einem Bantu-Stamm, Cultural Village Botshabelo

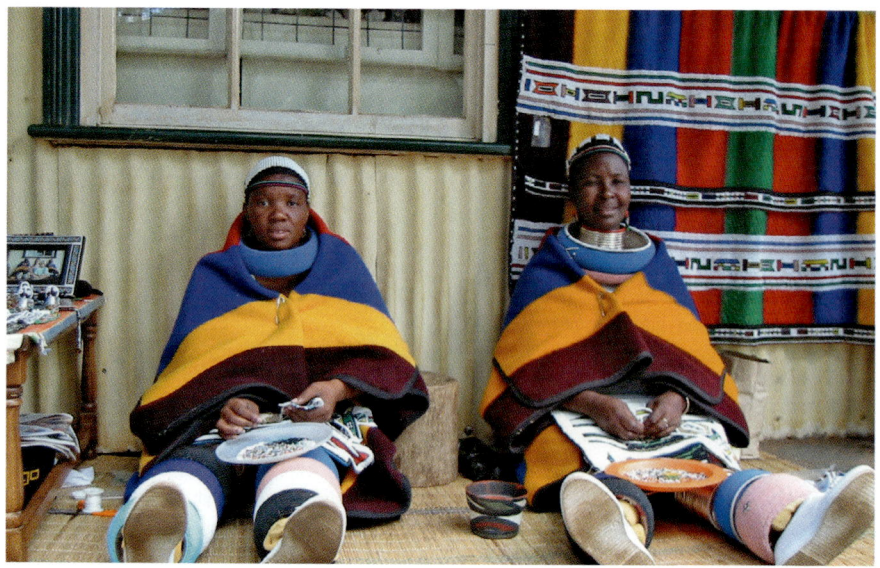

Eine Besonderheit in der Republik Südafrika (am 31.5.1961 gegründet): die Existenz eines Königs. Goodwill Zwelithini kaBhekuzulu (*1948), der seit 1968 auch im Einklang mit der neuen Verfassung regiert, besitzt zwar keine autonomen Rechte für sein Land, wird aber von den Zulu als höchste Autorität akzeptiert und respektiert. Dadurch hat das Zululand KwaZulu (Kwa – der Platz/Ort) zwei Hauptstädte: Die offizielle Hauptstadt mit dem Sitz des gewählten Ministerpräsidenten ist Pietermaritzburg. Die inoffizielle Hauptstadt mit dem Königssitz ist Ulundi. Der Verlust der Unabhängigkeit von Zululand verlief schrittweise. Ausschlaggebend war der Anschluss Natals (1843) an das britische Hoheitsgebiet und das Ende des von den Briten waffentechnisch überlegen gewonnenen Zulukrieges (1879). Die Einbindung in das britische Protektorat ab 1887 war die Vorbereitung für die letztendliche Eingliederung des Königreiches in die ehemalige Provinz Natal.

Zululand –das verhinderte Königreich

Besuch in einem Zulu-Dorf

Ungebrochenes, traditionelles Leben in Südafrika mit zu bekommen, ist heutzutage nicht einfach. Fast überall hat bereits der europäische Lebensstil Einzug gehalten. Auf dem Weg zur Schule tragen die Kinder mit größter Selbstverständlichkeit Schuluniformen nach britischem Vorbild. Ansonsten zählen Jeans und T-Shirt zur Alltagskleidung. Westliche Bekleidung dominiert und hat die traditionelle Kuhhaut lange abgelöst. Die Dörfer der schwarzen Bevölkerung sind zu Ansammlungen von Häusern und Hütten geworden. Nur noch wenige gehen einer Beschäftigung nach, die etwas mit dem Viehhüten oder Landbau zu tun hat. Dennoch soll im Folgenden das Leben in einem traditionellen

Im Alltag Jeans statt Kuhhaut

Kräftige Farben, geometrische Formen und die Nationalflagge: Ndebele-Perlenstickerei

Info   Afrikanische Begrüßung

Der dreifache Händedruck ist die traditionelle Form der Begrüßung. Dabei reicht und umschließt man die Hand zunächst in der uns vertrauten Art und Weise. Hinweis an den europäischen Mann: Nur nicht zu fest drücken! Denn das gilt nicht als besonders männlich. Anschließend umgreifen die sich Begrüßenden die Daumen, um schließlich mit einem erneuten westlichen Handschlag zu enden. Was heißt enden? Bei Freunden sieht man häufig, dass diese dreifache Begrüßung öfters aufs Herzlichste wiederholt wird.

Mit der dreimaligen Wiederholung des »Handschlags« wird symbolisch ausgedrückt: Man geht eine Verbindung ein, schließt diese und löst sie freundschaftlich wieder auf. Ganz Formvollendete achten darauf, dass während der Begrüßung die linke Hand den rechten Unterarm stützt. Damit zeigt der Besucher dem Gast, dass er keine Waffe hinter dem Rücken verborgen hält.

Dorf beschrieben werden. Denn am Beispiel des traditionellen Lebens der Zulu lernen Sie Lebensvorstellungen kennen, die für alle anderen Bantu-Volksgruppen (etwa Xhosa, Nedebele, Sotho, Venda) ebenso gelten.

Was ist ein Kraal?

Als Kraal wird im südlichen Afrika üblicherweise ein Runddorf bezeichnet. Ein schützender Zaun aus Dorngebüsch umfasst die Hütten der Bewohner und einen größeren Platz, auf dem sie abends das Vieh zusammentreiben. Die Hütten sind so angeordnet, dass sie den Viehplatz kreisförmig umgeben. Ein zusätzlicher Schutz für das Vieh, den »Reichtum« der Dorfbewohner. Ein Kraal wird in der Regel von einer Familie bewohnt. Ein Mann kann nach der Tradition mehrere Frauen haben. Jede hat mit ihren Kindern Anspruch auf eine eigene Hütte. Die erste Frau bekommt eine Hütte rechts neben ihrem Mann, die zweite links und dann geht es immer nach rechts und links weiter. Hinzu kommen noch die Hütten von Verwandten, die sich selbstverständlich der Autorität eines Chiefs oder Häuptlings beugen.

Heute wird diese traditionelle Form des Wohnens nur noch selten gewählt. Man findet aber in ganz KwaZulu Natal Dörfer, in denen neben moderneren Gebäuden immer auch noch eine Rundhütte gebaut wird. Auf dem Land dienen runde, umzäunte Gehege als Sammelplatz für Tiere.

Vortrag am Eingang

Betritt der Besucher einen Kraal, die traditionellste Form eines Zulu-Dorfes, so wird er zunächst von einem der »Krieger« begrüßt. In weit ausschweifenden Worten berichtet dieser vom Leben des Häuptlings und seinen siegreichen Taten. Auch wenn der Gast kein Wort Zulu versteht, macht schon allein die Begeisterung des Vortrags klar: Dies ist das Dorf eines bedeutenden Mannes und seiner Familie. Ein herzliches Sawubona – Willkommen – gepaart mit dem afrikanischen Handschlag, und der Fremde kann den Kraal betreten. Vielfach werden Besucher zunächst in die größte Hütte geführt. Sie dient dem Empfang, ist meist die Hütte der Mutter des Chiefs und der Platz, an dem man der Ahnen gedenkt. Durch den Besuch dort wird ihnen gegenüber der Respekt ausgedrückt. Zu erkennen ist die Hütte an einem großen Gehörn, meist eines Büffels oder Rindes, das über dem Eingang befestigt ist. Entweder dort oder rechts daneben auf einem Platz vor seiner

Hütte, trifft man dann auch den Chief oder Häuptling des Kraals. Er ist das uneingeschränkte Oberhaupt der Familie.

Die Hütten werden als Rundhütten *(iQukwane)* von den Frauen gebaut. Sie symbolisieren in ihrer einfachen Architektur männliche und weibliche Elemente der Familie. Den Halt bietet ein fester Stamm in der Mitte der Hütte. Ihn umgibt in weicher runder Form die aus Zweigen mit Gras und Reet gedeckte Hütte.

Für viele westliche Besucher ist der Besuch eines Kraal anfangs etwas befremdlich, weil die unverheirateten Mädchen scheinbar ungeniert ihre unbekleidete Brust zur Schau stellen. Nur mit vielen, unterschiedlich langen Perlenketten um den Hals und als Rock zeigen sich so die jungen, ledigen Frauen öffentlich und bei Tänzen »nackt« – auch vor Fremden. Häufig wird mit diesem ungenierten, selbstbewussten Auftreten auch eine hohe Promiskuität assoziiert. Das stimmt aber nicht. Die weibliche Brust wird im südlichen Afrika weniger sexuell gesehen; sie dient dem Stillen der Säuglinge. Als intimste Stelle einer Frau gelten die Rückseiten ihrer Oberschenkel. Daher müssen diese auch spätestens nach der Heirat ständig bedeckt bleiben. Um zu verhindern, dass bei der Feldarbeit der lange Rock verrutscht, wird von verheirateten Frauen ein Tuch um die Beine geschlungen. Unbehagen schleicht sich da eher bei so mancher traditionell erzogenen schwarzen Frau ein, wenn sie sieht, wie wenig prüde sich verheiratete weiße Frauen an Stränden zeigen.

Nacktheit gilt als natürlich

Eine verheiratete Zulu-Frau muss ihren Körper vollständig bedecken. Bereits zur Hochzeit erhält sie aus der Hand ihres Vater oder ihres Bruders einen Rock aus Rinderleder. Da er bis über die Oberschenkel reichen muss, hat er ein ziemliches Gewicht. Genäht wird er aus langen Lederstreifen, die mit Fett und Kräutern bearbeitet wurden.

Verheiratete Frauen

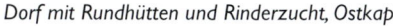

Dorf mit Rundhütten und Rinderzucht, Ostkap

Darüber kann dann auch ein farbiges Tuch gewickelt werden. Der Oberkörper wird mit einem Brusttuch bedeckt. Einst konnte es auch aus Antilopenfell oder einem anderen Fell bestehen. Leichter sind aber die einfarbigen Tücher, die reich mit Perlen bestickt sind. Die Größe des Tuches muss so gewählt werden, dass es sowohl die Brüste bedeckt, als auch dazu dient, ein Baby auf dem Rücken einzubinden und sicher zu tragen. Ein ebenfalls mit Perlen bestickter, aus Gras geflochtener Gürtel schmückt die Hüften. Als noch viele Kriege geführt wurden, brachten die Zulu-Männer ihren Frauen auch Knöpfe der Uniformen getöteter Feinde mit. Diese wurden ebenfalls auf den Gürtel genäht. Mit Stolz zeigten die Frauen dadurch die Kampfesstärke ihrer Männer.

Kopfschmuck

Das wohl auffälligste Kleidungsstück einer traditionell gekleideten Zulu-Frau ist ihre Kopfbedeckung, ihr »Hut«. Die Form des Hutes ist bei jeder Familie unterschiedlich. Mit ihm zeigt die Frau, aus welchem Clan sie durch Geburt stammt. Auch nach der Heirat behält sie den Hut der Familie, von der sie abstammt. Mal sieht er aus wie eine Kochmütze, mal wie das Geweih eines Tieres. Er kann groß und ausladend sein, klein und gedrungen, hoch oder flach. Nur eines konnte er früher nicht – abgenommen werden. Denn er wird traditionell aus dem eigenen Haar der Frauen geflochten. Hierzu wird die Form durch einen aus Gras gearbeiteten Hut vorgegeben. Dieser wird der Braut auf den Kopf gesetzt und mit dem langen Haar verwoben. Alles nachwachsende Haar wird in diesen Grashut eingearbeitet, sodass er für immer fest auf dem Kopf sitzt. Mit Kräutern soll Ungeziefer abgehalten werden und natürlich wird der Kopf mit Hut auch häufig gewaschen. Schwierigkeiten macht dieser Kopfschmuck eigentlich nur beim Schlafen. Doch um da Abhilfe zu schaffen, dient eines der Hochzeitsgeschenke des Bräutigams. Er schnitzt eine hölzerne Kopfstütze, die unter den Nacken geschoben werden kann. So kann seine Frau sich

Zulu-Frauen in traditioneller Stammestracht, Cultural Village kwaBhekithunga

niederlegen und der Hut stört nicht mehr. Aus verständlichen Gründen tragen heute nur noch sehr wenige Frauen eine solche Kopfbedeckung. Für traditionelle Kleidung werden in gleicher Form abnehmbare Hüte verwendet.

Erst durch die Araber und Europäer kamen die Glasperlen bei den Zulu in Mode. Sie wurden nicht nur als besonders hübsch angesehen, sie galten auch als wertvoll und geheimnisvoll. Man konnte sich ihre Entstehung nicht erklären. Bevor Perlen Verwendung fanden, wurden Muscheln, Fruchtkerne, Elfenbein, Knochen, Schalen von Straußeneiern etc. als Schmuckstücke und Dekoration verwendet. *Glasperlen*

Die beeindruckendste Erscheinung in einem Kraal ist der Häuptling. Um den Kopf trägt der Chief der Familie ein aus Fell gebundenes Kopfband. Je nach seiner Stellung innerhalb des Ranges gegenüber den Häuptlingen anderer Clans kann es aus Geparden- oder Rinderfell sein. Der König der Zulu trägt es aus Leopardenfell. Ähnlich verhält es sich mit der Schulterbedeckung. Dieses vollständig aus dem Fell des Leoparden bestehende Kleidungsstück ist allein dem König vorbehalten, alle anderen Männer dürfen nur wenig davon auf ihre Schultern legen. Sie tragen Antilopen- oder Rinderfelle. Somit wird schon äußerlich sichtbar gemacht, wie hoch die Stellung eines Chiefs im königlichen Rang ist. Leopardenfell ist ein Zeichen der Macht. *Ein Leopardenfell signalisiert Macht*

Zulu-Männer haben um die Hüften ein *iBeshu* geschlungen, einen Lendenschurz in verschiedenen Längen. Aus Kalbsleder gearbeitet ist er so geschnitten, dass er die Oberschenkel und teilweise die Waden bedeckt. So kann auch ein Gang durch dornigen Busch ohne Verletzungen erfolgen. An der Hüfte trägt jeder Zulu ein *inJobo*. Von jedem selbst erlegten Tier wird hierzu ein Streifen Fell verwendet. Eine Demonstration der Stärke und des Jagdglücks. Dieser ist dann auch Teil des *isiNene*, des Vorderteils des Lendenschurzes. *Lendenschurz und Glücksbringer*

Zulu-Häuptling und seine Söhne, Cultural Village kwaBhekithunga

Ebenfalls aus Fellstreifen gearbeitet bedeckt er den Intimbereich des Mannes. Um einem möglichen Gegner äußerlich bedrohlicher zu erscheinen, binden sich die Zulu an den Oberarmen und unterhalb des Knies Kuhschwänze. Sie lassen selbst etwas schmächtiger gebaute Männer kraftvoll und Angst einflößend aussehen.

Speer und Schild

Die Waffen eines Zulu zählen zu seinen wichtigsten Utensilien. Egal, ob für die Jagd oder einst im Krieg. In beiden Fällen war der sichere Umgang mit ihnen lebenswichtig. Schon seit alters her bei der Jagd verwendet und auch im Kampf erprobt, ist der lange Wurfspeer *(isiPhapha)*. Erst unter König Shaka wurde dann auch der kurze Speer *(iXhwa)* eingeführt. Er bot Erleichterungen im Kampf Mann gegen Mann. Dazu kommt dann noch der *Agila,* ein Knüppel mit rundem Kopf. Er eignet sich sowohl zum Wurf als auch für einen gezielten Schlag aus nächster Distanz.

Außerdem tragen Zulu-Kämpfer Schilde. Groß genug, um einem Krieger Schutz zu bieten, sind sie aus Rinderfell gearbeitet. Auch hier sagt die Färbung etwas über den sozialen Rang aus. Je höher der Rang in der Hierarchie der Häuptlinge, umso heller ist die Färbung. Shaka soll einst einen vollständig weißen Schild mit einem schwarzen Fleck getragen haben. Einen ähnlichen Schild besitzt auch der heutige König der Zulu.

Einladung zum Essen

Werden Sie bei Ihrem Kraal-Besuch zum Essen eingeladen, so können Sie die Einladung ohne Sorge annehmen. Die Speisen der Zulu-Küche sind schmackhaft und ohne scharfe Gewürze. Häufig handelt es sich um ein Fleischgericht mit verschiedenen Beilagen wie Mais, Bohnen, Mangold, Kraut und Süßkartoffeln. Gemüse wird frisch zubereitet. Mangold zum Beispiel wird in Streifen geschnitten und mit Zwiebeln und Tomaten im Topf gegart. Das Ganze mit etwas Salz gewürzt. Fleisch ist teuer und wird daher nur zu bestimmten familiären Anlässen oder Feiertagen gereicht. Als Besucher aber werden Sie in dessen Genuss kommen.

Zulu-Bier

Dem deutschen Reinheitsgebot hält es sicher nicht stand. Rein ist es aber. Früher bereiteten die Zulu-Frauen täglich das nahrhafte und vitaminreiche Zulu-Bier *Utshwala* zu. In den wenigsten Fällen erreicht es einen Alkoholgehalt von drei Prozent. Meist liegt er zwischen ein und zwei Prozent. Frischer Mais und Hirse werden in einem Mörser gestampft und anschließend mit einem Stein fein gerieben. Danach zu einem Brei verkocht,

Info   Tipps zur Zulu-Etikette

▶ Im Süden Afrikas ist es nicht Tradition, mit den Händen zu essen. Jeder hat einen Löffel, mit dem dann vom eigenen Teller oder in der Familie auch schon mal aus dem gemeinsamen Topf gegessen wird.

▶ Bevor es zum Essen geht, werden die Hände gewaschen.

▶ Salz bedeutet auch in der Tradition der Zulu »Leben«. Sollten Sie zu einer Trauerfeier eingeladen sein, würzen Sie Ihr Essen nicht mit Salz nach! Bei einer Trauerfeier wird dem Ableben einer Person gedacht. Daher verzichten Zulu bei einem solchen Anlass darauf, ihre Speisen mit Salz zu würzen.

▶ Die Männer zuerst! Da bei den Zulu die Autorität bei den Männern liegt, werden sie als Erste bedient. Sind alle Männer versorgt, bekommen auch die Frauen etwas zu essen.

Die Traditionen hochhalten, das Vaterland ehren! Im Kindergarten wird die Nationalhymne eingeübt

zum Quellen beiseite gestellt und schließlich mit heißem Wasser übergossen. Jetzt kann der eintägige Gärungsprozess beginnen. Gefiltert und in einen Tonkrug *(Khamba)* abgefüllt kann es nun der Familie oder den Gästen gereicht werden. Auch dabei läuft ein kleines Zeremoniell ab. Die Braumeisterin wird am Boden zu Füßen ihres Mannes Platz nehmen und mit einem kleinen Löffel den Schaum abschöpfen und diesen auf den Boden schütten. Somit erfüllt sie ihre Pflicht, zunächst die Ahnen zu bedienen. Danach wird das Getränk mit einem Quirl aus feinen Palmblättern aufgerührt. Abgefüllt in eine Kalebasse (ein ausgehöhlter Flaschenkürbis) ist das Bier trinkfertig. Den ersten Schluck nimmt die Frau, die es gebraut hat. Sie will beweisen, dass es rein ist. Als nächster trinkt ihr Mann. Wenn es ihm schmeckt, werden auch die übrigen Gäste bedient – die Männer zuerst. Durch diese Form des Vorkostens erhalten alle Anwesenden die Gewissheit, dass das Bier nicht vergiftet wurde und jeder unbedenklich einen kräftigen Schluck davon kosten kann. Da es immer frisch gebraut wird, ist es reich an Vitaminen und anderen Nährstoffen. Sein Geschmack erinnert an einen leichten Federweißen.

Familienbeziehungen – vom ersten Liebesbrief zur Hochzeit

Natürlich hegen auch bei den heutigen Zulu manche Eltern den Wunsch, dass ihre Tochter oder ihr Sohn einen ganz bestimmten Partner wählt. Eben den, den sie für den Angemessenen halten. Es ist aber nicht so, dass die Eltern entscheiden, wer geheiratet wird. Bei der Partnerwahl kommt es auf gegenseitige Sympathie an. In einer nach außen hin von den Männern dominierten Gesellschaft ist es aber normalerweise schwer für eine junge Frau, die Initiative zu ergreifen. Sie muss folglich etwas Geschicklichkeit an den Tag legen. Etwa durch ein gekonntes Farbenspiel mit Hilfe von bunten Glasperlen, die

Liebes-
erklärung

zu kleinen Liebesbriefen verarbeitet werden. So kann sie auf sich aufmerksam machen und versteckte Botschaften übermitteln. Hat sich eine junge Frau verliebt, wird sie dem Auserwählten einen solchen »Brief« über eine Freundin zukommen lassen. Fühlt er wie sie, wird er diesen für alle sichtbar tragen, und es kann eine gemeinsame Zukunft geplant werden.

Rinder als Brautpreis

Wird es ernst und eine Hochzeit steht an, dann müssen sich die Familien der Heiratswilligen über den Brautpreis *(Lobola)* einigen. Der Brautvater erhält einen Brautpreis in Form von Rindern. Das ist auch heute noch oft der Fall. Die Höhe bzw. die Anzahl der Rinder, die auf diese Weise den Besitzer wechseln, richtet sich nach der Mühe, die es gekostet hat, die Tochter aufzuziehen. In der Regel sind fünfzehn Rinder erforderlich. Genoss die junge Frau aber eine höhere Schulbildung, oder kommt sie aus einer angesehenen Familie, kann die Zahl um ein Vielfaches steigen. Man sagt, dass Nelson Mandela bei der Eheschließung mit seiner dritten Frau der Familie dreihundert Rinder gezahlt haben soll. Sie war aber immerhin auch die Witwe des Staatspräsidenten von Mozambique und vermutlich so viele Rinder wert. Auch wenn nach westlicher Vorstellung dieser »Frauen-Kaufpreis« oft kritisiert wird – ohne eine gute *Lobola* würde eine afrikanische Frau es als respektlos ansehen, wenn um ihre Hand angehalten wird.

Schutz vor Scheidung

Der Brautpreis sichert die Zulu-Frau außerdem ab, denn er regelt mögliche spätere Unstimmigkeiten zwischen den Eheleuten. Es gibt kein Rückgaberecht bei Scheidung. So wird manche Trennungsabsicht von Seiten der Männer noch einmal überdacht. Für eine weitere Ehefrau würde eine weitere *Lobola* fällig. Auch wenn nach der Tradition Mehrehen möglich sind, können es sich nur wenige Männer leisten, für mehrere Frauen die *Lobola* an die Eltern zu zahlen. Die meisten leben also durchaus monogam.

Die Mitgift bestimmt ihren Wert, Frauen beim Souvenirverkauf, Graskop, Mpumalanga

Mit der Übergabe der Rinder und dem anschließenden Hochzeitsfest wechselt die Frau aus der Familie ihrer Eltern in die des Mannes. Wie immer bei feierlichen Anlässen wird dieses Ereignis von Tänzen und einem großen Familienfest begleitet.

Auch bei den Tänzen der Zulu gibt es in westlichen Köpfen so manche falsche Vorstellung. Es ist bei weitem kein wildes Getanze des gesamten Stammes in Form von Kriegstänzen, wie es vor allem in Spielfilmen dramatisch und mit viel Getöse so gerne in Szene gesetzt wird. In der Regel sind es nur die jungen ledigen Männer und Frauen, die Zulutänze aufführen. Außerdem wird nach Geschlechtern getrennt getanzt. Die Mädchen tragen mit kleinen Stein-

Kleine Zulu-Farbenlehre　info

Farbe	Positive Bedeutung	Negative Bedeutung
Schwarz	Hochzeit, Erholung	Sorgen, Tod, Verzweiflung, Trauer
Blau	Freude, Beliebtheit, Treue	Krankheitsgefühl, Feindseligkeit
Gelb	Gesundheit, Wohlergehen, Fruchtbarkeit, eine reiche Ernte	Durst, schlechte Gefühle
Grün	Erfolg, häuslicher Segen	Schwere Krankheit, Misserfolg, Eifersucht
Rosa	Geburt, Verlobung	Armut, Faulheit
Rot	Körperliche Liebe, starke Gefühle	Tränen, Herzschmerzen, Ungeduld
Weiß	Geistige Liebe, Reinheit, Jungfräulichkeit	Keine

chen versehene Kokons an den Fußgelenken. Diese erzeugen beim Tanzen ein leicht raschelndes Geräusch. Gemeinsam ist den Tänzen der Jungen und Mädchen ein Höchstmaß an Akrobatik, was von den verheirateten und älteren Frauen durch schrilles Getriller angefeuert wird.

Ubuntu – eine neue Gesellschaftsordnung

Die traditionelle Lebensform in einem Kraal findet sich im modernen Südafrika sicherlich nur noch selten. In KwaZulu Natal wird sie dafür zahlenden Touristen als Show bei einer Führung durch ein Modelldorf vorgeführt. Nun dürfen Sie aber nicht die Stirne runzeln und den Fehler machen, das Ganze als Theater abzutun, auch wenn es auf den ersten Blick so erscheinen mag.

Das Denken großer Teile der schwarzen Bevölkerung wird noch stark durch Traditionen geprägt, die aus der dörflichen Gemeinschaft stammen. Wertvorstellungen, die seit Generationen weitergegeben und gelebt wurden, haben hier ihre Wurzeln. Der Respekt etwa gegenüber den Älteren wird auch heute immer noch eingefordert und auch weitestgehend erbracht. Das Sozialgefüge mit seinem hierarchischen Prinzip vom König bis zum Viehhüter und dem Verhältnis zwischen Mann und Frau basiert darauf. Für uns ist es wenig verständlich, dass neben positiven Vorstellungen über das Zusammenleben in der Gemeinschaft leider auch negative an die nächste Generation weitergegeben werden. Trotz weitestgehender Christianisierung spielen traditionelle Geisterheiler beispielsweise auch heute noch eine entscheidende Rolle im Alltag südafrikanischer Schwarzer. Der oftmals unbeirrbare Glaube an Geister und Dämonen bietet unverantwortlich handelnden »Heilern« Möglichkeiten zur Beeinflussung weiter Bevölkerungskreise (vgl. Seite 101 ff.).

Verbindung von Tradition und Gegenwart

Ein Zulu-Schlagwort macht derzeit die Runde: »Ubuntu«. Hierfür gibt es keine direkte Übersetzung. *Ubuntu* regelt das Zusammenleben der Menschen nach traditioneller Lebensvorstellung. Am ehesten kann man es umschreiben mit: »Ein Mensch ist nur ein Mensch durch andere Menschen«. *Ubuntu* bezeichnet das harmonische Zusammenspiel von Rücksichtnahme, engem Miteinander, Gemeinschaftssinn, Echtheit, Einfühlungsver-

Ein Schlagwort macht die Runde

mögen, Kompromissbereitschaft und Gastfreundschaft. Alles Werte, die aus dem Leben einer dörflichen Gemeinschaft erwachsen sind und die Grundlage für ein friedliches Miteinander bilden.

Ubuntu wird im Alltag wie auch im Geschäftsleben gefordert. Nicht der Unternehmer oder Manager wird erfolgreich sein, der sich wie ein Löwe rücksichtslos durch die Geschäftswelt kämpft, sondern der, der die Regeln des Zusammenseins in einem familiären Haushalt anwendet. Nicht das Gesetz der Wildnis soll herrschen, sondern das der Familie. *Ubuntu* – so Hoffnung und Überzeugung vieler Menschen im heutigen Südafrika – muss das Grundprinzip der Regenbogennation werden.

Die Weißen – abgedrängt an den Rand der Gesellschaft?

Affirmative Action als Umkehrung der Apartheid

Verlust an Privilegien

Weiß zu sein, war lange Jahre in Südafrika die Vorbedingung, um beruflich und gesellschaftlich Erfolg zu haben. Man wohnte wie selbstverständlich an den schönsten Plätzen des Landes. Wirtschaftliche Not war bis auf ganz wenige Fälle so gut wie unbekannt. Mit dem Ende der Apartheid wurde der weißen Minderheit in Südafrika dieses Privileg genommen. Ab jetzt – so propagierte die neue Regierung zu Recht – herrsche Chancengleichheit für alle. Doch was ist daraus geworden? Viele Kommentatoren sprechen inzwischen von einer Umkehrung der Verhältnisse. Manche sogar von einer »Apartheid mit umgekehrtem Vorzeichen«, die eine Flucht der Weißen vom Kap der Guten Hoffnung in Gang gesetzt hat.

Fluchtwellen

Bei vielen Weißen am Kap herrscht Angst: Vor dem Verlust des Arbeitsplatzes, weil Schwarze bevorzugt werden. Vor der stetig steigenden Kriminalität, mit der Polizei und Justiz nicht klar kommen. Vor Korruption und Amtsmissbrauch, gegen die nichts unternommen wird. Vor weiteren Veränderungen durch eine schwarze Regierung. Die Abwanderungswellen der letzten Jahre zurück nach Europa, aber in größerer Zahl auch nach Neuseeland, Australien, die USA und selbst nach Kanada waren die Folge. Fast eine Million Weiße hat seit dem Ende der Apartheid das Land verlassen.

Wie zu Beginn des »Neuen Südafrika«, als 1994 die Wahlen anstanden, und viele Weiße vor der Politik einer ANC-Regierung in Panik gerieten, werden derzeit wieder die alten »Zweitpässe« hervorgeholt. Viele Südafrikaner besitzen neben dem südafrikanischen auch einen britischen, italienischen, portugiesischen oder deutschen Pass, bekanntlich das »exit ticket«, die »Fahrkarte« für eine mögliche Aus- oder Rückwanderung. Vor allem junge, sehr gut ausgebildete Weiße verlassen das Land. Sie haben zurzeit kaum eine Chance, in ihrer Heimat eine berufliche Anstellung zu bekommen. Denn die Regierung besetzt staatliche Stellen nur noch mit Schwarzen und zieht dabei allein die Hautfarbe als Einstellungskriterium heran. So bestehen etwa für weiße Lehrer, Ärzte, Verwaltungsfachleute und Ingenieure von vornherein kaum Aussichten auf einen Job. Bereits in den letzten Semestern des Studiums wird weißen Studenten von Professoren zu Auslandspraktika und der Suche nach einem Arbeitsplatz außerhalb von Südafrika geraten.

Leider werden die so frei gewordenen Stellen aber nicht von qualifizierten schwarzen Kräften besetzt. Entscheidend ist tatsächlich nur die Hautfarbe. In manchen Fällen zählt

Noch ist der Designermarkt gut besucht, Old Biscuit Mill, Kapstadt

zusätzlich noch familiäre Verbundenheit. Es geht dabei auch nicht nur um Neueinstellungen. Es hat zahlreiche Entlassungen von Weißen aus dem Staatsdienst gegeben, deren Stellen danach von Schwarzen besetzt werden mussten. Der einzige Zweck dieser Maßnahmen war, die Zahl der schwarzen Mitarbeiter anzuheben. Auf diese Weise wollten die ANC-Politiker zeigen, dass sie ihre Wahlversprechen einhalten. Außerdem erhofften sie sich Wohlwollen bei der schwarzen Bevölkerung für ihre Politik. Doch diese als »affirmative action« bezeichneten Arbeitsmarktregelungen vor allem unter der Regierung Mbeki hatten ihren Preis, wie die Gegenwart zeigt: Unqualifizierte und unmotivierte Lehrer an den Schulen; Behörden mit Beamten, die von dem was sie tun sollten keine Ahnung haben; und Kommunalverwaltungen, die wie in einem Dritte-Welt-Land mit Freunden und Verwandten des jeweils gewählten Bürgermeisters besetzt sind, sind leider keine Ausnahme. Aktuell führen fehlende Kräfte im medizinischen Bereich sowohl bei Ärzten wie auch beim Pflegepersonal sogar zu Schließungen von Krankenhäusern.

Ein zu hoher Preis

Ehemalige Lehrer, Weiße, arbeiten heute als Fahrer von Touristenbussen, um ihre Vorruhestandsrenten aufzubessern. Andere, die einst als Ingenieure in Obstsaftfabriken arbeiteten, wurden im besten Fall Farmer. Sie bauen jetzt das Obst an, das sie an ihre alten Arbeitgeber verkaufen. Wer auf diesem Weg eine weitere Anstellung fand, hat Glück gehabt. Entlang der Ausfallstraßen der Großstädte haben sich in den letzten Jahren Siedlungen gebildet, die von einer verarmten weißen Bevölkerung bewohnt werden. Begriffe wie »Armblankes« (Afrikaans) oder auch »White Trash« machen bereits die Runde. Etwas, das es früher nie gab, bedroht die weiße Bevölkerung – eine durch Arbeitslosigkeit verursachte Verarmung.

White Trash

Die ANC-Politiker sehen durchaus die Gefahren dieser Entwicklungen. In der Landwirtschaft wurden deshalb bislang nur vorsichtige Veränderungen durchgeführt. Zu groß ist die Furcht davor, dass die Versorgung der Bevölkerung mit Lebensmitteln gefährdet werden könnte. So wurde auf eine tief greifende Landreform mit Enteignungen zu Gunsten der schwarzen Bevölkerung verzichtet. Aber selbst da, wo die Regierung Land von Weißen offiziell gekauft hat, um es an Schwarze zu vergeben, sind Fehler gemacht worden. Die meisten dieser Flächen liegen heute brach. Auch hier fehlte es an ausgebildeten

Furcht vor Enteignung Kräften, um beispielsweise Bewässerungskulturen zu pflegen, oder eine Landwirtschaft zu betreiben, die höhere Ansprüche stellt als nur die eigene Familie zu ernähren. Die Befürchtungen weißer Farmer, Obst- und Weinbauern keimen aber immer wieder auf, dass ihnen irgendwann doch Enteignungen drohen. Das Schreckgespenst des Nachbarstaates Simbabwe unter der Regierung Mugabe ist für viele zu nah.

Das Fehlen von qualifizierten Kräften ist neben der Aids-Bedrohung übrigens eines der Argumente, das immer wieder als Erklärung angeführt wird, warum die Bereitschaft internationaler Firmen nachgelassen hat, mit einer Repräsentanz in Südafrika Fuß zu fassen. Und das, obwohl der Markt Südafrika gute Absatzchancen verspricht und das Land Tor zum gesamten südlichen Afrika ist.

Jobs gegen erlittenes Unrecht Viele Schwarze sahen und sehen es auch heute noch als eine Art Wiedergutmachung gegenüber der Zeit der Apartheid an, wenn sie heute Jobs gegen erlittenes Unrecht in der Vergangenheit erhalten. Doch handelt es sich dabei um eine Ungleichung, solange es an entsprechender Qualifikation für diese Arbeitsplätze fehlt, und die Vermittlung mit Korruption einhergeht.

Es ist daher bemerkenswert, dass Staatspräsident Zuma hier eine Wende in Aussicht gestellt hat. Ihm scheint bewusst zu sein, dass ohne eine qualifizierte Arbeiterschaft in der Wirtschaft nur wenig läuft. Er will daher die ausgebildeten Weißen aus ihrer Randposition wieder herausholen.

Ein positives Zeichen setzt ebenfalls die neue Generation an den Universitäten. Überhaupt wächst insgesamt eine junge Bevölkerung heran, die Apartheid nur noch aus den

Ein Weißer sucht Arbeit, Johannesburg

Mein Haus ist dein Haus – Einladung am Wochenende

Egal, ob unter Geschäftspartnern, Arbeitskollegen oder Bekannten, gern laden wohlhabende Weiße zu einem informellen Privatbesuch ein. Am späten Nachmittag trifft man sich dann meist auf der Terrasse oder am Pool des Hauses des Gastgebers. Legere Freizeitkleidung ist passend, bei der die Männer durchaus auch zu Shorts und Poloshirt greifen können. Als Mitbringsel eignet sich eine gute Flasche Rotwein und ein kleiner Blumenstrauß für die Dame des Hauses.

Sollten Sie vorher nicht wissen, ob die Familie ihres Gastgebers britische oder holländische Wurzeln hat, verrät Ihnen das spätestens ein Blick auf den Großbildschirm des Fernsehgerätes im Wohnzimmer. Läuft Kricket sind es Briten, bei Rugby sind es Holländer. Das stimmt eigentlich immer. Da Einladungen meist an einem Wochenende stattfinden, in der Regel samstags, ist auch garantiert, dass im Fernsehen eine Sportübertragung läuft.

Gastfreundschaft wird bei weißen Südafrikanern besonders groß geschrieben. Seien Sie also nicht verwundert, wenn Ihnen zunächst das ganze Haus vorgeführt wird. Sie sollen sich anschließend selbst darin zurechtfinden können. Männern wird dabei auch gern der Kühlschrank gezeigt, zumindest wo er steht. So kann der Gastgeber später in Ruhe das Fleisch auf dem Grill versorgen, während der Gast den Getränkenachschub besorgt. »Mein Haus ist dein Haus« – nach diesem Motto werden Besucher begrüßt. Schnell entsteht dadurch eine vertraute Situation im privaten Kreis und in angenehmem Ambiente. Dass mit sehr viel Fleisch gegrillt wird, oder – wie es die Südafrikaner nennen – ein *Braai* stattfindet, ist ziemlich sicher.

Geschichtsbüchern kennt. Weiße und Schwarze, die es gewohnt sind, gemeinsam die Schulbank zu drücken, die faire Konkurrenten beim Schulsport gewesen waren, wollen sich nun auch mit- und gegeneinander den Herausforderungen von Studium und Arbeitswelt stellen. Viele junge Weiße und Schwarze sagen: Dies ist unser Land, in dem wir geboren wurden und in dem wir nun gemeinsam als Südafrikaner an der Zukunft bauen.

Die neue Wagenburgmentalität

Während bislang hauptsächlich Mitglieder der jungen weiße Mittelschicht abwanderten, verschanzen sich die wohlhabenden Älteren in Häusern, die an Hochsicherheitstrakte von Gefängnissen erinnern. Die Mauern um die Gärten werden mit Nato-Zaun umgeben, und man vertraut sich und sein Leben privaten Sicherheitstrupps an. Jedem, der unter solchen Umständen lebt, ist zum Beispiel bewusst, wie gefährlich es ist, mit dem privaten Wagen auf sein eigenes Grundstück zu fahren. Er muss mit Beobachtung rechnen. Außerdem kann die Wartezeit bis zum Aufgehen des Tores zum Überfall und Raub ausgenutzt werden. Schlimmer noch: Sitzt ein Kind im Kindersitz, kann sich eine Entführung mit Lösegelderpressung anschließen. Auch das kommt vor.

Häuser mit Nato-Zaun

Unter solchen Umständen ist es kein Wunder, dass in den letzten Jahren nicht nur im Großraum Johannesburg Wohnsiedlungen in Mode gekommen sind, die komplett von Zäunen umgeben sind. Die Einfahrt ist da nur noch durch ein bewachtes Tor möglich.

Leben im selbst gewählten Gefängnis

Sie werden von Maklern unter dem Schlagwort »gated community« als moderne Form sicheren Wohnens angepriesen. Schöne neue Welt – in einem selbst gewählten Gefängnis! Wie einst die Siedler am Kap grenzen sich heute die Weißen gegenüber ihrer Umwelt ab. Dabei bleibt vielen Älteren keine andere Wahl. Natürlich würden auch sie gerne zu ihren Kindern ins Ausland ziehen. Doch wenn Renten nicht ins Ausland transferiert werden können, fehlen die finanziellen Mittel dazu. Außerdem sind die Lebenshaltungskosten in Europa, Australien, Neuseeland und den USA wesentlich höher als in Südafrika. Selbst wenn man seine Rente zur Verfügung hätte, ein so großzügiges, eigenes Haus wie im Land am Kap zu unterhalten, wäre im Ausland unmöglich.

Orania – das Burenreservat

Die schlimmste Form von Wagenburgmentalität zeigt sich in Orania, einem Rückzugsgebiet für ewiggestrige Burennachkommen und eine der seltsamsten Erscheinungen im heutigen Südafrika. Bereits 1990 kaufte eine Gruppe von vierzig Familien unter der Führung von Carel Boshoff, dem Schwiegersohn des ehemaligen Apartheidpremiers Hendrik Verwoerd, ein Stück Land am Rande der Karoo-Wüste. Heute leben dort rund siebenhundert Menschen in erster Linie von der Landwirtschaft und von ein wenig Tourismus. Dass dieses Reservat der Buren überhaupt existiert, liegt an einem juristischen Trick: Es handelt sich bei Orania nicht um eine offizielle Kommune, sondern um ein Stück Privatland, formal als Aktiengesellschaft gegründet. Mitte der 1990er-Jahre besuchte Nelson Mandela diese sehr eigenwillige Gemeinschaft. Ausdruck für seinen besonderen Sinn für Humor oder ein Zeichen der unermesslichen Toleranz? Er machte der Witwe Verwoerds seine Aufwartung, die dort ihre letzten Lebensjahre verbracht hat. Ihr Mann – einst größter politischer Feind Mandelas – war 1966 ermordet worden. Ebenfalls kein Witz: Seit 2004 gilt dort eine eigene Währung – die des Ora. Ein Ora ist genauso viel wert wie ein Rand, aber uninteressant für Diebe. Im übrigen Land kann niemand damit etwas anfangen.

Inder: Nicht weiß, nicht schwarz – wir sind die Grauen

Erst Sklaven, dann Vertragsarbeiter

Vor allem in der Provinz KwaZulu Natal und in der Hafenstadt Durban leben die meisten der circa einen Million südafrikanischer Inder. Die ersten kamen als Sklaven im 17. und 18. Jahrhundert über die Ostindische Handelskompanie nach Südafrika. Die größte Einwanderungswelle aber erlebte Südafrika in der Zeit zwischen 1860 und 1911. Einige Inder kamen als Händler und Kaufleute, die meisten als Vertragsarbeiter aus Madras und Kalkutta. Auf Zuckerrohrplantagen, beim Eisenbahnbau, in den Werften und Minen der jungen britischen Kolonie sowie im Dienstleistungsbereich fanden sie Anstellungen. Über fünf bis zu maximal zehn Jahre liefen ihre arbeitsvertraglichen Bindungen. Nach deren Ablauf konnten sie entscheiden, ob sie zurück nach Indien gehen oder als freie Inder in Südafrika bleiben wollten. Letzteres war für viele verlockender. Während die Vertragsarbeiter in überwiegender Zahl dem hinduistischen Glauben angehörten, waren die Händler und Kaufleute (aus Bombay und Surat) Muslime.

Obwohl bereits 1916 die Vertragsarbeit auf Zeit mit Indern abgeschafft wurde, akzeptierte die südafrikanische Regierung sie erst seit 1962 als Bürger des Landes. Während der Apartheidzeit wurde auch die indische Bevölkerung unter die Rassengesetze gestellt. Sie

Gandhi in Südafrika – Geburt des gewaltlosen Widerstands

info

Mohandas Karamchand Gandhi (1869-1948) hatte eigentlich nur ein Jahr in Südafrika eingeplant, um als Rechtsbeistand einen Prozess indischer Kaufleute zu betreuen. Er blieb über zwanzig Jahre, die sein Leben und sein Weltbild vollständig veränderten. Aus einem stolzen, im England der viktorianischen Ära ausgebildeten Anwalt, gekleidet in westlicher Eleganz, und im festen Glauben an den Fortschritt, wurde Mahatma (sein Ehrenname auf Sanskrit), die »Große Seele«.

Die für den späteren Lebensweg Gandhis entscheidende Wendung führten Erlebnisse während einer sechshundert Kilometer langen Geschäftsreise von Durban nach Pretoria (1893) herbei. Obwohl ihm die Kanzlei, für die er als Anwalt tätig war, ein Bahnticket erster Klasse gekauft hatte, wurde er in Pietermaritzburg vom Schaffner aus dem Abteil gezwungen. Als Nicht-Weißer sollte er im Gepäckwagen reisen. Die Sitzplätze in den Abteilen seien Europäern vorbehalten. Gandhi lehnte ab und wartete auf den nächsten Zug, 24 Stunden später. Diesmal im Besitz einer Schlafwagenkarte sollte die Fahrt für ihn ohne Probleme bis Charlestown verlaufen. Hier allerdings wechselten die Reisenden auf eine Postkutsche. Erneut wurde Gandhi von einem Schaffner gehindert, seiner Fahrkarte entsprechend im Innern des Wagens Platz zu nehmen. Mitreisende mischten sich ein und Gandhi behielt seinen Platz. Allerdings hatte das Erlebte eine Folge: Er hatte Rassismus am eigenen Leib erlebt.

Besonders rührte ihn das Schicksal der in Südafrika lebenden Inder. Später in Pretoria äußerte er zum ersten Mal die Absicht, in Südafrika eine Gesellschaft zum Schutz der Inder zu gründen. Deren Lage verschlechterte sich seit 1894. Jeder Inder, der nach Ablauf der fünf Jahre Kontraktarbeit in Südafrika bleiben wollte, musste jährlich drei Pfund Kopfsteuer zahlen. Da dies bei einem durchschnittlichen Monatslohn von 14 Schilling ein Vermögen war, kam es zum offenen Widerstand. Auf Gandhis Initiative hin gründete sich der »Natal Indian Congress«, die Interessenvertretung der zugewanderten Inder. Er selbst eröffnete eine eigene erfolgreiche Anwaltskanzlei in Durban. Während der Burenkriege suchte er durch eigene Teilnahme am Sanitätsdienst und durch das Anwerben weiterer indischer Freiwilliger Sympathien für seine Mission bei den Briten zu wecken. Allerdings nicht mit dem gewünschten Erfolg. 1906 wurden die Inder sogar aufgefordert, sich registrieren zu lassen. Während einer Großveranstaltung in Johannesburg rief Gandhi zum passiven Widerstand auf. Massenverhaftungen waren die Folge. Auch Gandhi wurde inhaftiert. Es war dies die Geburtsstunde von »Satyagraha«, Gandhis Strategie der Gewaltlosigkeit gegenüber dem Feind.

Die Situation der Inder verschärfte sich 1913 erneut, als vom Obersten Gerichtshof alle nichtchristlichen Ehen für ungültig erklärt wurden. Diesen Angriff auf seine Religion nahm Gandhi zum Anlass, zu Massendemonstrationen aufzurufen. Frauen zogen in Richtung Pretoria und Natal. Sie forderten indische Bergarbeiter zum Streik auf. Zehntausende Kontraktarbeiter folgten ihnen und Südafrika reagierte mit der Entsendung des Militärs. Um eine Ausweitung des Konflikts hinein nach Indien zu vermeiden, sah sich der Generalgouverneur und Vizekönig von Indien veranlasst, Einfluss auf die südafrikanische Politik zu nehmen. Gandhis Ziel war erreicht: 1914 wurde die Kopfsteuer abgeschafft und nichtchristliche Ehen anerkannt. Nach zwanzig Jahren verließ Gandhi Südafrika und kehrte nach Indien zurück.

Links: Wie ein englischer Gentleman, Ghandi als junger Rechtsanwalt in Südafrika, 1906
Rechts: Ghandis Frau Kasturba und vier Söhne, Südafrika, 1902

galten als nicht weiß genug, um weiß zu sein. So nannten sie sich selbst die »Grauen«. »Wir sind nicht weiß, wir sind nicht schwarz, wir sind die Grauen«. Der Straßenname Grey Street im Zentrum von Durban erinnert an diese Zeit.

Zentrum im Großraum Durban

Auch heute lebt noch der größte Teil der südafrikanischen Inder im Großraum Durban. Vor allem in der Gastronomie, im Hotelgewerbe, als Händler und im Dienstleistungsbereich sind sie führend. Bei einem Besuch der Hafenmetropole am Indischen Ozean finden Sie dort die besten indischen Restaurants und auf dem Indischen Markt in der Innenstadt von Durban die hervorragendsten Masala-Gewürze. Von hot (sehr scharf) bis hin zu eher milden Curry-Varianten reicht das Angebot. Wenn Sie nicht probieren möchten, reicht meist auch schon der Name der jeweiligen Curry-Mischung als Hinweis: »Mother-in-law-exterminator« oder »Atom-Bomb« lassen auf extra scharfe Würze schließen. Viele Inder beklagen heute, dass sich ihre Situation seit dem Ende der Apartheid nicht wesentlich verändert hat. Heute seien sie nicht schwarz genug, um zum Beispiel an Arbeitsplätzen nicht den gleichen Repressalien ausgesetzt zu sein, wie die Weißen (vgl. Seite 119).

Kapmalaien

Sklaven aus Java

Der im wahrsten Sinne des Wortes bunteste Stadtteil Kapstadts, Bo Kap, ist das Wohngebiet der Kapmalaien. Die ersten holländischen Siedler hatten auch die ersten Malaien mit ans Kap gebracht, Sklaven von der Insel Java. Die heutigen Kapmalaien sind deren Nachfahren. Die Bo-Kap-Bevölkerung stammt aber auch aus Indien, dem übrigen Indonesien und Sri Lanka.

Unterhalb vom Signal Hill liegt Bo Kap, das »obere Kap«. Pastellfarbene Häuser setzen sich leuchtend gegen den strahlend blauen Himmel ab. Ein Stadtteil, geprägt vom Charme einer gepflegten Mittelschicht, mit rund vierzigtausend Einwohnern. Belebt wird Bo Kap vor allem am späten Nachmittag: Dann spielen die Kinder auf der Straße und die Menschen sitzen vor den Häusern und unterhalten sich. Eine Postkartenidylle, vor allem bei Fotografen beliebt, die hier den idealen Hintergrund für Modeaufnahmen, Katalogproduktionen und andere Werbeaufnahmen finden.

Mittelschicht-Charme

Jedes Viertel hat seinen eigenen kleinen Tempel – auch diese Kramats sind in Pastelltönen gestrichen – und es gibt fünf größere Moscheen. Die Älteste von ihnen stammt aus dem Jahr 1804. Eine Besonderheit dieses Wohngebietes ist, dass es selbst während der Apartheidzeit bestehen konnte. Es wurde zum ausschließlichen Gebiet für die muslimische Bevölkerung erklärt. So konnten in unmittelbarer Nähe zur Innenstadt von Kapstadt Nichteuropäer wohnen. Erst in letzter Zeit führen steigende Boden- und Immobilienpreise dazu, dass die alteingesessene Bevölkerung langsam wegzuziehen beginnt.

Jedes Jahr findet an Neujahr zwischen den Straßen des Bo-Kap-Viertels und dem Hafengebiet von Green Point einer der farbenprächtigsten Straßenumzüge Kapstadts statt. Coon Carnival gilt als der Höhepunkt des südafrikanischen Karnevals. Das Fest erinnert an die Befreiung aus der Sklaverei 1834.

Coon Carnival

Pastellfarbene Häuser unter dem Tafelberg, Fotoshooting im Kapmalaien-Viertel

Multikulti
oder doch eher Mosaik?

Schuluniformen und englische Sprache, Orangefarm, Johannesburg

Viele Sprachen – eine Stimme?

Südafrika wird allgemein als ein Land angesehen, in dem Englisch gesprochen und verstanden wird. Generell ist die Verständigung so möglich, und Sie werden sicherlich von der Einreise am Flughafen bis zur Abreise keine Probleme haben, wenn Sie diese Sprache einigermaßen beherrschen. Ob am Mietwagenschalter, beim Einchecken im Hotel, beim Geldtausch in der Bank oder im Café an der Straße, überall treffen Sie auf Menschen, mit denen Sie Englisch sprechen können. In der Kapregion werden Sie sogar vereinzelt Deutschsprechenden begegnen. Doch Vorsicht! Auch wenn nicht Deutsch gesprochen wird, heißt das nicht, dass Sie nicht doch verstanden werden. Ein lässiger Kommentar kann da unerwartete Reaktionen hervorrufen. Viele Südafrikaner sind es nicht gewohnt Deutsch zu sprechen, waren aber vielleicht zum Studium in Deutschland oder haben dort Verwandte, können Sie also verstehen.

Englisch reicht aus für den Reisealltag

»Noka e tlatswa ke dinkana« – »Ein Fluss wird von vielen kleinen Bächen gespeist«, lautet ein Sprichwort auf Sesotho, einer Bantu-Sprachart. Ähnlich diesem Bild speisen viele Sprachen die Kultur Südafrikas. Englisch ist dabei nur eine der elf amtlichen Landessprachen: Englisch, Afrikaans, isiZulu, isiNdebele, Sesotho, Nördliches Sotho, Xitsonga, Setswana, Tshivenda und isiXhosa. Nach der Verfassung Südafrikas sind alle diese Sprachen als gleichwertig zu betrachten. Dennoch bildete sich Englisch in den letzten Jahren als die dominierende Sprache im öffentlichen Leben heraus. Doch öffentliches und privates Leben driften gerade beim Gebrauch der Sprache deutlich auseinander. Nur knapp acht Prozent der Südafrikaner sprechen Englisch auch daheim im Familien- und Freundeskreis. Privat wird vom größten Teil der Weißen »Afrikaans« (Kapholländisch) gesprochen, während die Schwarzen ihre eigenen Sprachen sprechen.

Das war nicht immer so. Bis zum Ende der Apartheidzeit war Afrikaans beherrschend in Südafrika. Da aber heute die unausgesprochene Gleichung gilt: Unterdrückung ist gleich Apartheid ist gleich Verachtung, erscheint Englisch als Umgangssprache unverfänglicher. Außerdem wird es weltweit als Reise- und Geschäftssprache angewandt. Trotz einer gewissen, politisch motivierten Absage an das Afrikaans im neuen Südafrika konnten sich aber doch einige Begriffe aus der alten Zeit in die südafrikanische, englische Umgangssprache hinüberretten. So sprechen alle etwa immer noch vom *Braai*, wenn es zum Barbecue (BBQ) geht, und die *Boerwors* gegrillt wird (gut gewürzte grobe Bratwurst). Zum Abschied hat es dann *lekker* (gut) geschmeckt und man trennt sich, dann wieder auf Englisch, mit einem lässigen *Cheers!* (bye!, tschüss!). Übrigens: Von den Coloureds spricht die Mehrzahl Afrikaans als Muttersprache.

Afrikaans

Zunehmend finden auch afrikanische Ausdrücke Eingang in die Umgangssprache. Das gestiegene Selbstbewusstsein der schwarzen gegenüber der weißen Bevölkerung drückt sich auf diese Weise aus. Aber auch die Tatsache, dass die Mehrzahl der Schwarzen (die Zulu allein repräsentieren gut fünfundzwanzig Prozent der Südafrikaner) die größte Sprachgruppe darstellt. Bereits beim Flug nach Südafrika mit der South African Airways werden Sie erste Worte in isiZulu vernehmen. Nicht nur bei der Begrüßung durch die freundlichen Stewardessen, auch das Bordmagazin in den Maschinen titelt »Sawubona« (Willkommen! Hallo!). Der Inhalt des Heftes ist aber dann auf Englisch gehalten. Auch

Begrüßung auf isiZulu

bei der Verabschiedung der Fluggäste nach der Landung in Johannesburg oder Kapstadt wird den Gästen ein herzliches afrikanisches »Habanigashi!« (Auf Wiedersehen!) mit auf den Weg gegeben.

Eine andere Veränderung im Sprachgebrauch macht ein Blick auf die aktuellen Karten Südafrikas deutlich. Im Jahr 2002 begann die südafrikanische Regierung damit, Provinzen und Städte umzubenennen, die aus der Zeit der Apartheid negativ belastet waren. Die wirtschaftlich stärkste Region um Johannesburg nennt sich seitdem *Gauteng* (Ort des Goldes); *Tschwane* (Wir sind alle gleich) heißt der Stadtbezirk um Pretoria und *Mpumalanga* (Dort, wo die Sonne aufgeht) wird die nach Osten anschließende Provinz mit der Hauptstadt *Mbombela* (ehemals Nelspruit) genannt. *Polokwane* (Ein sicherer Ort), das ehemalige Pietersburg, ist die Hauptstadt von Limpopo (benannt nach dem größten Fluss der Region). In einigen Kreisen sind diese Umbenennungen auf Protest gestoßen. Aber in den Zeiten des Wandels setzen sie sich nun gegen die ehemals kapholländischen Namen durch.

Als im 17. Jahrhundert die Siedler ans Kap kamen, brachten Sie neben ihrer Kultur und ihrem Know-how auch den südholländischen Dialekt mit auf den afrikanischen Kontinent. Im Umgang der Buren (*boers* – Bauern) mit der einheimischen Bevölkerung (damals in erster Linie Khoisan) und mit den nur wenig später zugewanderten anderen Europäern (Deutschen, Portugiesen, Franzosen) sowie den aus den Kolonien stammenden Sklaven (Malaien) entwickelte sich langsam eine Sprache heraus, die Begriffe der jeweils anderen übernahm und die niederländische Hochsprache vereinfachte. Erst aber der Einsatz der 1875 in Paarl gegründeten »Genootskap vir Regte Afrikaanders« (Gemeinschaft der echten Afrikaaner), und die von ihr herausgegebene Zeitschrift »Die Afrikaanse Patriot«, sowie das Publizieren einzelner Bücher auf Afrikaans, führte dazu, dass Afrikaans nicht länger nur als niederländischer Dialekt, sondern als eigenständige Schrift-Sprache akzeptiert wurde. Letztendlich wurde Afrikaans 1925 in der Südafrikanischen Union als Amtssprache eingeführt. Hierdurch war Niederländisch als Staatssprache abgeschafft, und das durch die Briten am Kap vorangetriebene Englisch konnte nicht an Bedeutung gewinnen. Das Kapholländisch war geboren und kann somit als jüngste Sprache der Welt angesehen werden. Von den Schwarzen wurde Afrikaans als Sprache der sie unterdrückenden Weißen allgemein abgelehnt. Doch erst der Schüleraufstand in Soweto vom 16. Juni 1976 machte deutlich, dass die schwarze Jugend des Landes es nicht länger hinnehmen wollte, die Sprache der Weißen als allgemeine Unterrichtssprache zu akzeptieren (vgl. Seite 55).

Je größer der Widerstand, umso mehr hielten die patriotischen Nachfahren der Buren, die Afrikaaner, ihr Afrikaans hoch. In Paarl, dem »Geburtsort« des Kapholländischen, war ein Jahr zuvor (1975) in einem über hundert Jahre alten, sehr idyllischen Haus zunächst ein eigenes Sprachmuseum eingerichtet worden. Dazu gesellte sich noch im selben Jahr ein monumentales, hochmodernes Denkmal. Jeder, der das Weinland um Paarl und Stellenbosch bereist, wird unweigerlich darauf stoßen. Denn schon von Weitem sieht man es und fragt sich entgeistert: »Was soll denn das bedeuten?« Mit dem »Taal Monument« (Taal – Sprache) wurde aus gemahlenem Granit und Zement das Selbstbewusstsein der Afrikaaner durch einen Architekten (Jan van Wyk) in Form gebracht und

Städte werden afrikanisch

Kapholländisch, die jüngste Sprache der Welt

Taal Monument in Paarl

verewigt. Zitiert werden am »Afrikaanse Taal Monument« in Paarl unter anderem folgende Worte von N. P. van Wyk Louw (1906-1970), der auf Afrikaans dichtete und schrieb:

»Afrikaans ist die Sprache, die Westeuropa und Afrika verbindet … Es bildet eine Brücke zwischen dem glänzenden Westen und dem magischen Afrika … Und was an Großem aus dieser Verbindung entstehen mag – das ist möglicherweise, was vor uns Afrikaanern liegt, um entdeckt zu werden. Aber was wir nie vergessen dürfen, ist, dass diese Änderung des Landes und der Landschaft diese neu entstehenden Sprachen geschärft, geknetet und gestrickt hat …«

Seine Worte erhellen vielleicht die etwas seltsam erscheinende Drei-Säulen-Architektur des Gebildes: Der »glänzende Westen« in Form der ersten, freien Säulen am Eingang wird durch eine Brücke mit dem dunklen, mystischen Afrika verbunden – die runden Kuppeln sollen den Hütten der Zulu nachempfunden sein. Über diese Brücke soll ein Austausch der

Architektonische Seltsamkeit

Was ist denn das? Taal Monument, Paarl

Hochgesteckte Ziele – das Bildungssystem

Die Ziele des neuen Südafrikas sind auch im Bildungssystem hoch gesteckt. Der noch immer weit verbreitete Analphabetismus, die Gewaltbereitschaft an den Schulen, die ungleiche Versorgung und die unterschiedliche Qualität der Schulen sind Problemfelder, die Sorgen bereiten und bisher nur im Ansatz gelöst sind. Denn es herrscht zwar seit dem Ende der Apartheid allgemeine Schulpflicht für Kinder vom siebten bis zum sechzehnten Lebensjahr, und es muss in staatlichen Schulen kein Schulgeld gezahlt werden. Zwar können nach Angaben der Vereinten Nationen (2009) von hundert Südafrikanern 88 lesen und schreiben. Zwar gehen von hundert Jungen im schulpflichtigen Alter 80 zur Grundschule, von hundert Mädchen sind es sogar 83. Die so optimistisch stimmenden Zahlen halten der Realität jedoch nicht stand. Tatsächlich sind immer noch mehr als die Hälfte der schwarzen Bevölkerung des Lesens und Schreibens unkundig.

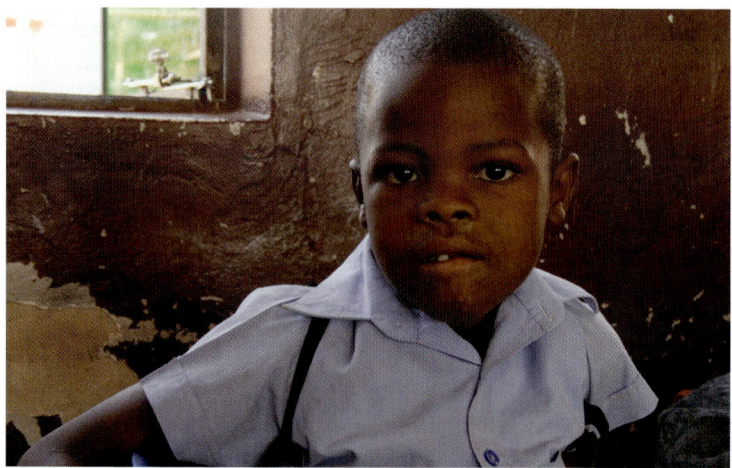

Kleiner Einzelkämpfer mit guten Aussichten, wenn er die Schule durchhält.

Die Zeiten, in denen nach getrennten Hautfarben unterrichtet wurde, sind überwunden. Nun geht es darum, allen Kindern gleiche Chancen zu bieten. Doch wie ist das möglich, wenn für die Schulbildung eines weißen Kindes immer noch mehr Geld ausgegeben wird als für die eines schwarzen Kindes?

Die mangelnde schulische Ausbildung der schwarzen Bevölkerung während der Apartheidzeit, der Schüleraufstand von Soweto 1976, sowie die vom ANC einst propagierte Kampagne »Liberation before Education« hatten zu einem Boykott der Schulen durch die schwarze Bevölkerung geführt. Dem versuchte die Regierung bereits seit 1986 entgegen zu steuern, aber noch heute zeigen sich die Folgen dieser »Lost Generation«. Denjenigen, denen damals durch ANC und weiße Regierung die Bildung entzogen wurde, fehlen gegenwärtig die Möglichkeiten in einem befreiten Land am Aufbruch teilzunehmen. Sie verpassen die Chancen, die ihnen der Post-Apartheid-Staat nun eigentlich böte.

Das zweigeteilte Schulsystem nach dem englischen Vorbild wurde auch im heutigen Südafrika beibehalten. Nach sechs Jahren in der Primary School folgen weitere sechs Jahre in der Secondary School, deren Abschluss zum Universitätsstudium berechtigt. Unterrichtssprache ist weitestgehend Englisch. In den überwiegend von Schwarzen bewohnten Gebieten werden auch die lokalen Sprachen miteinbezogen. Doch was helfen Gesetze in der Praxis, wenn es vor allem an den staatlichen Schulen an qualifizierten Lehrern fehlt, die Wege zu den guten Schulen aus den Townships zu weit und die Klassen übersetzt sind?

Ganze Gruppen von schwarzen Schülern wandern morgens in ihren adretten Schuluniformen Kilometer für Kilometer entlang der Hauptstraßen des Landes, um in die entfernt gelegenen Schulen zu gelangen. Nicht immer ungefährlich – sie gehen nur wenige Meter neben dem fließenden Straßenverkehr. Nach Ende der Schule – das gleiche Bild. Gegen 15 Uhr zieht der Tross von Schülern wieder zurück in die Dörfer und Townships. Kein Wunder, dass der Unterricht da meist ruhig verläuft. Hier wird häufig der Schlaf nachgeholt. Denn nur wer noch weit vor dem Morgengrauen aufsteht, schafft es, rechtzeitig zum Schulbeginn zu erscheinen.

Endlose Schulwege in den Townships, Orangefarm, Johannesburg

Eltern, die es sich leisten können, schicken ihre Kinder auf eine teure Privatschule. Vornehmlich noch die Weißen, aber auch immer mehr Schwarze hoffen, ihren Kindern so den Weg in eine bessere Zukunft zu ebnen. Das Ziel, gleiche Chancen zu schaffen, hat bislang dazu geführt, dass diejenigen der Weißen und Schwarzen gleiche Chancen haben, die über das nötige Geld verfügen. Gute Bildung erhält in Südafrika nur die Elite.

Kulturen stattfinden, der in der höchsten, nach oben offenen Säule, die für das Afrikaans steht, gipfelt.

*Die National-
hymne*

Zu einem symbolträchtigen Miteinander der alten und neuen Sprachkultur führte auch die Auseinandersetzung um die neue Nationalhymne Südafrikas. Der Text hat (offiziell seit 1996) vier der am häufigsten in Südafrika gesprochenen Sprachen vereint: Zulu/Xhosa, Süd-Sotho, Afrikaans und Englisch. Nach längeren Überlegungen, bei denen auch die Dichtung eines vollkommen neuen Textes diskutiert wurde, entschied man sich folgendermaßen: Die ersten beiden Strophen der bei der schwarzen Bevölkerung benutzten Hymne *Nkosi sikelel' iAfrika* (Enoch Sontonga, 1897) wurde mit zwei Strophen der von den Buren gesungenen Hymne *Die Stem van Suid-Afrika* (CJ Langenhoven, 1918) verbunden. Daraus entstand eine interessante Mixtur, die – politisch korrekt – nun jeder mitsingen kann:

Nkosi sikelel' iAfrika	*Herr, segne Afrika.*
Maluphakanyisw' uphondo lwayo,	*Gepriesen sei dein Ruhm.*
Yizwa imithandazo yethu,	*Erhöre unsere Gebete.*
Nkosi sikelela, thina lusapho lwayo.	*Herr, segne uns, deine Familie.*
Morena boloka setjhaba sa heso,	*Herr, beschütze dein Volk.*
O fedise dintwa la matshwenyeho,	*Beende du Kriege und Zwistigkeiten.*
O se boloke, O se boloke setjhaba	*Beschütze du, Herr, dein Volk.*
sa heso.	
Setjhaba sa South Afrika –	*Volk von Südafrika – Südafrika.*
South Afrika.	

Uit die blou van onse hemel,	*Aus der Bläue unseres Himmels,*
Uit die diepte van ons see,	*Aus der Tiefe unserer See,*
Oor ons ewige gebergtes,	*Über unseren ewigen Bergen,*
Waar die kranse antwoord gee,	*Wo die Gipfel Antwort geben,*
Sounds the call to come together,	*Klingt der Ruf der Ewigkeit,*
And united we shall stand,	*Und zusammen stehen wir,*
Let us live and strive for freedom,	*Lasst uns leben und kämpfen für die Freiheit,*
In South Africa our land.	*In Südafrika unserem Land.*

Die Sprache der Straße

Neben den offiziellen Sprachen gibt es in den Townships auch noch eigene Ausdrucksformen. Kinder, die hier ihre Spielkameraden unter den verschiedensten Volksgruppen gefunden haben, mischen einfach ohne viel Nachdenken und bilden sich ihre eigene, individuelle Umgangssprache. Da geht es dann kreuz und quer durch die bunte Welt Afrikas. An den Straßenrändern Johannesburgs oder Sowetos werden Sie dann auch beobachten,

Straßenleben im Township, Khayelitsha, Kapstadt

dass mit einer besonderen Zeichensprache vorbeifahrenden Minibussen signalisiert wird, wohin man will. Ein erhobener Zeigefinger bedeutet zum Beispiel, dass man ins Zentrum möchte, gekreuzte Finger nach Crossroads, ein angedeutetes »O« in das Viertel Orlando. Eine Gebärde, als ob man Orangen pflückt, soll zeigen, man will nach Orange. Ein Wagen, der dieses Ziel hat und auch noch nicht bis auf den letzten Platz mit Menschen gefüllt ist, hält dann an und befördert den Fahrgast dorthin.

Südafrika – ein christianisiertes Land?

Südafrika gilt allgemein als ein christianisiertes Land. Die Holländer brachten die »Nederduits Gereformeede Kerk« ins Land (heute 8,9 Prozent), die Briten die Anglikanische Kirche (4,0 Prozent) und die Deutschstämmigen die Evangelisch-Lutherische Kirche (2,6 Prozent). Dazu kamen von allen Zuwanderern noch die Katholiken (8,6 Prozent). Am erfolgreichsten konnte sich bei der schwarzen Bevölkerung allerdings die »Independent African Church« mit ihrer Hauptgruppe der »Zion Christ Church« durchsetzen. Mitglieder dieser Religionsgruppe (gut ein Viertel der Bevölkerung) erkennen Sie an dem Stern, der an der Kleidung getragen wird. Von den übrigen großen Weltreligionen sind noch der Islam (1,4 Prozent), der Hinduismus (1,4 Prozent) und das Judentum (0,2 Prozent) vertreten.

Independent African Church

Trotz der großen Zahl getaufter Christen unter den schwarzen Gläubigen werden auch heute noch voller Hingabe afrikanische religiöse Traditionen gepflegt. Heiler nehmen weiterhin eine wichtige Rolle im alltäglichen Leben ein. Die allgemeine Angst vor Hexen ist groß. Vor einem wichtigen Fußballspiel verlassen sich die Spieler nicht nur auf Trainer, Ärzte, Psychologen und Physiotherapeuten, sondern auch auf die Hilfe von Geistermännern, die durch ihre Kraft die Stärke des Gegners schwächen sollen. In ländlichen Gebieten sind »Hexenjagden« auch heute keine Seltenheit und bieten immer noch die Möglichkeit, unliebsame Personen aus dem Dorf zu vertreiben, so sie die Anfeindungen zuvor überleben.

Heiler und Hexen

Gemeinsam mit dem Christentum ist dem traditionellen Glauben der Zulu, Xhosa, Swazi und Ndebele der Glaube an ein höheres Wesen. Auch sie verehren primär nur eine Gottheit, *Umkulunkulu,* den »Größten der Großen«. Ihm stehen als Mittler niedere Götter zur Seite. Ebenso gehören mythologische Wesen, wie *Mamlambo,* ein Fisch mit Pferdekopf, der die Flüsse beherrscht, *Umvelingang,* der Gott des Himmels oder *Nomkhubulwane,* die Göttin des Regenbogens, der Landwirtschaft, des Regens und der Fruchtbarkeit zu den verehrungswürdigen Gestalten.

Der Respekt vor den Göttern und ihrem Einfluss über die Menschen ist sehr groß. So wagt es niemand, sich direkt an den einen, allmächtigen Herrscher zu wenden. Um mit ihm in Kontakt treten zu können, wird die große Schar der toten Ahnen einbezogen. Ihnen werden alle privaten Sorgen, auch profanster Art, von Krankheit, über Liebeskummer bis hin zur Angst um den Arbeitsplatz anvertraut und mitgeteilt. Gehofft wird, dass die Ahnen bei Umkulunkulu ein gutes Wort einlegen, sich die Dinge dann richten und man ein gutes Leben führen kann.

Kirche im Township, Khayelitsha, Kapstadt

Die Rolle der Ahnen ist ein wesentlicher Bestandteil der traditionellen Religion. Dabei werden nicht nur die eigenen verstorbenen Vorfahren angerufen. Es ist die Gemeinschaft der Geister, die einem Stamm wohl gesonnen oder manchmal auch böswillig gegenüberstehen. Um sie zu ehren, braucht man keine Tempel, Kirchen oder besondere Plätze. Ihre Spiritualität ist Teil der Natur, die die Menschen umgibt. Daher kann ein jeder an einem Baum, in einer Höhle, auf einem Hügel oder Berg, oder einfach auf dem Feld dem Geist der Ahnen begegnen. Teilweise werden auch Tiere als irdische Repräsentanten von Geistern verehrt. Wichtig ist, im alltäglichen Leben darum bemüht zu sein, die Gunst der Ahnen nicht zu verlieren. Zeigt ein Afrikaner wenig Respekt, könnten Hexen an Einfluss gewinnen und mit ihrer bösen Zauberkraft sein Leben erschweren. Magie wird von alters her angewandt, um das Reich der Ahnen *(Ndumba)* mit dem der Lebenden zu verbinden. Viele westliche Reisende vergangener Zeiten begegneten diesem geheimnisvollen Teil der afrikanischen Tradition mit großem Befremden und äußerst verängstigt. Berichte über kultische Rituale und Bräuche, kombiniert mit dramatischen Ausschmückungen, haben sicher wesentlich das Bild des bedrohlichen, schwarzen Kontinents mit geprägt.

Geisterkult und Magie

In jedem Dorf der Schwarzen gibt es bestimmte Menschen, die die besondere Fähigkeit besitzen, mit den Ahnen in Kontakt zu treten. Man sagt ihnen etwa die Fähigkeit nach, verlorenes Vieh wieder aufzufinden, Krieger vor den Angriffen der Feinde zu schützen, Diebe zu entlarven oder Hexen zu erkennen und Krankheiten diagnostizieren zu können. Gerade die traditionelle Medizin wird in der Tradition des südlichen Afrika als etwas Religiöses, Heiliges angesehen und nur von Menschen ausgeübt, die ihre Fähigkeiten durch die Ahnen erhalten.

Auch in den Townships gibt es erfahrene Frauen, auf deren Rat gehört wird, Khayelitsha, Kapstadt

Sangoma

Spätestens bei einem Besuch in einem Kraal in Kwa ZuluNatal, werden Ihnen zwei der wichtigsten Figuren des afrikanischen Glaubens begegnen – *Sangoma* und *Inyanga*. Trotz aller Versuche, die Bevölkerung nach westlichem Vorbild zu christianisieren, verlässt sich der größte Teil der Schwarzen auf die Hilfe traditioneller Heiler. Die am höchsten angesehene Person ist die *Sangoma*. Auch wenn eine der berühmtesten *Sangomas* Südafrikas, Vusamazulu Credo Mutwa (*1921), ein Mann ist, handelt es sich bei den meisten um Frauen. Häufig stellte sich bei ihnen bereits im zarten Mädchenalter heraus, dass sie ein wenig anders waren als ihre gleichaltrigen Freundinnen. Vielleicht haben sie häufiger intensive Träume gehabt oder bereits etwas vorausgesagt, das dann tatsächlich eingetroffen ist. Auf jeden Fall glaubten die Eltern, dass ihre Tochter spirituelle Fähigkeiten habe, die sie von anderen Menschen unterscheidet. Sie gaben sie daher zu einer bereits erfahrenen *Sangoma* in die Ausbildung, damit sie bei ihr lernte, diese Fähigkeiten weiterzuentwickeln und zu nutzen.

Thewasa – Initiation

»Thewasa« nennt man bei den Zulu die Initiation einer Novizin. In erster Linie geht es darum, während der *Thewasa* zu lernen, sich in Trance zu begeben und Kontakt zu den Ahnen herzustellen. Diese sollen dann um Rat für die Hilfesuchenden gebeten werden. Die Ausbildung einer Sangoma kann mehrere Jahre dauern, bis sie diese schwere Aufgabe erfüllen kann. Wer sich so nennt, aber die lange Zeit der *Thewasa* nicht durchlebt hat, der gilt auch in Südafrika als Scharlatan. Die Verantwortung einer *Sangoma* ist groß, denn die Menschen kommen mit den unterschiedlichsten Anliegen zu ihr. Die einen wollen ihre gesundheitlichen Probleme lösen, andere haben Probleme mit den Nachbarn und wieder andere wollen Hilfe bei einer rechtlichen Streitfrage. In jedem Fall muss die

Das Baby ist gesund zur Welt gekommen, Orangefarm, Johannesburg

Sangoma entscheiden. Sie soll sagen, welches medizinische Problem jemanden plagt, wie man das Zusammenleben mit dem Nachbarn verbessern kann, und wer bei einer kriminellen Handlung der Schuldige war. Ihre Entscheidung hat weitreichende Folgen. Denn was sie sagt gilt. Um sich dabei abzusichern, zieht sie die Ahnen zu Rate. In einem Zustand der Trance kann die *Sangoma* Kontakt aufbauen. Nicht mehr sie als Person spricht dann zu den Hilfesuchenden, sondern der Ahne selbst. In manchen Fällen soll ihre»Entrückung« dazu geführt haben, dass sie selbst mit einer ihr fremden Stimme sprach oder plötzlich ausländische Sprachen fließend beherrschte. Die Anrufung der Ahnen – eine schillernde Wanderung zwischen den Welten.

Nehmen wir ein Beispiel: Happy, eine junge Frau aus einem Zulu-Dorf hat starke Bauchschmerzen. Der westliche Arzt ist teuer, seine Praxis ist weit weg, und ihr soll schnell geholfen werden. Folglich wird die *Sangoma* gerufen. Da jedes Dorf über eine solche verfügt, ist sie schnell gefunden. Bestimmt wurde sie zuvor auch schon von Happys Großmutter und Mutter konsultiert. *Heilung in Trance*

Gekleidet mit einem Kopfschmuck aus Ziegenhaar, der zu Ehren ihrer Initiation geflochten wurde, und mit einem Stock in der Hand, der mit dem Schwanz einer Ziege oder eines Gnus verziert ist, wird Happys *Sangoma* nun versuchen, sich in Trance zu begeben. Dazu entzündet sie vorher das *Imphepho* (Helichrysum odoratissmum), ein Kraut, das aus einer Trockenblume der Familie der Asterngewächse gewonnen wird. Dann mischt jede *Sangoma* noch andere Kräuter nach eigener Rezeptur oder Tabakblätter darunter.

Bereits das Inhalieren des so entstehenden Rauches soll reinigende Wirkung erzielen und die Krankheit heilen. (Am besten sollte schon jedes Neugeborene mit einem seiner ersten Atemzüge *Imphepho* einatmen. Mit so »gestärkten« Lungen sind dann angeblich alle Schwierigkeiten im Leben zu meistern.) Durch anhaltendes, rhythmisches Trommeln und mit Hilfe von Tänzen gerät die *Sangoma* langsam in einen Zustand zwischen Wachen und Schlafen, zwischen Realität und Geisterwelt. Hat sie diese schwierige Brücke überwunden, spricht aus ihr die Weisheit der Ahnen. Die Ratsuchende teilt nun der *Sangoma* ihr Problem mit. Doch es ist nur die körperliche Hülle, zu der sie spricht. Die Antwort erhält sie von den Ahnen. Wahrscheinlich wird ihr mitgeteilt, etwas Falsches gegessen und sich daran vergiftet zu haben. Damit ist die Arbeit der *Sangoma* beendet. Die Ursache ist gefunden.

Weitere Abhilfe muss nun der *Inyanga* (Mann der Bäume) schaffen. Dieser ist zumeist ein Mann. Sein großes Wissen über die medizinische Wirkung von Kräutern, Baumrinden, Blättern und Tieren wurde ihm von seinem Vater, Großvater oder Onkel überliefert. Ihm sagt Happy nun weiter, was die *Sangoma* diagnostiziert hat. Während er früher in dem eher schlechten, vor allem von Weißen geprägten Ruf eines Medizinmannes und Hexendoktors stand, kann man den heutigen *Inyanga* nach westlichem Verständnis mit einem Homöopathen oder einem traditionellen Heiler vergleichen. Er hat Kenntnis von der Heilkraft der Natur und empfiehlt zum Beispiel in Happys Krankheitsfall eine besondere Tinktur *(Muthi)* aus Kräutern. *Inyanga*

Geraucht, getrunken oder eingeatmet, soll »Muthi« heilen. Die afrikanische Vorstellung von Medizin ist, dass alles, was krank macht, dem Körper zugeführt wurde und wieder aus ihm entweichen muss. So wird das *Muthi,* das Happy nun einnehmen soll, *Muthi* ihr sicherlich starke Übelkeit bereiten oder sogar einen schweren Durchfall verursachen. Wenn die *Sangoma* als Diagnostikerin Recht hatte und der *Inyanga* die richtige Medizin verordnete, wird es Happy bald wieder besser gehen. Hoffentlich, denn *Muthi* ist manchmal so scharf, dass es vor allem bei Kindern schwere innere Ätzungen hervorruft. Ob nun Gift oder tatsächliches Heilmittel, das Vertrauen der schwarzen Bevölkerung in die schützende Medizin *Muthi* (*Muti* bei den Xhosa) ist groß. Entgiften, stärken und Genesung herbeiführen soll die afrikanische Medizin. Unabhängig von der tatsächlichen Farbe, die meist unappetitlich braun oder grau ist, verordnet der *Inyanga* entsprechend dieser Dreifachwirkung schwarze, rote und weiße Medizin – *umuthi omnyama* (schwarz), *umuthi obomwa* (rot) und *umuthi omphole* (weiß). Schrittweise soll so die Gesundung erfolgen. Da aber auch Tiere spirituelle Kraft besitzen, kann zum Beispiel auch die Verwendung von Löwenfett kräftigen und stärken.

Ergänzung zur Schulmedizin

Westliche Besucher werden erstaunt sein, wenn sie an den Zufahrtswegen zu einem der größten Krankenhäuser südlich des Äquators, dem Chris Hani Baragwanath Hospital in Soweto (benannt nach dem 1993 ermordeten Apartheidgegner und ANC-Führer), Stände sehen, an denen traditionelle Medizin verkauft wird. Man besucht seine Angehörigen in der Klinik und bringt ihnen vom Heiler Medikamente mit: Hier prallen die Vorstellungen schwarzafrikanischer und westlicher, weißer Kultur sehr deutlich aufeinander. *Sangoma* und *Inyanga* wird mit Respekt begegnet. Ihre Erfahrung beruht auf alter, überlieferter, afrikanischer Tradition. Der Arzt im weißen Kittel hat sein Wissen von Fremden übernommen, die keine afrikanischen Wurzeln haben. Wenn die akademische Medizin nicht hilft, wird es *Muthi* schon richten. Im umgekehrten Fall hat sich aber auch die Einstellung des Westens gegenüber traditioneller Medizin gewandelt. Früher als Giftmischerei und Hexenzauber verteufelt, wird heute so manches Wissen über Wirkstoffe von Schulmedizinern geschätzt. Chemiker der westlichen Pharmaindustrie sind nicht nur in Afrika auf der Suche nach pflanzlichen Stoffen, die sich extrahieren lassen, um neue wirkungsvolle Medikamente herzustellen (vgl. Seite 73).

Aufklärung bei Aids

Auch bei der Aufklärung über die Übertragung des HI-Virus hat der Staat auf die Mithilfe von *Sangomas* und *Inyangas* zurückgegriffen. Von offizieller Seite und von internationalen Hilfsorganisationen waren zuvor Kampagnen gestartet worden, die allesamt scheiterten. Viele Schwarze hatten argumentiert, man wolle ihnen verbieten, Kinder zu bekommen, und Aids sei eine westliche, sie nicht tangierende Krankheit. Erst eine erste Versammlung in Ulundi, dem Königssitz des Zulukönigs Goodwill, zu der *Sangomas* und *Inyangas* eingeladen waren, brachte Erfolg. Es folgten weitere im ganzen Land. Den Heilkundigen wurde von Wissenschaftlern der Zusammenhang zwischen der Übertragung von HIV und dem Auftreten von Aids als Krankheit erklärt, die Risiken der Übertragung verdeutlicht und vor allem auch die falschen Mythen über Heilungen erläutert: Selbsternannte Heiler, in erster Linie verantwortungslose Scharlatane, hatten mit Aufrufen zum Duschen nach dem Geschlechtsverkehr und der Möglichkeit der Heilung durch das Schlafen mit einer Jungfrau der Ausbreitung von Aids in Südafrika Tür und Tor geöffnet. Noch heute gibt es führende Regierungspolitiker, die derartigen Vorstellungen anhängen. Erst die Aufklärung durch traditionelle südafrikanische Heiler hat nachweislich zu einer besseren Verbreitung von Wissen über Aids in der Bevölkerung beigetragen. Nur sie haben wirklichen Einfluss, denn laut Untersuchungen besuchen 84 Prozent der schwarzen Bevölkerung mehr als drei Mal im Jahr eine *Sangoma*.

Das Drama um Aids

Es ist mittlerweile überall bekannt, und doch wird zu wenig getan: Die größte Gefahr, die Südafrika und den gesamten subsaharischen Raum bedroht, ist Aids. Die Immunschwächekrankheit hat den Süden Afrikas fest im Griff. Die meisten Infizierten und Opfer sind dort anzutreffen. Von den 2007 geschätzten 33,2 Millionen HIV-positiv Erkrankten weltweit, leben allein 22 Millionen in den Ländern südlich der Sahara. Damit sind diese Staaten am stärksten von der Pandemie des Schreckens betroffen. Neben Südafrika, Namibia und Simbabwe sind auch Botswana, Swasiland und Sambia Staaten mit höchsten Infektionsraten.

Pandemie des Schreckens

Die Republik Südafrika ist dabei mit geschätzten 5,7 Millionen (2007) das Land mit den meisten HIV-Infizierten der Welt. Auffällig ist, dass davon mit 3,2 Millionen der Anteil bei den Frauen ab 15 Jahren am höchsten ist – die Ansteckung erfolgt also in erster Linie durch den Ehemann. Verheerend sind die Folgen: Im Jahr 2007 starben allein 350.000 Menschen an der Krankheit. Rund 1,4 Millionen Kinder verloren ihre Eltern und blieben als Waisen zurück. Erschreckend auch das Tempo der Verbreitung der Krankheit: Während in anderen Ländern Afrikas, wie zum Beispiel in Simbabwe, überraschenderweise die Geschwindigkeit sinkt, mit der sich das Virus ausbreitet, ist sie in Südafrika gleich bleibend hoch. Gerade in den jüngeren Bevölkerungsschichten nehmen die Opferzahlen rasant zu. Mädchen und Jungen unter 15 Jahren verfügen bereits über sexuelle Erfahrungen und sind mit dem todbringenden Virus infiziert.

Das Virus breitet sich aus

Im Unterschied zur schwarzen Bevölkerung entspricht die Zahl der an Aids erkrankten Weißen Südafrikas den Verhältnissen in Europa. Als ein entscheidender Grund für die beschleunigte Ausbreitung der Krankheit unter den Schwarzen wird in erster Linie die gängige Wanderarbeit angesehen. Viele Männer arbeiten fern von ihren Familien. Trennungen über längere Zeiträume lassen den Anteil an außerehelichen Verhältnissen und wechselnden Partnerschaften steigen. Leider hat aber auch das fehlende Vertrauensverhältnis der Schwarzen gegenüber der Regierung dazu geführt, dass bereits seit langem durchgeführte Aufklärungsmaßnahmen schnell im Sande verliefen. Jahrzehntelanges Misstrauen gegenüber einer weißen Regierung ließ auch das Vertrauen in eine schwarze Regierung nicht von vornherein selbstverständlich entstehen. Bereits in den 1980er-Jahren begonnene Versuche, die Anwendung von Kondomen zu propagieren, wurden abgelehnt. Man vermutete darin den Versuch der herrschenden Weißen, das Wachstum der schwarzen Bevölkerung zu unterbinden. In den 1990er-Jahren änderte sich an diesem Verdacht der heimlichen Geburtenkontrolle durch öffentlich geförderte Empfängnisverhütung nichts. Zwischenzeitlich regierte der ANC, aber ihm unterstellte man auch, das weitere Wachsen der Bevölkerung bremsen zu wollen – als einen Weg, die Massenarmut in den Griff zu bekommen. Kostenlose, an Grenzstationen, an Autobahntoiletten und in Geschäften verteilte Kondome wurden da lieber als Behältnisse für Münzen verwendet, als sie dem eigentlichen, die Krankheit verhindernden Zweck zuzuführen.

Suche nach Gründen

Der Mann bestimmt über das Schicksal der Familie, Orangefarm, Johannesburg

Aufklärungs-resistent

Als wenig förderlich für die Bekämpfung haben sich aber auch Äußerungen von führenden Politikern erwiesen. Wie soll eine effektive Aufklärung stattfinden, wenn der Zusammenhang zwischen HIV und Aids geleugnet wird (Ex-Präsident Mbeki)? Oder wenn gesagt wird, man würde nach dem Geschlechtsverkehr mit einer HIV-Infizierten oder Aids-Kranken einfach heiß duschen (der derzeit amtierende Präsident Zuma)? Solche Dummheit oder Ignoranz lässt sich nicht mehr mit unterschiedlichen kulturellen Vorstellungen entschuldigen. Genauso verantwortungslos ist der noch immer von so genannten Heilern verbreitete Mythos, man könne Aids heilen, indem man Sex mit einer Jungfrau hätte. Dieser kommt einem Aufruf zu Vergewaltigungen und Übergriffen auf Mädchen unter 15 Jahren gleich und führt zu weiteren, unkontrollierten Ansteckungen.

Kulturelle Normen

Das kulturelle Rollenbild von Männern und Frauen macht es in Südafrika vor allem auf dem Land schwer, auch in Partnerschaften offen über Aufklärung und Empfängnisverhütung zu sprechen. Ein Mann hat stark zu sein und sollte über Erfahrung verfügen, auch in sexueller Hinsicht. Daher wird er sicher keine Informationen von Behörden, der Kirche oder anderer Seite einholen. Sein Bild als Mann wäre so in der Öffentlichkeit in ein falsches Licht gestellt. Es würde seiner Meinung nach zeigen, dass er unwissend im Bezug auf Sex sei und Hilfe benötige. Insbesondere junge Männer wechseln da lieber die Partnerinnen und experimentieren. Da es bei vielen Stämmen erlaubt ist, mehrere Ehefrauen zu haben, wird auch der Treuebruch nicht als Tabu angesehen. Gleichzeitig mehrere Frauen zu haben, gilt als Ausdruck der Überlegenheit und Potenz des Mannes.

Frauen hingegen haben traditionell passiv zu reagieren. Sie sollen tugendhaft erscheinen und sind damit zum Schweigen verdammt. Würde eine junge, unverheiratete Frau sich nach Verhütungsmitteln erkundigen oder sich über den Gebrauch und Nutzen von Kondomen informieren wollen, läge die Vermutung nahe, sie hätte bereits eine Beziehung, wäre somit »unrein« und könnte nicht mehr als Jungfrau in die Ehe gehen. Diesem Ruf will sich keine Frau aussetzen. Ist sie verheiratet und würde mit ihrem Mann über Aids sprechen, müsste sie die Befürchtung haben, von ihm für untreu gehalten zu werden – ein sicherer Trennungsgrund. Viele Frauen, auch die, deren Männer nicht als Wanderarbeiter fern der Heimat beschäftigt sind, vermuten oder wissen, dass ihre Partner außereheliche Kontakte unterhalten. Dennoch würden sie sich nicht schützen, geschweige denn ihren Mann dazu veranlassen. Meist ist die wirtschaftliche Abhängigkeit von ihm so groß, dass sie einen derartigen »Vertrauensverlust« nicht riskieren würden. Eine Trennung vom Ernährer der Familie führt Mütter und ihre Kinder unweigerlich in die Verarmung. So nehmen sie die Ansteckung lieber in Kauf.

Ist die Krankheit ausgebrochen, kommt es selbst dann zu einer unterschiedlichen Behandlung von Frauen und Männern. Während Frauen stigmatisiert, diskriminiert und meist verstoßen werden, wird sich um die Männer in der Familie gekümmert – häufig sogar von den Frauen, die von ihnen zuvor angesteckt wurden.

Kap ohne gute Hoffnung?

Bildung und Aufklärung sind die Mittel, um eine noch stärkere Verbreitung von Aids in Südafrika zu bekämpfen. In ländlichen Gebieten mit einem dichteren Schulnetz hat sich gezeigt, dass dort nicht mehr in schon ganz jungen Jahren, sondern erst viel später Partnerschaften geschlossen werden. Gut ausgebildete Frauen heiraten in den meisten Fällen erst, wenn sie älter sind und die Schule oder Ausbildung abgeschlossen haben. Die Aussicht, berufliche Erfolge anstreben zu können und unabhängig zu sein, ist für junge Afrikanerinnen in wachsendem Maß weitaus verlockender als die Ehe. Nur in den Schulen des Landes scheint es also offenbar wirklich sinnvoll zu sein, auf die Krankheit hinzuweisen und wirksame Aufklärung über die Gefahren der Ansteckung zu betreiben.

Bei den älteren Jahrgängen wird die Aufklärung schwieriger. Es gilt, die Mauern aus schwarzem Machismo und überholten kulturellen Vorstellungen zu durchbrechen. Obwohl man überall in Südafrika Plakate zum Thema Aids sieht, die auf die Risiken hinweisen, hat dies bislang keinen wesentlichen flächendeckenden Erfolg gezeigt. In Soweto versuchte man, den Zusammenhang zwischen HIV und Aids durch Ampeln im Straßenverkehr deutlich zu machen: Im gelben Licht stand HIV, im roten dann Aids. Doch leider leuchtete das rote Licht vergebens. Einzig die seit alters her als Vertrauenspersonen der schwarzen Bevölkerung angesehenen *Sangomas* oder *Inyangas* haben bislang einen Teil der Menschen erreichen können. Sie müssen kontinuierlich und noch stärker als bisher in den Aufklärungsprozess auch in abgelegenen Dörfern einbezogen werden.

Absehbare Folgen

Auswirkungen auf den Bevölkerungsaufbau Südafrikas sind bereits spürbar. Schon heute ist eine ganze Generation davon betroffen: Viele Kinder wachsen ohne Eltern auf. Es wird jedoch vermutet, dass sich erst ab 2025 die ganze Härte zeigen wird. Dann dürfte der Anteil der über 40-jährigen auf 15 Prozent der Gesamtbevölkerung geschrumpft sein. Die produktive, eine Gesellschaft erhaltende Bevölkerungsgruppe ist dann nahezu verschwunden. Ausländische Firmen überlegen schon allein aus diesem Grund, ob es ratsam ist, in Südafrika zu investieren. Sie fragen sich – so drastisch und zynisch es klingt – ob es sich lohnt, Menschen auszubilden und anzulernen, die für den Arbeitsmarkt später dann gar nicht mehr zur Verfügung stehen. Aids ist sicher die größte Herausforderung an die Menschen Südafrikas, und die reichen, westlichen Industriestaaten gleichermaßen.

Wirtschaftsnotizen – Schwellen-
land oder Industriestaat?

Nach amerikanischem Vorbild: das Finanzzentrum Kapstadts

Krasse Gegensätze

Man kann nicht die Augen davor verschließen: Keine Stadt Südafrikas zeigt die Gegensätze zwischen Arm und Reich so krass wie Kapstadt. Die bittere Armut in den Townships am Stadtrand steht im scharfen Kontrast zum Glanz und Reichtum in der Innenstadt und in den noblen Vororten des Südens wie Bantry Bay, Clifton und Camps Bay oder im Norden bei Bloubergstrand. Bereits kurz nach der Landung am ultramodernen Capetown International Airport weit außerhalb von Kapstadts City fahren Sie auf dem Weg in die »Traummetropole« kilometerlang an den Wohnplätzen der wirtschaftlich Benachteiligten vorbei: Im Township Khayelitsha reiht sich eine Wellblechhütte an die andere (vgl. Seite 174).

Hochhäuser und Wellblechhütten

Zwar hat die Politik der letzten Jahre gefruchtet und eine neue schwarze Mittelschicht entwickelt sich. Doch die Mehrheit der Schwarzen lebt – nach wie vor – am Rande der Gesellschaft, und ohne am wirtschaftlichen Fortschritt teilzuhaben. Ihr Lebensstandard stagniert seit Jahren auf gleichem, niedrigem Niveau. So bleibt auch im Jahr 2009 noch immer der Eindruck, dass die Gegenden der Weißen und die Großstädte einem industrialisierten westlichen Land entsprechen, während die ehemaligen Homelands und weite Teile des ländlichen Raumes Entwicklungslandcharakter haben.

Dabei sind die natürlichen Voraussetzungen für eine weitere wirtschaftliche Entwicklung im Lande günstig. Die politischen Ziele hoch. Südafrika soll Wirtschaftsmotor für die Staaten des südlichen Afrika werden und ein positives Beispiel für Aufschwung unter einer schwarzen Regierung setzen. Man spricht zwar nicht offiziell davon, glaubt aber dennoch fest daran: Wenn es einen Powerstaat auf dem afrikanischen Kontinent gibt, dann ist das Südafrika. Schließlich produziert die südafrikanische Wirtschaft fast ein Drittel des kontinentalen Bruttoinlandsprodukts (BIP). Nur muss diese Power so groß sein, dass auch alle Bevölkerungsgruppen davon profitieren.

Vorbild für ganz Afrika?

Die Befürchtung vieler westlicher Beobachter Anfang der 1990er-Jahre, ein Wechsel zu einer ANC-Regierung würde die Tür zu einer Staatswirtschaft öffnen, erwies sich als unbegründet. Am Prinzip des Kapitalismus mit neo-liberalem Kurs hat niemand ernsthaft gerüttelt. Hierauf wie auch auf das Festhalten an Demokratie und Rechtstaatlichkeit bauen die wichtigsten ausländischen Handelspartner: USA, Großbritannien, Deutschland und Japan. Noch bis zur weltweiten Finanzkrise ab September 2008 gab es in Südafrika ein jährliches Wirtschaftswachstum von fünf Prozent. Obwohl derzeit vor allem die Energieversorgung ein Thema ist und die Preise dafür die Unternehmen finanziell besonders belasten, wird auch für die kommenden Jahre mit einem Wachstum von circa 1,5 bis zwei Prozent gerechnet.

Allerdings hat der ehemalige Präsident Mbeki noch immer Recht, wenn er von zwei (Parallel-) Wirtschaften im Lande sprach – einer weißen und reichen sowie einer schwarzen und armen. Einem Wirtschaftsbericht aus dem Jahr 2008 zufolge liegt das durchschnittliche Einkommen eines Weißen um 450 Prozent höher als das eines Schwarzen, und um 400 Prozent höher gegenüber dem eines Coloured. Natürlich kann man einwenden, dass es Einkommensunterschiede auch in anderen Nationen gibt, in denen verschiedene Hautfarben miteinander vereint leben, wie etwa in den USA. In der besonderen his-

Parallel-Wirtschaften

Zwischen Airport und City das Township Khayelitsha, Kapstadt

torischen Situation Südafrikas wiegt dies jedoch doppelt schwer. Es dürfte eigentlich nicht sein, dass die von Nelson Mandela und Bischof Tutu beschworene »Regenbogennation« nur ein Wunschbild bleibt und es einen kleinen Teil der Bevölkerung gibt, der unter dem Regenbogen lebt, und einen großen jenseits davon. Die hohe Arbeitslosenquote von offiziell 23 Prozent und inoffiziell 34,3 Prozent (2007) lässt jedoch diesen Rückschluss zu.

Diamanten und Gold

Bis in die 70er Jahre des 19. Jahrhunderts war die Wirtschaft Südafrikas von der Landwirtschaft geprägt. Erste Diamanten- und Goldfunde im Transvaal (1867) und die Entdeckung der größten Goldvorkommen der Welt am Witwatersrand (1886) läuteten dann aber eine langsame Industrialisierung ein. Weiße Unternehmer und Arbeiter aus Europa strömten ins Land. Sie brachten Kapital und Know-how in bislang unbekanntem Ausmaß ans Kap. Gleichzeitig wurde die Infrastruktur mit Straßen und Bahnwegen ausgebaut, um einen besseren Zugang zu den Aktivräumen auch aus ländlichen Gebieten zu ermöglichen. Viele billige – zumeist schwarze – Arbeitskräfte verschafften dem südlichen Afrika eine schnelle industrielle Blüte.

Kernraum der Wirtschaft ist heute die Provinz Gauteng um Johannesburg im Nordosten, das Gebiet mit der größten Konzentration an Bergbau-, Industrie- und Dienstleistungsunternehmen in ganz Afrika. Auf nur zwei Prozent der Landesfläche Südafrikas werden über vierzig Prozent des Bruttoinlandproduktes (BIP) erwirtschaftet. Der Großraum Kapstadt ist auf den Export von Nahrungs- und Genussmitteln ausgerichtet. Daneben sind auch dort Betriebe zur Produktion von Textilien und Bekleidung sowohl für den Export als auch den heimischen Markt ansässig. In und um Port Elizabeth konzentriert sich vor allem die Automobilindustrie samt Zulieferern für Reifen, Farben, Lacke und Textilien.

Die ehemaligen Gebiete der Homelands sind bislang wirtschaftlich kaum erschlossen. Hier wäre eine stärkere Strukturanpassung besonders wünschenswert. Nicht nur Planvorhaben, sondern echte Fördermaßnahmen, die sich nicht in erster Linie auf die klassischen weißen Zentren konzentrieren. Nur so ließe sich der Zustrom von Landflüchtlingen stoppen, die auf der Suche nach Arbeit in die Großstädte nach Johannesburg, Kapstadt, Durban und Port Elizabeth drängen. Diese Binnen-Migration ist sicher auch eine Folge des Wandels in der südafrikanischen Wirtschaft vom primären Sektor (Landwirtschaft, *Landflucht* Fischerei und Forstwirtschaft) hin zum sekundären Sektor, also der Produktion und Weiterverarbeitung von Rohstoffen und Gütern. Auf dem Land ist kein Geld zu verdienen. Daher zieht es die Arbeitswilligen in die städtischen Ballungsräume, wo dann neue soziale Probleme entstehen.

Investieren in die Zukunft

Eine der Antriebsfedern der nationalen Wirtschaft war in der jüngeren Vergangenheit die Bauwirtschaft. Investitionen in die Infrastruktur (Straßen, Bahnen, Flughäfen) in Höhe *Antriebsfeder* von sechzig Milliarden Euro sowie die Bauvorhaben im Rahmen der Fußballweltmeister- *Bauwirtschaft* schaft 2010 und der Bau so genannter Low Cost Houses (= sozialer Hausbau in den Townships) schufen eine weitgehende Wertschöpfung. Immerhin verhalfen sie vielen legalen Arbeitskräften zu einem Einkommen durch einfache Beschäftigungen am Bau. Für die kommenden Jahrzehnte steht allerdings zu befürchten, dass Südafrika die anstehenden Aufgaben gerade im Bausektor nicht alleine bewältigen kann, sondern ausländische Hilfe auch weiterhin dringend benötigt: Eine Chance auch für mittelständische Betriebe aus

Sozialer Wohnungsbau, Steinhäuschen sind in Townships schon Fortschritt

Europa, sich hier neue Geschäftsfelder zu erschließen! Außerdem soll zukunftsweisend in die Energieversorgung investiert werden. Neue Kohlekraftwerke sind geplant, und erneuerbare Energien (Windparks, Solaranlagen) sollen gefördert werden. Ein noch stärkeres Engagement europäischer Firmen könnte hier sicher nicht schaden. Die Konkurrenz schläft jedoch nicht und kommt wie fast überall in Afrika zwischenzeitlich aus China.

Chinesische Konkurrenz

»China rollt den afrikanischen Kontinent auf«, titelte vor einiger Zeit die Frankfurter Allgemeine Zeitung. Und das Nachrichtenmagazin Der Spiegel setzte mit einem Mbeki-Zitat nach: »Es besteht die Gefahr, dass zu China eine Beziehung aufgebaut wird, die koloniale Abhängigkeiten wiederholt.« Die Chinesen als Kolonialherren modernen Zuschnitts? Klar, es eilt ihnen allenthalben der Ruf voraus, aggressive Strategien zu verfolgen, wenn es darum geht, sich Rohstoffe zu sichern und sich für die eigenen Billigprodukte neue Absatzmärkte zu erschließen.

Sie tun dies vielerorts in Afrika. Beispielsweise findet sich auch in den Kapstadter Einkaufszentren inzwischen kaum noch ein Kleidungsstück, das nicht *Made in China* ist. Viele der einheimischen Textilbetriebe sind der scharfen Konkurrenz aus Fernost nicht gewachsen. Sie müssen schließen. Wieder gehen eigentlich dringend benötigte Arbeitsplätze verloren. In der Regel trifft es in dieser Branche schwarze Frauen. Mitunter setzen chinesische Marktstrategen dann noch eins oben drauf: Sie übernehmen die afrikanischen Pleitebetriebe zum Schnäppchenpreis und bringen sie mit Hilfe eingeflogener chinesischer Arbeitskräfte wieder auf Vordermann. Der strukturellen Armut in Afrika ist auf diese Weise wohl kaum zu begegnen. Mbekis vor Kapstadter Studenten geäußerter Unmut ist vor diesem Hintergrund nachvollziehbar.

»Südafrika kämpft um seine Textilindustrie.« So schrieb das Handelsblatt im gleichen Zusammenhang. Angesichts der Importschwemme aus Fernost fordern Südafrikas Textilhersteller schon länger Importquoten auf chinesische Textilien. Abhilfe schaffen könnten auch Investitionen in die Modernisierung veralteter Fabriken, in die Fortbildung von Mitarbeitern und in Design- und Produktinnovationen. Südafrikas Regierung arbeitet an einem Plan, das notwendige Geld dafür locker zu machen, alte Jobs zu sichern und neue zu schaffen. Ein schwieriges Unterfangen angesichts all der Herausforderungen, die eine hohe Arbeitslosigkeit mit sich bringt. Gegenwärtig ist nahezu jeder vierte Schwarzafrikaner ohne Beschäftigung.

Südafrikas Ressourcen

Bodenschätze

Südafrika ist eines der weltweit führenden Bergbauländer – vor allem im Abbau von Gold, Diamanten, Chrom, Kohle, Aluminiumsilikat, Magnesium und Platin. Zum Teil liegen hier die reichsten Förderstätten der Erde und auch die größten Reserven für die Zukunft (Chrom, Gold, Mangan und Platin). Manche weitere Lagerstätten sind noch gar nicht exploriert worden. Niemand weiß genau, wie gut die verborgenen Schatztruhen gefüllt sind. Somit ist die derzeit etwas ins Schwanken geratene Bedeutung als Goldproduzent (1980 noch 52 Prozent, gegenwärtig rund 15 Prozent der Weltproduktion) nicht besorgniserregend. Steigende Produktionskosten und abnehmender Goldgehalt bei der Förderung haben kurzfristig diesen Einbruch verursacht – allerdings steht dem ein beachtlicher

Die Fußball-WM und danach?

Die Fußballweltmeisterschaft 2010 brachte den erwarteten Aufschwung in Südafrikas Bauwirtschaft. Hohe Investitionen in Stadien und Infrastruktur gingen dem Megaevent voraus. Die Vorgeschichte: Am 15. März 2004 war in Zürich abgestimmt worden. Mit 14 zu zehn Stimmen hatte Südafrika den Zuschlag erhalten, die FIFA Fußballweltmeisterschaft 2010 auszurichten. Vier Jahre zuvor war die Bewerbung noch an Deutschland gescheitert. Bei der erneuten Abstimmung konnte man sich gegen Marokko durchsetzen. Die Freude am Kap war groß. Erstmals sollte eines der größten Sportereignisse der Welt auf dem afrikanischen Kontinent ausgetragen werden.

Mit Rieseneuphorie gingen die Planer ans Werk. Fünf neue WM-taugliche Stadien mussten gebaut, fünf alte modernisiert und der öffentliche Nahverkehr den Erfordernissen des Besucheransturms angepasst werden. Außerdem stand die Erweiterung der Flughäfen von Johannesburg, Kapstadt und Durban an, um die massenhaft anreisenden Fußballfans abfertigen zu können. Schon bald dämmerte den Beteiligten, dass der Investitionssumme viel zu optimistische Schätzungen zu Grunde lagen. Sie war deutlich zu niedrig angesetzt. Allein der Umbau des Soccer City Stadions (FNB-Stadion) in Johannesburg, Austragungsort des Eröffnungs- und Finalspiels vor einer

Green-Point-Stadion, Kapstadt. Nach der WM 2010 steht der Rückbau an. Es fasst 70.000 Zuschauer und ist zu groß für den Normalbetrieb

Kulisse von 94.700 Zuschauern, verschlang über 210 Millionen Euro. Diese Summe hatten die Organisatoren ursprünglich für den Umbau aller zehn Stadien zusammen angesetzt. Rechnet man alles, was zur Vorbereitung der Weltmeisterschaft ausgegeben werden musste, zusammen, geht es in die Milliarden. Lohnt sich das für Südafrika? Wie kann man einen solchen Aufwand in einem Land vertreten, in dem ein Großteil der Bevölkerung am Rande der Städte – auch rund um die Stadien – in nur einfachsten Verhältnissen lebt?

Die Frage nach der Kosten-Nutzen-Rechnung im Zusammenhang mit einem solchen Megasportevent ist nicht leicht zu beantworten. Gerne wird als positives Argument herangezogen, dass Arbeit und damit Einkommen geschaffen wurde, und die Baubranche neue Impulse erhielt. Auch werden die besseren Straßen, der Ausbau des Nahverkehrs und andere Modernisierungen dazu beitragen, dass sich das Alltagsleben in den Städten verbessert. Die neuen Flughäfen zählen sicher zu den modernsten, großzügigsten der Welt. Sie sind auf die immer größer werdenden Flugzeugtypen der Zukunft bestens vorbereitet. Die Menschen in den Townships werden davon allerdings nur sehr wenig profitieren, wenn am Finaltag der Schlusspfiff erfolgt ist. Bleibt der Imagegewinn, den ein solches Großereignis für ein Land wie Südafrika mit sich bringt. Geht alles friedlich über die Bühne, ist die Veranstaltung eine gigantische Werbeplattform und kein »Fass ohne Boden«.

Anstieg des Goldpreises gegenüber. Generell ist seit Anfang der 1990er-Jahre im Minenwesen ein starker Rückgang zu verzeichnen gewesen. Allein die Zahl der Beschäftigten in den Bergwerken ist um über 200.000 gesunken. Nach Angaben des Chamber of Mines gab es 1990 noch 739.000 Bergarbeiter. Derzeit arbeiten in rund 260 Bergbaubetrieben noch über eine halbe Million Menschen, die Hälfte davon unter Tage. Wie an anderen Standorten der Welt folgen die verantwortlichen Manager auch in der südafrikanischen Industrie dem Trend, menschliche Arbeitskraft durch Maschinen zu ersetzen, um so die Produktivität zu steigern und die Produktionskosten langfristig zu senken. Es gilt konkurrenzfähig zu bleiben, der Verlust an Arbeitsplätzen wird dabei in Kauf genommen. Um diese Entwicklung aufzufangen, sind staatliche Förderprogramme auch hier zwar versprochen worden, sie greifen jedoch noch nicht. Die Arbeitsbedingungen in den Bergwerken sind hart. Die Entlohnung der schwarzen Arbeiter ist vergleichsweise niedrig. Die Streikbereitschaft – wie auch in anderen Branchen der südafrikanischen Wirtschaft und im öffentlichen Dienst – hingegen groß. Eine inzwischen selbstbewusster gewordene, schwarze Belegschaft stellt Forderungen. Sie setzt auch die neue Regierung unter Zuma damit unter Druck.

Staaliche Förderprogramme greifen noch nicht

Zweckentfremdung, die Kühltürme des wegen Luftverschmutzung abgeschalteten Kohlekraftwerks in Soweto

Aber auch der Stern der ganz Reichen sinkt, wie ein Paradebeispiel zeigt: »A Diamond is forever«, allseits bekannter Werbeslogan von De Beers, dem größten Diamantenproduzenten und -händler der Welt, lässt spätestens an Weihnachten so manchen Mann in Wallung kommen, wenn es um Geschenke geht. Für diesen alljährlichen Hitzeschub sorgt der milliardenschwere Unternehmensverbund mit Sitz in Johannesburg und London, kontrolliert vom Enkel des legendären Ernest Oppenheimer, Nicholas Oppenheimer (Chairman von De Beers) und zwischenzeitlich auch von dessen Sohn. Vierzig Prozent der Weltmarktproduktion an Rohdiamanten verbucht De Beers für sich. Seit drei Generationen residieren die deutschstämmigen Oppenheimers in Johannesburg. Sie gelten als die reichste Familie Südafrikas und haben ihr Vermögen hauptsächlich dem einst gigantischen großväterlichen Diamantenimperium zu verdanken. Doch De Beers jahrzehntelanges Weltmonopol im Diamantenhandel ist mittlerweile aufgeweicht, das Kartell aufgelöst, der politische Einfluss der Oppenheimer-Dynastie geschwunden.

Neben dem Bergbau hat sich die Automobilindustrie zu einer neuen Stütze der südafrikanischen Wirtschaft entwickelt. Es gibt zwar keine eigene Automarke, aber es bestehen

Montagewerke für linksgesteuerte Fahrzeuge und Zulieferbetriebe für europäische und asiatische Hersteller. Allein im Jahr 2008 wurden rund 600.000 Fahrzeuge gebaut. Der Standort gewinnt auch an Bedeutung für die Montage von rechtsgesteuerten Fahrzeugen. So lässt etwa Daimler auch die moderne Mercedes-Benz-C-Klasse unter anderem am Kap montieren.

Übrigens: Der südafrikanische Autokäufer hat eine Vorliebe für Toyota, VW, Mazda und BMW. Die beiden deutschen Nobelmarken Mercedes und BMW bedenkt er sogar mit speziellen Spitznamen: Das Statussymbol Daimler wird gern als »Big Machine« bezeichnet, während für BMW zwei andere Slogans herhalten: »**B**e **M**y **W**ife« oder »**B**reak **M**y **W**indow – and take me home«. Letztgenannten, eher schlechten Scherz hört man vor allem in der Gauteng Provinz (GP) im Großraum Johannesburg – GP steht auch für »**G**angster's **P**aradise«.

Autos vom Kap

Arbeiten in Südafrika

Ein Urlaub in Südafrika war bereits für viele Abenteuerlustige der Anstoß und ein erster Schritt in Richtung Auswandern. Die Natur, der hohe Freizeitwert und das scheinbar freiere Lebensgefühl verlocken zu einem Neustart am Kap. Geringere Verdienstmöglichkeiten werden durch vergleichsweise günstigere Lebenshaltungskosten ausgeglichen. Diese auf den ersten Blick schönen Rahmenbedingungen sollten aber genauestens geprüft werden. Denn oft halten sie dem schnöden Alltag am Kap nicht wirklich stand. In einem Land mit hoher Arbeitslosigkeit ist es für Ausländer nicht immer einfach, einen kurzfristigen Job zu finden, geschweige denn eine dauerhafte Arbeitserlaubnis zu erhalten. Es gilt derzeit die

Scheinbar verlockend

Luxuskarosse vor Hochsicherheitstrakt, Camps Bay, Kapstadt

Traumhaus mit Aussicht, Camps Bay, Kapstadt

Vorschrift, dass eine freie Stelle grundsätzlich mit einem Einheimischen zu besetzen ist. Aber es gibt Ausnahmen. Gesucht sind in erster Linie hoch qualifizierte Kräfte mit guten Englischkenntnissen aus den Bereichen des Gesundheits-, Ingenieurs- und Planungswesens oder für das Hotelgewerbe. Ebenso haben Lehrer eine gute Chance, wenn sie sich an einer der internationalen Schulen bewerben.

Unternehmensformen

    Soll in Südafrika ein kleines bis mittelständisches Unternehmen gegründet werden, gibt es verschiedene Möglichkeiten: Man kann sich als Einzelkaufmann niederlassen (sole proprietor) oder sich mit einem Partner zusammentun (partnership). Als Rechtsform für Privatunternehmen kommen die im Wesentlichen der GmbH entsprechende Pty Ltd. (Proprietary Limited) oder die CC (Close Corporation) infrage. Member, also Gesellschafter, können Ausländer in beiden Fällen ohne Einschränkung werden. Eine Eintragung des Firmennamens erfolgt im Südafrikanischen Handelsregister (Companies and Intellectuell Property Registration Office, kurz CIPRO) innerhalb von drei Wochen nach Gründung des Unternehmens.

Überlegungen im Vorfeld

    Bevor Sie Ihre Schritte nach Südafrika lenken, sollten Sie sich allerdings genauestens ansehen, wie es sich außerhalb von Hotels, Lodges und Safariparks lebt. Privathäuser werden mit Elektrozäunen gesichert. Vergitterte Fenster, Bewegungsmelder in Gärten sowie Alarmanlagen gelten als Grundausstattung in den Wohngebieten. Das ist äußerst gewöhnungsbedürftig. Wer sich etwas Freiraum gönnen will, sollte daher lieber eine »gated community« vorziehen. Hier lebt man in einem umzäunten Wohngebiet mit Wachpersonal. Für manche eine Art goldener Käfig mit Villa, Pool und Hausangestellten.

    Zahlreiche internationale Firmen, die ihre europäischen Mitarbeiter nach Südafrika entsenden, bereiten diese durch Seminare auf den Umgang mit der Kriminalität vor. BMW,

Daimler und auch viele Banken sind da meist vorbildlich. Im Idealfall nehmen an solchen Vorbereitungskursen auch die Ehepartner oder Lebensgefährten teil, die mit in das Kapland ziehen. Denn eines sollte jedem klar sein: Gerade für denjenigen, der nicht im Berufsleben steht, aber seinen Partner ins Ausland begleitet, wird die Auseinandersetzung mit dem Alltag dort genauso zur Herausforderung. Vor allem dann, wenn Kinder mit umziehen. *Vorbereitungskurse*

Wollen Sie nicht gleich für längere Zeit oder gar für immer in den Süden Afrikas übersiedeln, lassen Sie Ihre Krankenversicherung und die private Altersvorsorge über einen heimischen – also europäischen – Versicherungsträger weiterlaufen.

Black Economic Empowerment

Wer in Südafrika arbeitet oder sich mit wirtschaftlichen Themen beschäftigt, kommt am Begriff des Black Economic Empowerment (BEE) nicht vorbei. Er ist seit 2003 zum Zauberwort der Regulierung des schwarzen Arbeitsmarktes geworden und steht für einen die ganze Wirtschaft umfassenden, staatlichen Strategieplan, dessen Nichteinhaltung sanktioniert wird. Durch gezielte, gesetzlich abgesicherte Maßnahmen hat der südafrikanische Staat damit Instrumente geschaffen, die es ermöglichen sollen, Schwarze vermehrt in die Wirtschaft zu integrieren. Historisch bedingte Ungerechtigkeiten sollen dadurch behoben und Benachteiligungen beseitigt werden. Schwarz bedeutet daher auch »nicht-weiß« und schließt somit Coloureds und Inder ein. Die Folge ist, dass zum Beispiel bei der Auftragsvergabe daran gedacht werden muss, »schwarze« Firmen zu bevorzugen. Bei Stellenausschreibungen sind schwarze Bewerber anderen vorzuziehen. Generell ist dafür zu sorgen, dass in Unternehmen aller Branchen bis in die Führungsebene hinein der Anteil schwarzer Mitarbeiter steigt.

In Erwartung des Sonnenuntergangs, Milnerton Beach, Kapstadt

Der Staat achtet bei der Auftragsvergabe besonders darauf, dass diese Vorgaben von den Unternehmen eingehalten werden, die sich um einen Auftrag bemühen. Nach dem gleichen Prinzip strukturierte man die Mitarbeiterstäbe der Angestellten im Verwaltungsbereich und bei den Beamten um. Weiße Lehrer und Krankenhausbeschäftigte wurden beispielsweise frühzeitig in Rente geschickt. In den letzten drei Jahren entstanden nach Regierungsmitteilungen durch Black Economic Empowerment anderthalb Millionen neue Arbeitsplätze für die schwarze Bevölkerung. Große Unternehmen haben in den letzten Jahren durch Mitarbeiterbeteiligungen, etwa in Form von Aktien, die Eigentumsstruktur dem geforderten Verhaltenskodex des BEE angepasst. Die Regierung will auch durch den Verkauf von staatlichen Vermögenswerten und Unternehmen zur Eigen-

Um in Südafrika arbeiten zu können, benötigen Sie eine Aufenthaltsgenehmigung. Diese erhalten Sie in folgenden Fällen:

▶ Sie sind Familienangehöriger und seit mindestens fünf Jahren mit einem Staatsbürger Südafrikas verheiratet oder ebenso lange in einer dauerhaften Beziehung lebend. Kinder von Eltern mit Aufenthaltserlaubnis erhalten diese sofort.

▶ Sie sind im Besitz eines Arbeitsvertrages mit einem südafrikanischen Arbeitgeber. Zusätzlich müssen Sie nachweisen, dass die Stelle öffentlich ausgeschrieben und kein südafrikanischer Bewerber zu finden war.

▶ Sie haben außergewöhnliche Fähigkeiten. Was »außergewöhnlich« ist, wird nicht näher beschrieben, daher könnte man sich im Ernstfall am besten darauf berufen.

▶ Sie wollen sich in Südafrika selbständig machen oder eine Firma gründen. Voraussetzungen sind die Schaffung von mindestens fünf dauerhaften Arbeitsplätzen für Südafrikaner und eine Investition in Höhe von umgerechnet rund 250.000 Euro. Die Höhe ist branchenabhängig.

tumsumverteilung beitragen. Der ungerechten Verteilung – wenige (Weiße) haben viel, viele (Schwarze) haben wenig oder nichts – soll so mit der Zeit ein Riegel vorgeschoben werden. Dass es sich hierbei nur um eine neu definierte Form der »affirmative action« handelt, also eine (aus der Sicht der Schwarzen) positive Diskriminierung unter umgekehrten Verhältnissen, wird von Kritikern geäußert. Ob die Maßnahmen, wie ebenfalls von ihnen befürchtet, nur einer kleinen schwarzen Elite zu Reichtum und gesellschaftlichem Aufstieg verhelfen, wird die Zukunft zeigen.

Landreformen

Um hier gleich anzuschließen, auch in der Landwirtschaft ist erklärtes Ziel, eine Umverteilung von Landeigentum vorzunehmen. Bis 2014 sollen sich dreißig Prozent des Agrarlandes im Besitz schwarzer Eigentümer befinden. Dabei möchte man auf Enteignungen von Land verzichten. Das schlechte Beispiel des Nachbarlandes Simbabwe hat offenbar abgeschreckt. Boden- und Bodenbesitzreformen wurden bislang nur ganz vorsichtig vorgenommen. Man möchte eher erreichen, dass von Weißen nicht weiter bewirtschaftetes Land an schwarze Farmer übereignet wird. Auf diese Weise soll sich die noch immer vorherrschende Verteilung von rund 60.000 weißen Farmern, die im Besitz von 72 Prozent der landwirtschaftlichen Nutzfläche sind, langfristig aufheben.

Subsistenz-
wirtschaft

Obwohl der Agrarsektor gesamtwirtschaftlich einen Anteil von nur knapp vier Prozent abdeckt, trägt er doch dazu bei, dass Südafrika bei fast allen landwirtschaftlichen Produkten Selbstversorger ist und sogar einen beträchtlichen Teil exportieren kann (circa acht Prozent des Gesamtexports). Neben Wein gehen vor allem Fruchtsäfte, Zitrusfrüchte, Trauben, Äpfel, Birnen, Aprikosen und Pfirsiche ins Ausland. Dazu kommen noch Fleisch (Südafrika ist Weltmarktführer beim Export von Straußenfleisch), Avocados, Blumen und Zucker.

Südafrika hat einen großen Vorteil gegenüber Europa, einem seiner wichtigsten Handelspartner: die geographische Lage auf der Südhalbkugel der Erde. Viele Produkte kommen durch die zeitversetzte Saison immer dann zur Reife, wenn sie auf dem europäischen Markt noch fehlen. Dieser Vorsprung ermöglicht eine hervorragende Marktpräsenz. Da außerdem beste Qualität geliefert wird, sind die landwirtschaftlichen Produkte vom »Cape« erneut ganz ähnlich populär geworden, wie sie bereits vor dem durch die Apartheid bedingten Wirtschaftsboykott in den 1970er-Jahren waren.

Geld verdient Südafrika auch mit dem Fremdenverkehr. Im Jahr nach der ersten demokratischen Wahl begann eine neue Ära im südafrikanischen Tourismus. Noch recht verhalten mit 3,9 Millionen ausländischen Gästen (1994) stieg die Zahl auf über neun Millionen Touristen (2007) jährlich an. Die Branche hat sich zu einem Boomsektor der südafrikanischen Wirtschaft entwickelt. Sie ist die neue »Goldader« des Landes, in der circa sieben Prozent der Beschäftigten indirekt oder direkt tätig sind – ein echter Jobmotor. Jeder achte Tourist schafft einen neuen Arbeitsplatz. Begrüßenswert ist auch die weitere Ausweisung von Nationalparks aufgrund touristischer Nachfrage: Es sind inzwischen 21 insgesamt. Tierbeobachtungen gehören zu den Höhepunkten jeder Südafrikareise, und so entstehen neben den staatlichen Schutzgebieten für Tiere auch zahlreiche zusätzliche Touristenunterkünfte, die allen Ansprüchen genügen: private Safari Lodges mit Standards von bezahlbarer Mittelklasse bis hin zur höchsten Luxusklasse.

Jobmotor Tourismus

Konfrontation mit unterschiedlichen Mentalitäten

Ein Job in Südafrika kann für viele Mitarbeiter international agierender Firmen ein Sprungbrett für eine weitere, internationale Karriere bedeuten. Junge Manager und Planer kommen in großer Zahl ins Land. Sie sind bis unter die Haarspitzen motiviert. Ihr Einsatz am Kap soll dem eigenen Ansehen daheim einen Schub nach vorne geben. So rei-

Sprungbrett für die Karriere

Absurde Planung, das Einkaufszentrum blieb ungebaut

*Schwierig-
keiten sind
vorprogram-
miert*

sen sie nach Südafrika und erwarten natürlich, dass alle Mitarbeiter, auf die sie in diesem jungen dynamischen Land treffen, ebenso am Aufbau interessiert sind wie sie selbst. Die Enttäuschung ist dann groß, wenn sie sich mit den Realitäten vor Ort konfrontiert sehen. Wenn die unterschiedlichen Mentalitäten aufeinander stoßen. Schwierigkeiten sind häufig schon allein darin begründet, dass viele der südafrikanischen Mitarbeiter wahrscheinlich nicht qualifiziert genug für ihre diversen Aufgabenbereiche ausgebildet sind. Im mittleren und gehobenen Management arbeiten noch die meisten Schwarzen, die dem Standard europäisch-westlicher Ausbildung entsprechen. Auch die in den letzten Jahren gewachsene schwarze Mittelschicht verdankt ihren Aufstieg unter anderem auch einer veränderten Grundeinstellung zur Arbeit. Ihre Angehörigen haben begriffen, dass nur eine schulische und eine berufsbezogene Ausbildung zur Ausübung von Beruf und Job qualifizieren. Diese Einsicht und Erfahrung geben sie auch an ihre Kinder weiter. Sehr weit verbreitet ist ein solches Denken jedoch noch nicht. Viele Arbeitsuchende im Bereich der einfacheren Dienstleistungen und Tätigkeiten glauben, dass es schon ausreicht, irgendjemanden zu kennen, der etwas kann, und der es einem dann schon irgendwie beibringen wird. Egal, ob auf dem Bau, in Restaurants oder am Fließband – ungelernte Kräfte sind hier ebenso wie in Privathaushalten in der Überzahl.

Legt man im täglichen Umgang mit Südafrikanern ausschließlich westeuropäische Maßstäbe an, sind interkulturelle Missverständnisse nicht zu vermeiden. Rechnen Sie

»In funk we trust«, viele Südafrikaner sind nicht gut genug ausgebildet

also lieber mit Schwierigkeiten aufgrund von Mentalitätsunterschieden und stellen Sie sich von Anfang an darauf ein.

Dos und Don'ts im täglichen Umgang

▸ Zeigen Sie grundsätzlich Toleranz und denken Sie daran, dass Sie der Gast in einem Land mit einer sehr schwierigen Vergangenheit sind.

▸ Nehmen Sie sich und Ihre Ansprüche aus demselben Grund etwas zurück.

▸ Geben Sie klare und genaue Anweisungen. Sollten Sie als Europäer beispielsweise ein afrikanisches Hausmädchen oder einen Koch im Haushalt beschäftigen, was in Südafrika gang und gäbe ist, dann sind Sie gut beraten, deutlich definierte Arbeitsanweisungen zu geben. Zum einen wird dies von Ihnen erwartet. Zum anderen gibt es noch ein weit verbreitetes Verständigungsproblem im Englischen.

▸ Haken Sie nach, wenn Sie das Gefühl haben, vielleicht nicht richtig verstanden worden zu sein.

▸ Beweisen Sie als Vorgesetzter Einfühlungsvermögen am Arbeitsplatz. Manchmal scheuen sich Ihre Untergebenen einfach davor, Verantwortung zu übernehmen. Sie möchten keine Fehler machen und fürchten Rechtfertigungen. Gehen Sie in solchen Fällen auf die Menschen ein.

▸ Zeigen Sie Engagement und Interesse an den Mitarbeitern. Seien Sie bereit zu unermüdlichen Erklärungen. Nur so werden Sie Projekte zum Erfolg führen.

▸ Vergessen Sie niemals: Die lange Zeit der Bevormundung durch Weiße hat große Teile der schwarzen Bevölkerung in eine defensive Haltung gebracht. Viele haben es verinnerlicht, dem Vorgesetzten auf keinen Fall zu widersprechen und im Zweifel immer ja zu sagen und lieber nichts zu tun, um möglichst niemals Missfallen zu erregen. Selbstbewusstes Auftreten muss in vielen Fällen erst gelernt werden.

▸ Bedenken Sie dies ebenfalls, wenn Sie die Arbeit eines Mitarbeiters kritisieren. Das hat niemand gern. Bei Schwarzen, die als Arbeiter in einem Betrieb tätig sind, kann Kritik auch leicht zu einer Antihaltung führen. Man schluckt die Kritik und zieht sich dann in sein Schneckenhaus zurück. Der Wunsch nach Harmonie ist bei der schwarzen Bevölkerung besonders ausgeprägt. Diese zu stören, bringt viele aus dem Gleichgewicht.

▸ Rechnen Sie mit einem anderen Zeitbegriff. Er ist in Afrika dehnbar. Das amerikanische »Time is Money« wird sich nicht so schnell auf diesem Kontinent etablieren.

▸ Beherzigen Sie, dass in Südafrika die Pflege sozialer Kontakte Vorrang hat. Auf dem Weg zur Arbeit trifft man sicher genügend »Freunde«, mit denen man kurz sprechen muss. Sie zu ignorieren oder nur mit einem einfachen »Hallo« abzufertigen, wäre unhöflich.

▶ Auch bei der Arbeit spielen die sozialen Kontakte untereinander eine wichtigere Rolle als das Vorhaben selbst. So wird viel geredet und manchmal nur wenig »geschafft«.

▶ Als Manager sollte man sich daran gewöhnen, sich dem Geschäftspartner in Südafrika ausgiebig zu widmen. Nicht gleich mit der Tür ins Haus fallen, und die Sache nach deutscher Art auf den Punkt bringen. Besser Arbeitsgespräche behutsam angehen.

▶ Jedes Gespräch immer mit ein paar Fragen nach dem Wohlbefinden der Familie und den persönlichen Befindlichkeiten des Anderen beginnen.

▶ Auch wenn zum Abschluss des Treffens alles Wichtige gesagt ist und die Inhalte der gemeinsamen Arbeit geklärt wurden, nicht einfach aus dem Büro zu einem weiteren Termin stürmen. Eine kleine, private Unterhaltung etwa über die Stadt, in der man sich gerade befindet, die südafrikanische Natur etc. machen ein Meeting erst rund.

▶ Wenn Sie Ihren Geschäftspartner noch nicht allzu gut kennen, sollten positive Gesprächsthemen gewählt werden. Die Sehenswürdigkeiten, das gute Wetter, die guten Restaurants, der schmackhafte Wein, nette Menschen, die man getroffen hat, die grandiose Landschaft zum Beispiel. Sind Sie bereits länger bekannt, können auch Themen wie Kriminalität oder das schlechte Spiel von Bafana Bafana, der südafrikanischen Fußball-Nationalmannschaft, besprochen werden. Politik und sensible Bereiche, wie weißer Rassismus und Apartheid, sollten ausschließlich unter Freunden Thema sein.

▶ Achtung! Auch Deutschsprechende mit guten Englischkenntnissen machen den Fehler und setzen das englische »you« zusammen mit dem Vornamen dem deutschen »du« gleich. Seien Sie da vorsichtig und benutzen Sie diese Anrede im Sinne von »Sie«. Bleiben Sie auf Distanz.

▶ Schwarze in Führungspositionen machen den Aufstieg auch durch äußerliche Dinge gern deutlich. Erzählen Sie im Smalltalk nicht von ihrem sparsamen Kleinwagen, der ökologisch so besonders vorbildlich ist. Nur der Luxuswagen oder ein Sportwagen zählen. Ein standesgemäßes Fahrzeug ist in Südafrika das Statussymbol schlechthin.

▶ Kleiden Sie sich dezent elegant zu einem Meeting. Sie repräsentieren als erfolgreicher Geschäftsmann Ihr erfolgreiches Unternehmen und so sollten Sie sich auch zeigen. Anzug und Krawatte sind ein Muss. Auch Damen tragen selbstverständlich ihr Business-Outfit.

▶ Etikette wird in Südafrika groß geschrieben. Dabei spielt manchmal traditionelles, aus der Stammeskultur erlerntes Verhalten eine Rolle. So ist es nicht unhöflich, wenn Untergebene bei einer Begegnung nicht zuerst grüßen. Sie warten, bis der »Chef« oder

der ausländische Gast grüßt. Auch Augenkontakt nehmen Südafrikaner nicht sofort auf, wenn sie einem Vorgesetzten begegnen. Dieses ist ein Ausdruck von Respekt.

▶ Achtung! Respekt wird vor allem auch dem Älteren und Frauen gegenüber gezeigt. Das Senioritätsprinzip der Stämme kommt hier in der modernen Geschäftswelt zum Tragen – selbst Nelson Mandela würde noch der jungen Praktikantin im Büro die Türe aufhalten.

▶ Der beste Ort für ein Treffen mit Geschäftspartnern ist dessen Büro. Erscheinen Sie pünktlich, denn das erwartet man von einem Deutschen, Österreicher oder Schweizer. Zur Sicherheit kann der Termin und die Uhrzeit des Meetings noch kurzfristig durch einen Anruf bei der Sekretärin bestätigt werden.

▶ Außerhalb des Büros bietet sich eine Einladung zum Geschäftsessen in einem Restaurant als geeigneter Treffpunkt an. Diese sollte dann zum Frühstück oder zum Mittagessen erfolgen. Beliebt sind Besuche guter Restaurants mit Außenterrasse oder Hotelresorts.

▶ Ein gemeinsames Abendessen bleibt privaten Verabredungen vorbehalten. Ort ist dann meist auch ein gutes Restaurant. Auch Weiße laden ihre Geschäftspartner nur selten zu einem Besuch im eigenen Haus ein. Ein ganz profaner Grund spricht für Treffen in der ersten Hälfte des Tages: Südafrikaner gehen relativ früh zu Bett.

Die großen Marken sind in Südafrika überall vertreten

Von edlen Tropfen
und komischen Vögeln

Strauß und Züchter, Oudtshoorn, Westkap

Weinsinniges – Erfolgsgeschichten vom Kap

Weinprobe in Stellenbosch: Es riecht nach schwarzen Beerenfrüchten, Zitrusfrüchten, frisch gemähtem Gras oder reifen Erdbeeren. Aromen, die Wohlgefühl verbreiten und eingefangen sind in den reichen Bouquets südafrikanischer Weine: Am leichtesten fällt es selbst ungeübten Weintrinkern, den Erdbeergeschmack des lachsfarbenen Rosé herauszuschmecken: Ein Wein, der in Südafrika gern zu italienischem Essen getrunken wird und als Exportschlager der Winzer gilt. Schwerer wird es dann schon, den scheinbar sehr geschulten Geschmacksnerven des professionellen Weinverkosters zu folgen, wenn er das »Buttrige« des Weins beschreibt und die Komplexität mit seiner reichen »Fülle an Exotik« erschmeckt.

Wein aus Südafrika ist eine Erfolgsgeschichte, die vor allem in den letzten zwei Jahrzehnten geschrieben wurde. Exportzahlen, die bei dreihundert Millionen Litern jährlich liegen, und die Tatsache, dass sich das Land am Kap auf Platz neun der weltweiten Weinproduzenten katapultiert hat, sind nur zwei Indizien dafür. Wein ist eines der wichtigsten Exportgüter der Republik am Kap geworden, sieht man von den Bodenschätzen unter der Erde ab. Auch in Deutschland werden Weine von den Gütern rund um Kapstadt immer populärer. Zwischenzeitlich ist die Bundesrepublik auf Platz zwei der Exportländer zu finden, an die Südafrika seine edlen Tropfen liefert. Platz eins nehmen immer noch die Briten ein, Platz drei haben gegenwärtig die Niederländer inne. *Export-schlager*

Sicherlich ein Grund, warum in Sachen Wein aus den so genannten »Neue Welt Ländern« vor allem Südafrika einen Spitzenplatz einnimmt, ist das stimmige Preis-Leistungs-Verhältnis. Hervorragende Chardonnays, Chenin Blancs oder bei den roten Weinen Merlots, Cabernet Sauvignons und Pinot Noirs sind zu Preisen erhältlich, bei denen qualitativ vergleichbare Franzosen nicht mithalten können. Daher sind die Regale der Supermärkte in Europa, den USA und andernorts seit dem Ende der Apartheid immer gut bestückt mit einer umfassenden Auswahl von Weinen der verschiedensten Anbaugebiete aus der Kapregion. Wein vom Schwarzen Kontinent ist schon lange kein Geheimtipp mehr. *Der Preis stimmt.*

Zu Gast im klassischen Weinland

Südafrika-Reisenden fällt bei der Frage nach den bekanntesten Anbaugebieten des Landes in erster Linie Stellenbosch ein. Das kleine Universitätsstädtchen (Lehrstuhl für Weinbau und Önologie) mit seinem kapholländischen Charme und den vielen kleinen Bistros bezaubert jeden. In der Umgebung laden über hundert Weingüter zu einem Besuch ein. Empfehlenswert sind Meerlust, Neethlingshof, Simonsig und Stellenzicht. Klingende Namen, und Weinreben soweit das Auge reicht – allein das Anbaugebiet Stellenbosch umfasst fünfzehn Prozent der gesamten Weinanbauflächen Südafrikas. Gemeinsam mit Konstantia wird es von den meisten Urlaubern als das klassische Weinland angesehen. Wer genau hinhört, vernimmt im Gespräch mit Winzern und allen anderen, die in diesen beiden Gebieten mit dem Wein beschäftigt sind, eine gehörige Portion Stolz. Fast könnte man meinen, nur in Constantia, Stellenbosch und vielleicht noch in Paarl und Franschhoek würde südafrikanischer Wein produziert, wohingegen in allen anderen Regionen nur »Traubensaft mit Alkohol« in den Flaschen landet. Das stimmt aber nicht. Auch in *Reben soweit das Auge reicht* anderen Regionen werden gute Weine gemacht, die längst nicht mehr nur unter Somme-liers als Geheimtipp empfohlen werden. Zum Beispiel am kühlen Atlantik in der Walker Bay (Hamilton Russell, Paul Cluver/Tandy), im zentralen Tal-Gebiet von Robertson (De Wetshof, Kranskop, Springfield) und selbst in der trockenen Kleinen Karoo (Andrew Jon-ker, Die Krans, Domein Doornkraal).

Auch der Gaumen wird verwöhnt

Wie überall auf der Welt, wo ordentlicher Wein produziert wird, ist dies meistens gepaart mit entsprechender Gastronomie. So auch in Südafrika. Spitzenrestaurants fin-den Feinschmecker vor allem in Franschhoek, der kulinarischen Hauptstadt des Landes. Den Gaumen verwöhnen lassen kann man sich etwa im sehr gepflegten Ambiente des »Le Quartier Français«. Das Lokal wird seit 2005 jährlich von dem einschlägigen bri-tischen Branchen-Magazin Decanter zu einem der fünfzig besten Restaurants der Welt gewählt. Als bestes Restaurant Afrikas belegte es 2009 den 37. Platz und lief allen anderen Spitzenadressen auf dem Kontinent den Rang ab. Garant für diesen Erfolg ist die mit Preisen ausgezeichnete Küchenchefin Margot Janse, eine Meisterin ihres Fachs, die auch Kochkurse gibt. Doch auch anderswo, selbst noch in den kleineren Orten mit Weinanbau, finden Hungrige zahlreiche Einkehrmöglichkeiten, die das gesamte Spektrum bieten – von Hausmannskost bis hin zu gehobener Küche. Sehr beliebt, besonders auch bei Kap-städtern selbst, ist ein gelegentlicher Ausflug in das Weinland, um ein »Wein-Picknick« unter freiem Himmel zu genießen. Bei angenehmen Temperaturen, ein ganz besonderes Vergnügen. Viele Weingüter sind darauf eingestellt und bereiten aufs Feinste alles vor, was dazu gehört: Snackpakete und natürlich Wein, die Picknickdecke inbegriffen.

Weinanbau in Stellenbosch

Die Weinbibel führt Sie auf den richtigen Weg

Man muss sich nicht unbedingt auskennen. Auch Neuankömmlingen in Südafrika wird es leicht gemacht, sich im Weinland rasch zurecht zu finden, und die interessantesten Adressen der Weingüter anzusteuern. Mit der Weinbibel, dem jährlich erscheinenden und immer dicker werdenden »John Platter - South African Wines« bewaffnet, lassen sich die zahlreichen Weinrouten optimal erkunden. Ausgewiesene Weinrouten gibt es in Constantia, Durbanville, Stellenbosch/Helderberg, Franschhoek, Paarl, Tulbagh, Wellington, Swartland, Worcester, Robertson, Swellendam, in der Kleinen Karoo, in Overberg/Walkerbay, Olifants River und Orange River.

Das Know-how brachten die Hugenotten mit

Die Aufhebung des wirtschaftlichen Boykotts Südafrikas nach dem Ende der Apartheid eröffnete den Weinbauern am Kap neue Möglichkeiten. Mit viel internationalem Wissen, zum Teil durch Winzer, die aus den Weinanbaugebieten Europas stammen, oder selbst erworben durch Aufenthalte in Australien, Kalifornien und Europa werden von den heutigen Südafrikanern größte Anstrengungen unternommen, die Qualität ihres Weines noch weiter zu steigern und ihre Marktstellung auszubauen. Nur noch nostalgisch verbrämt wird heutzutage an die Anfangsschwierigkeiten derer gedacht, die mit zum Teil verzweifeltem Optimismus versucht hatten, Reben am Tafelberg überhaupt heimisch zu machen.

Denn das weiß man ja von den Holländern: Sie spielen guten Fußball, sind sehr gute Eisschnellläufer und produzieren Tulpen und Gemüse. Dass sie auch gute Weinbauern wären, kommt eher überraschend. Dennoch haben sie es damals versucht. Einer der ersten war Jan van Riebeeck. Bereits Mitte des 17. Jahrhunderts brachte er Weinstöcke mit ans Kap und ließ per Schiffsfracht weitere nachkommen, als er im Auftrag der Ostindischen Handelskompanie Kapstadt gründete. Wein war besser als Wasser, weil er sich in Fässern leicht lagern ließ. Außerdem wirkte er bei langen Fahrten zur See auch vorbeugend gegen Skorbut. Jan van Riebeeck war Arzt, er wusste es nur zu genau. Mit dem Wein vom Kap an Bord ihrer Schiffe wollte er die Seefahrer auf ihrer Route von Amsterdam nach Batavia (Jakarta) und zurück versorgen, wenn sie am Kap Zwischenstation machten. Und natürlich auch die Kolonie selbst. An der Rückseite des Tafelberges legte er daher mit der Farm Wynberg – welch treffender Name – den Grundstein für die Weinproduktion in Afrika südlich des Äquators.

Wein gegen Skorbut

Der Anfang war nicht leicht. Es mussten Erfahrungen bei der Verarbeitung der Trauben zu Wein unter den andersartigen klimatischen Bedingungen gesammelt werden. Bittere Rückschläge, die beinahe schon zur Aufgabe des großen Vorhabens geführt hätten, stellten sich ein. Der Wein der frühesten südafrikanischen Jahrgänge war kaum genießbar. Selbst an die nicht gerade verwöhnten Bewohner der Kolonien wäre dieses Getränk nicht zu verkaufen gewesen. Da half auch die Initiative von Gouverneur Simon van der Stel (Begründer von Stellenbosch 1679) nicht, die Bauern vom Kap in Sachen Weinbau zu schulen. Der passionierte Weinliebhaber hatte in Constantia ein Mustergut errichten lassen. Erst hundert Jahre nach seinem Tod und unter französischem Einfluss sollten sich

Weinprobe in netter Gesellschaft, Stellenbosch

echte Erfolge einstellen: Dann aber kamen von seinem alten Gut, inzwischen zum »Groot Constantia« erwachsen, erlesene Süßweine, die zu den Lieblingsweinen so prominenter Europäer wie Napoléon Bonaparte, Friedrich dem Großen und Voltaire zählten.

Die Fran-
zosenecke

Nicht den Holländern gelang also beim Weinanbau der große Wurf. Es ist den Franzosen zu verdanken, dass letztendlich edle Tropfen auch aus Südafrika stammen. Französische Hugenotten, Calvinisten wie die Holländer, flüchteten in den Jahren 1688 bis 1690 über die Niederlande nach Südafrika. Sie brachten erneut Weinstöcke mit, vor allem aber auch das Wissen um die Kultivierung des Bodens und die richtige Behandlung der Reben. In einem wunderschönen, in der Nähe von Stellenbosch gelegenen Tal, dem heutigen Franschhoek (Franzosenecke), bekamen die Neusiedler Land zugeteilt. Nur wenige Spuren sind von den ersten zweihundert französischen Weinanbauern bis heute übrig geblieben. Aber einiges überdauerte die unruhigen Zeiten: das Know-how des Weinanbaus und manche Namen von Weingütern, die französischen Ursprungs sind wie La Motte, Chamonix, Dieu Donne und L'Ormarins, um nur einige zu nennen.

Schwarze
Winzer

Auch wenn derzeit viele Anstrengungen unternommen werden, mehr Schwarze in verantwortliche Positionen zu bringen, ist der Weinbau auch nach zwanzig Jahren neuem Südafrika noch immer von Weißen dominiert. Einen ersten Vorstoß zu Veränderungen unternahm 1996 in Paarl Alan Nelson, Kapstädter Rechtsanwalt und Besitzer des Weingutes Nelson's Creek Wine Estate. Er übergab einen Teil seines Landes an seine schwarzen Mitarbeiter – im besten Sinne eines Black Economic Empowerment. Mit anfänglicher Unterstützung durch Alan Nelson konnte so 1998 der erste von Schwarzen auf ihrem eigenen Land produzierte Wein auf den Markt gebracht werden. Der Name des neu gegründeten Gutes klang programmatisch: »New Beginnings«. Über Solly Skippers, den ersten selbständigen schwarzen Weinbauern, berichtete damals die internationale Presse. Doch dem glanzvollen Start, verbunden mit großen Hoffnungen für eine ganze Schar schwarzer Winzer, die es ihm nachtun wollten, folgte ein schnelles Ende. Seit 2003 wird kein Wein mehr auf New Beginnings produziert, und seine schwarzen Besitzer überlegen, das Angebot wahrzunehmen, ihr Land an einen weißen Käufer zu veräußern. Fehlte es an Ausdauer, an Managementfähigkeiten, an Geld? Ähnliche Versuche anderer Güter scheiterten ebenfalls. Es bleibt abzuwarten, ob es in den nächsten Jahren auch Schwarzen gelingt, sich als selbständige Winzer gegenüber der Konkurrenz ihrer weißen Kollegen zu behaupten.

Als Arbeitskräfte im Weinbau, bei der Lese und der Arbeit im Weinkeller sind die schwarzen Helfer unverzichtbar – wie schon von Anfang an am Kap – und sie verfügen auch über ein breites handwerkliches Wissen. Nur in die eigenverantwortliche Leitung eines Weinguts mit allen daraus resultierenden Konsequenzen zieht es offenbar wenige. Dafür scheint die Zeit noch nicht reif. Ausnahme: das von Fairtrade-Händlern geschätzte Weingut Thandi an der Walker Bay.

Stand Südafrika lange im Ruf, nur Massenweine zu produzieren, so hat sich das in den letzten Jahrzehnten grundlegend geändert. Qualität steht im Vordergrund. Weinbauern konzentrieren sich nicht mehr darauf, mengenmäßig möglichst viele Trauben zu ernten. Sie schneiden vielmehr kräftig zurück, um mit weniger Trauben ein Mehr an Qualität zu erreichen. Der neue Trend garantiert, dass die an den Stöcken verbliebenen Trauben bis zur Lese groß und saftig, sonnengereift und süß sind. Gleichzeitig wird auch dem weltweiten Werbeslogan »Wein ist Lifestyle« Rechnung getragen. Die meisten Weingüter wurden modernisiert. Sie bieten neben dem klassischen, kapholländischen Herrenhausambiente auch Hightech-Keller sowie von Innenarchitekten durchgestylte Verkostungs- und Präsentationsräume an. Es ist auch in Südafrika »in«, dem Produkt Wein ein modernes Flair zu geben.

Von der Masse zur Klasse

»Champagner« vom Feinsten – der Cap Classique   **info**

Selbst bei den Perlweinen hat es Südafrika zu einer Auswahl trockener Sorten und zu einigen nach dem Champagnerverfahren produzierten Edelsekten gebracht. Aus rechtlichen Gründen darf außerhalb der französischen Anbauregion Champagne die Bezeichnung nicht verwendet werden. Daher heißt der Champagner Südafrikas »Cap Classique«. Wo gibt es den besten? Vielleicht auf dem Weingut Cabrière Estate in Franschhoek. Hier wird die Weinprobe zu einem Erlebnis. Die Führung durch den Betrieb mit anschließender Verkostung übernimmt häufig der Eigentümer und Gastgeber des Gutes in höchst eigener Person. Achim von Arnim, Südafrikaner aus Leidenschaft, bietet eine Weinkunde der besonderen Art. Mit vielen amüsanten Bonmots durchsetzt, erläutert er sein Weinwissen und die Geschichte des Hauses. Zum wunderschönen Blick auf die Weinberge öffnet von Arnim zum Abschluss sicher eine Flasche seines hervorragenden Cap Classique. Dabei legt der Hausherr großen Wert darauf, im Stil seiner preußischen Vorfahren, den Flaschenhals mit dem Säbel zu köpfen.

Pinotage, ein Kunstprodukt

Die wahre Traube der Kapregion ist »Pinotage«. Denn diese Rebsorte ist die einzige, die es im Wesentlichen nur in Südafrika gibt. An der Universität von Stellenbosch wurde sie 1925 sozusagen kreiert: Professor Izak Perold war auf die Idee gekommen, Pinot Noir (Spätburgunder) mit Cinsault (Syrah) zu kreuzen. Es entstand ein neuer Wein. Sein Name Pinotage wurde zusammengesetzt aus Pinot Noir und Hermitage (eine frühere südafrikanische Bezeichnung für Cinsault). Die Trauben reifen früh. Folglich liebt diese Rebsorte heiße und trockene Lagen und ist damit an das südafrikanische Klima hervorragend angepasst. Der Wein ist sehr säurearm und schmeckt voll bis dicklich, ist mild und fruchtig.

Mein Tipp: Wer eine neue Weinsorte wie den Pinotage probiert, sollte ruhig mit dem besten beginnen. Meiner Meinung nach ist es der Southern Right 2007 des Weingutes Hamilton Russell. Er ist zwar für südafrikanische Verhältnisse teuer (ab 14 Euro), wie alle Weine dieses ausgezeichneten Gutes an der Walker Bay. Doch es lohnt sich, sich diesen Genuss zu gönnen.

Nederburg – deutsche Weinkultur am Kap

Ein Besuch auf dem Weingut Nederburg ist ein Einblick in die deutsche Weinkultur am Kap. Deutsche Winzer zog es bereits Ende des 18. Jahrhunderts in Richtung Südafrika. Einer von ihnen war Phillippus Wolvaart. Sechzig Kilometer nordöstlich von Kapstadt bei Paarl kaufte er knapp fünfzig Hektar Land, um dort Weinanbau im großen Stil zu betreiben. Zu Füßen des Klein-Drakensberg-Massivs errichtete er ein Herrenhaus im kapholländischen Stil und benannte sein Gut nach dem damals herrschenden Gouverneur am Kap – Nederburg.

Weinverkostung auf Nederburg, Paarl

Pauline, die charmante Dame mit deutschen Wurzeln, zuständig für Öffentlichkeitsarbeit, erzählt Besuchern gern die Geschichte des Hauses. Mit Stolz und etwas Wehmut erinnert sie dabei an den Pionier des Qualitätsweins, Johann Georg Graue – nicht nur dem Namen nach die »graue Eminenz« des Hauses Nederburg. Nachdem das Gut bereits fünf Mal den Besitzer gewechselt hatte, übernahm er 1937 – ebenfalls ein deutscher Immigrant – Nederburg. Seine innigste Überzeugung und Unternehmensphilosophie war es, dass die Qualität eines Weines »im Weinberg« bestimmt wird und nicht erst in der Kellerei. Eine Weisheit, die sich heute viele Winzer weltweit zu eigen gemacht haben. Gemeinsam mit seinem Sohn Arnold leistete Graue Pionierarbeit bei der Weißweinproduktion. Ein bis dahin schwieriges Kapitel in Südafrika. Es war zu warm für gute, edle weiße Tropfen.

Ein Nachteil, der zu einem Vorteil werden sollte: Vater und Sohn Graue entwickelten das Kaltgärungsverfahren. Ihr Ziel war es, Weißweine von ebenso guter Qualität wie bei den deutschen Rieslingen zu produzieren. Mit Hilfe von Kühlschlingen voller kaltem Wasser um die Gärtanks wurde die Temperatur im Inneren gesenkt und die Weißweine konnten bei gleichbleibend niedrigem Källtegrad reifen. Es war der Durchbruch für die gesamte spätere Weißweinherstellung in Südafrika. Der tödliche Flugzeugabsturz des begeisterten Fliegers Arnold Graue (1953) stellte die Nachfolge und auch die weitere Entwicklung Nederburgs in Frage. Doch der neue Kellermeister, Günter Brözel, sollte für die Weine von Nederburg sowie für die südafrikanische Weinwirtschaft generell Maßstäbe setzen. Wiederum ein Deutscher, der Kreativität, Leidenschaft und Wissen um den Wein innovativ einsetzte. Ihm fühlen sich auch seine Nachfolger verpflichtet.

Kaltgärungsverfahren

Federvieh – Straußenzucht in der Kleinen Karoo

Extravaganz an Damenhüten

Neben Wein und Wolle ist der »Große Spatz«, wie der Vogel Strauß bereits von den Griechen genannt wurde, zu einem weiteren Exportschlager aus der Kleinen Karoo geworden. Während am Anfang des 20. Jahrhunderts in erster Linie die Federn von Interesse waren, wird heute auch Straußenfleisch und Leder verkauft.

Ein vielseitiger Vogel

Seit fünftausend Jahren ist die Straußenfeder ein Symbol mit besonderer Strahlkraft. In Ägypten galt sie als ein Sinnbild für Gerechtigkeit. Ihre Symmetrie – die Länge der einzelnen Federn entlang des Schaftes sind gleich lang – war das Faszinierende. Auf zahlreichen altägyptischen Abbildungen von Priestern und Priesterinnen sind Straußenfedern als vornehmer Kopfschmuck zu finden.

In Südafrika verstanden es die Khoisan als erste, sich den großen Vogel zu Nutze zu machen. Seine Eierschalen dienten ihnen als Trinkgefäße, und ausgeblasen konnten sie in ihnen Wasser frisch halten und transportieren. Bei ihren langen Wanderungen durch die trockene Savanne führten die Khoisan die mit Wasser gefüllten Straußeneier dann mit sich oder vergruben sie an besonders markierten Stellen. Auf diese Weise legten sie Wasservorräte für den Rückweg an. Die Khoisan waren es auch, die das Biltong erfunden haben. In Streifen geschnittenes, luftgetrocknetes Fleisch des Straußes, das leicht und lange haltbar war. Es konnte so auch auf weite Jagdzüge mitgenommen werden. (vgl. Seite 72).

Erst mit dem Wunsch modebewusster, reicher Damen aus Europa, ihre Hüte mit extravaganten Straußenfedern zu schmücken, begann im 18. Jahrhundert die gezielte Jagd der Weißen auf den bis zu diesem Zeitpunkt noch ausschließlich in freier Wildbahn lebenden Riesen-Vogel. Es wurden massenhaft Federn benötigt. Die Nachfrage war so groß, dass es beinahe zur fast vollständigen Ausrottung des Tieres gekommen wäre. Um der im 19. Jahrhundert erneut einsetzenden Nachfrage gerecht zu werden, konnte man nicht mehr allein auf die wild lebenden Tiere zurückgreifen. Der Strauß wurde domestiziert und gezüchtet. Die erste Straußenfarm in Südafrika entstand 1838.

Federboas und Staubwedel

Vor allem in den Jahren 1905 bis 1914 setzte ein nochmaliger Run auf Straußenfedern ein. Die Federboa lässig um den Hals geschlungen, so trat in der Belle Epoque jede elegante Lady in den Salons und auf gesellschaftlichen Abendveranstaltungen auf. In Südamerika hingegen war es vor allem der Karneval in Rio, der alljährlich Unmengen an Federn zu Dekorationszwecken verschlang. Außerdem staffierten sämtliche Varietés weltweit ihre Tänzerinnen mit Straußenfedern aus. Die weichen, weißen Federn vom Kap waren besonders gefragt, und die Preise dafür hoch. Nach Gold, Diamanten und Wolle stellten Straußenfedern das wichtigste Exportprodukt Südafrikas zu Beginn des 20. Jahrhunderts dar. Selbst die etwas härteren, grauen und nicht so teuren Federn fanden rasenden Absatz. Sie dienten zur Herstellung von Staubwedeln. Ganze Heerscharen von Stubenmädchen der damaligen Zeit wirbelten mit diesem Werkzeug über das Mobiliar ihrer Herrschaft.

Straußenfarm bei Oudtshoorn

Den Kopf in den Sand stecken info

Er steckt seinen Kopf in den Sand! Bei Politikern mag die »Vogel-Strauß-Politik« funktionieren, beim Strauß selbst geht es nicht. Auch wenn er nicht als der cleverste unter den Vögeln gilt, so schlau ist er dann doch: Er würde niemals den Kopf in den Sand stecken. Er legt ihn höchstens auf den Sand. Da er ja besonders gut sehen kann, bei Tag bis an die vier Kilometer, ist er in der Lage, frühzeitig seine Feinde zu erspähen. Um sich in Sicherheit zu bringen, rennt er nicht etwa weg, sondern legt den Kopf auf den Boden

und scharrt seine Jungen unter sich. Aus der Ferne sieht er nun aus wie ein Busch. Sein langer, nackter Hals erscheint wie ein Ast und seine Federn wie Blätter. So getäuscht, wenden sich die meisten Angreifer ab. Der Strauß und seine Jungen sind gerettet. Eigentlich doch ganz schön clever. Eine andere Erklärung für diese Redewendung könnte die folgende sein: Wenn der Strauß sich völlig auf dem Boden ausbreitet, legt er seinen langen Hals samt kleinem Kopf ebenfalls flach. Von Weitem sieht das aus, als würde er den Kopf in den Sand stecken.

Mit dem Verkauf der Federn häuften die Züchter enorme Reichtümer an, was noch heute in den Herrenhäusern der großen Farmen sichtbar ist. Sandsteinpaläste in verschwenderischer Pracht, auch »Federpaläste« genannt, wurden in der kargen Halbwüste der Kleinen Karoo aus dem Boden gestampft und trotzen dort nun der Zeit. Für ihre ehemaligen Besitzer allerdings brachte der Erste Weltkrieg die Wende. Die Extravaganz, sich mit Straußenfedern zu schmücken, war nicht mehr *en vogue*. Künstlich hergestellte Federn kosteten nur wenig und führten zum Bankrott der südafrikanischen Farmer. Der schillernde Glanz des Reichtums der Straußenbarone in und um Oudtshoorn verblasste. Viele von ihnen mussten ihre Farmen und die Karoo verlassen. Dennoch ist die Straußenaufzucht ein bedeutender Wirtschaftszweig geblieben.

Exotik am Grill

Heute spielen die Federn in der Straußenzucht kaum noch eine Rolle. Gegenwärtig züchten fast 350 Farmer Strauße in erster Linie wegen des Fleisches und der zu gerbenden Haut. Vor allem als in Europa um die Jahrtausendwende die Furcht vor BSE-verseuchtem Rindfleisch groß war, diente das ähnlich aussehende und auch ähnlich schmeckende Straußenfleisch als Ersatz. Ein weiteres förderliches Verkaufsargument: Der Cholesteringehalt von Straußenfleisch ist extrem niedrig im Vergleich zu anderen Fleischsorten, ein großer Vorteil gerade für die gesundheitsbewusste Ernährung.

Straußen-fleisch – gesund und lecker

Tipp: Bei der Zubereitung des Fleisches, das im Unterschied zu Rindfleisch weicher und faseriger ist, muss darauf geachtet werden, dass es nicht zu lange gebraten oder gegrillt wird. Es kann sonst zäh und trocken werden. Es empfiehlt sich ein mehrstündiges Marinieren und ein kurzes beidseitiges Anbraten – etwa drei Minuten lang.

Ritt inklusive – auf Straußensafari

In sommerlicher Hitze …

In Oudtshoorn, dem Zentrum südafrikanischer Straußenzucht in der Kleinen Karoo, herrschen ideale Bedingungen. Es liegen sommerliche Temperaturen von über vierzig Grad Celsius bei Niederschlägen von unter zweihundert Millimetern im Jahr vor. Das entspricht genau dem Lebensraum, den Strauße schätzen. Vor gut vierzig Jahren kauften Derek Fisch und Harry Lipschitz ihre »Safari Ostrich Farm« mit dem unter Denkmalschutz stehenden Herrenhaus »Welgeluk« (Viel Glück). Wie einige weitere Farmen von Oudtshoorn wurde diese neben der Produktion auch zu einer so genannten Showfarm ausgebaut. Sowohl Gruppen, als auch Individualreisende werden hier von sehr freundlichen Mitarbeitern betreut.

… Informationen mit Showeinlage

Wer zu einer Straußenfarm fährt, sollte keine trockene Betriebsbesichtigung erwarten, sondern eine unterhaltsame Veranstaltung. Mit Humor geben Ihnen die Straußenexperten Einblick in die Aufzucht von Straußen. Mike, der Führer bei meinem Besuch auf Straußen-Safari, weist zunächst natürlich auf die vielen Nutzmöglichkeiten gezüchteter Strauße hin. Man soll ja etwas lernen. Nicht nur die Federn und das Fleisch, wie wir schon wissen, sondern auch das Leder (Taschen, Gürtel und Schuhe) ist für den Produzenten gewinnbringend. Selbst die Eierschalen finden als Dekorationsstücke Verwendung. Auch aus medizinischer Sicht sind Strauße interessant. Das Fett hilft gegen Schuppenflechte, Akne, Herpes und allergische Hautreaktionen. Die Fußsehnen werden in der pharmazeutischen Industrie beispielsweise für die Herstellung von Herzvenenklappen verwendet, der pulverisierte Kalk der Straußeneierschale ist ein natürliches Entwässe-

Straußensteak mit Beilage

Eigenheiten des Vogel Strauß

info

▶ **Größe:** Männliche Vögel bis zu 2,50 m, weibliche ca. 1,75 m bis 1,90 m

▶ **Gewicht:** Hähne ca. 135 kg, Hennen bis 100 kg. Wegen seines Gewichtes kann er nicht fliegen.

▶ **Farbe:** Um bei der Brutpflege (sechs Wochen) in Nestgruben am Boden besser getarnt zu sein, sind die Hähne als Nachtbrüter schwarzweiß gefiedert, während die Hennen als Tagbrüter gräulich gefiedert sind. Bis zur Geschlechtsreife mit zwei Jahren sind beide grau.

▶ **Besonderheiten:** Während der Brutzeit verfärben sich Beine und Hals des Hahns rötlich. Der kleine Kopf des Straußes hat die größten Augen eines an Land lebenden Wirbeltieres. Der Strauß ist der größte Laufvogel. Er erreicht eine Geschwindigkeit von rund. 70 km/h. Zur Verteidigung nutzt er seinen Schnabel und seine bis zu zehn Zentimeter langen Fußkrallen; sie sind die gefährlichste Waffe.

Brütender Strauß

▶ **Ernährung:** Vorwiegend Pflanzenfresser; er verzehrt aber auch kleinere Insekten.

▶ **Straußeneier** haben ein Volumen von 24 Hühnereiern mit einem Gewicht bis 1900 Gramm. In der Regel legen Vögel so viele Eier, wie sie mit dem Körper zudecken können. Das sind in der Regel bis zu zwanzig Stück. Bei der Zucht kann diese Zahl sogar noch gesteigert werden. Die Eier haben eine Schalenfarbe so hell wie Elfenbein. Dadurch sind sie in der offenen Savanne zwar nicht vor Räubern wie Hyänen und Schakalen geschützt, sie verhindert aber eine Überhitzung, wenn die Eier von den Brutvögeln unbedeckt, also frei am Boden liegen.

▶ **Paarungsritual:** Strauße leben nicht monogam sondern mit einer Haupt- und mehreren Nebenhennen. Um ein Weibchen zu erobern, »tanzt« der Hahn in kreisenden Bewegungen mit weitem Flügelschlag um die Henne. Ist sie willig, nimmt auch sie den Tanz auf. Es mutet an, als würden die schwarzweiß gefiederten Strauße einen Walzer tanzen.

▶ **Feinde:** In erster Linie Löwen und Leoparden; bei den Küken auch Hyänen und Schakale.

▶ **Lebensalter:** In der Savanne bis zu vierzig Jahre; in Zoos fünfzig Jahre und mehr.

rungsmittel. Aha, hat man alles gar nicht gewusst. Nachdem der Kopf nun also dröhnt von so vielen Fakten, gibt es als Belohnung eine komische Showeinlage. Diese besteht darin, dass sich die Gäste auf ein am Boden liegendes Straußenei stellen können – ohne dass es zerbricht, vorausgesetzt man wiegt unter 140 Kilogramm. Ein Gewicht darüber hält auch das dickste Straußenei nicht aus. Zur weiteren Belustigung dient dann abschließend der von einem »Jockey« demonstrierte berühmte »Straußenritt«. Der rasende Riesenvogel als Reittier – ein seltsamer Anblick! Tierschützer und Zoologen sind von dieser Sportart wenig begeistert.

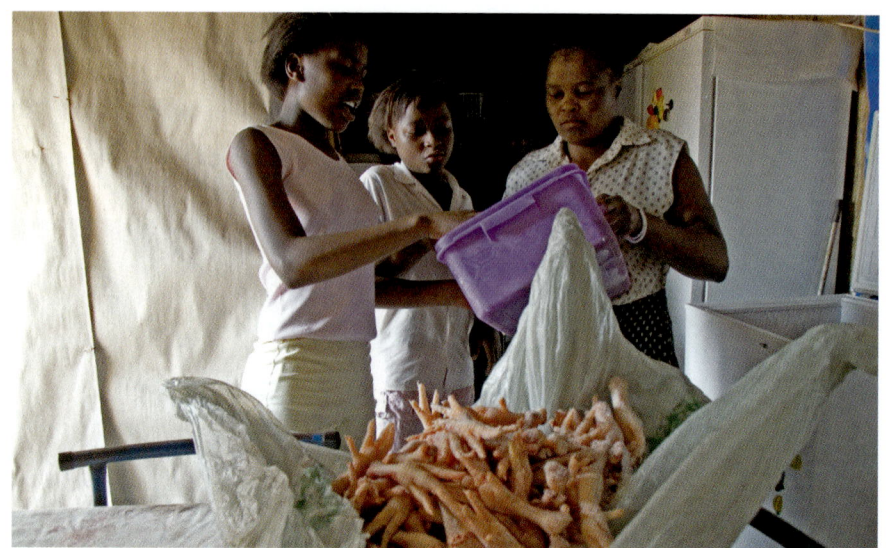

Massenhaft Hühnerfüße, Townshipkost

Was den Gaumen verwöhnt

Eine ausgesprochen südafrikanische Küche gibt es nicht. Genauso vielfältig wie in der Natur und bei den Menschen im Land, geht es in den Kochtöpfen am Kap zu. Jede Region hat ihre Besonderheiten. Die zugewanderten Bewohner brachten Gewürze und Rezepte aus der alten Heimat mit und verbanden sie mit dem, was sie in Südafrika vorfanden – das Ergebnis ist ein schmackhafter Kulturmix. So wird das Fleisch von Strauß, Rind und Antilopen gern mit einer fruchtig-scharfen Mischung aus Gewürzen zu bekömmlichen Gerichten verarbeitet.

Currys und Eintopf-gerichte
Die Inder in KwaZulu Natal bereicherten die Küche mit ihren unterschiedlichen Curry-Gerichten, während im Westkap die malaiische Küche überwiegt. Hier werden die Currys noch mit Zimt, Ingwer, Nelken und anderen wohlriechenden Gewürzen verfeinert sowie viel frische und eingelegte Früchte hinzugefügt. Typisch sind die in Curry-saucen eingelegten Spieße mit Lamm- oder Rindfleisch *(Sosaties)* oder Gemüse- oder Fleischeintöpfe *(Bredies)*. Von »Sambal« sollte man nur wenig nehmen. Das verlockend aussehende, klein gehackte Gemüse und Obst entwickelt schon nach kurzer Zeit durch seine Würze (Essig, Salz und Chili) ein wahres Feuer im Gaumen. So scharf wird im südafrikanischen Hinterland nicht gekocht. In der Region Gauteng sind es vor allem die Buren, die mit ihrer handfesten Hausmannskost die Küche des Landes prägen. Was fehlt, ist der Einfluss der Urbevölkerung Südafrikas. Die San haben – außer dem Trockenfleisch *Biltong* – nicht viel zur kulinarischen Bereicherung beigetragen.

Ganz allgemein ist die Küche des Landes sehr fleischhaltig. Vor allem für einen weißen Südafrikaner gehört immer ein ordentliches Stück Fleisch auf den Tisch. Ein

Gut ausgestattet: eine der besten Bäckereien in Johannesburg

kräftiges Steak und dazu ein gut gekühltes Bier, meist das südafrikanische *Castle* oder das aus Namibia kommende *Windhoek Lager,* das dem deutschen Bier am ähnlichsten ist, – und das Herz (nicht nur) eines jeden Mannes schlägt höher. Dies erklärt unter anderem wohl auch das allseits beliebte, typisch südafrikanische Hobby, jedes Wochenende mit einem Grillabend einzuläuten. *Braai* – heißt das Zauberwort in der Landessprache. Fast jedes Haus verfügt über einen eigenen Grillplatz, um den sich nicht nur die Familie versammelt, sondern häufig auch Freunde und Nachbarn. Mit Inbrunst wird dann gemeinsam gebrutzelt. Von welchem Tier das Fleisch stammt, das dabei auf dem Rost landet, scheint fast egal zu sein.

Beliebt sind neben dem Rindersteak vor allem heimische Antilopenarten. Springbock gilt ebenso als Delikatesse wie Oryx, Kudu, Elenantilope oder Warzenschwein. Ein Carpaccio von Springbock oder Kudu klingt nicht nur äußerst exotisch, sondern ist auch als Vorspeise etwas wahrhaft Köstliches. Wenn dazu auch noch ein Glas guter Pinotage gereicht wird, ist der Start in ein südafrikanisches Menü perfekt. Meist geht es schlichter zu, und auf den Rost kommen nur ein paar Würste. Jedoch gegrillt wird in Südafrika überall: im Garten, im Hinterhof, im Kricket-Stadion und auf der Straße. Vor allem die schwarze Bevölkerung liebt Gerichte mit Geflügelfleisch. Dabei muss es sich nicht unbedingt nur um das alltägliche Haushuhn handeln. Das gesunde, weil fettarme Fleisch vom Strauß ist genauso populär wie das Perlhuhn.

Exotik am Spieß

Für die schwarze Bevölkerung auf dem Land und in den Townships war und ist Fleisch meist zu teuer. So kommt es nur an bestimmten Fest- und Feiertagen auf den Tisch, wenn überhaupt. Im Alltag finden sich bisweilen Hühnerfüße auf dem Teller, die auch etwas

Geschmack in die Suppen bringen. Generell spielt Fleisch in der Ernährung der Schwarzen keine besonders große Rolle. Sie ziehen, auch aus Kostengründen, Gemüse- und Maisbreigerichte vor. Tiere haben bei ihnen aber auch einen anderen Stellenwert als bei uns. Zum Beispiel werden Rinder nur selten geschlachtet. Sie können verkauft werden; deshalb besteht in der Zucht ihr Wert. Je mehr Rinder zum Beispiel eine schwarze Familie auf dem Land besitzt, umso größer ist ihr Reichtum. Allein die nomadisierenden Völker, von denen es heute nur noch wenige gibt, folgten den Antilopen, um sie zu schlachten.

Im Township ist Fleisch selten

Fisch ist erst seit ein paar Jahren populärer geworden – erstaunlich eigentlich für ein Land, das so viel Küste aufzuweisen hat. Außer an den Küstenorten war er früher nirgends

Info   Südafrikanische Spezialitäten

Atjar: Eine mit reichlich Fruchtstücken angereicherte Sauce. Ähnlich wie die ebenfalls in Südafrika beliebte Sauce *Blatjang* ist sie reichlich mit Chili, Ingwer und Knoblauch gewürzt. Dies verleiht ihr die exotische, malaiisch-indonesische Note. Sie wird zu Hackfleisch und anderen Fleischgerichten serviert.

Bobotie: Aus der malaiischen Küche stammt dieses sehr wohlschmeckende Hackfleischgericht. Hierbei wird das gut gewürzte und mit Mango-Chutney verfeinerte Fleisch mit einer Milch-Ei-Kruste überbacken und auf mit Gelbwurzel gewürztem Reis gereicht. Wenn ein Gericht gesucht wird, das für sich in Anspruch nehmen kann, am typischsten südafrikanisch zu sein, dann ist es dieses. Es wurde von den Niederländern aus ihrer Kolonie in Indonesien am Kap eingeführt.

Butternut: Eine Melone, die zum Verzehr gekocht wird. Eine köstliche Vorspeise, die ein wenig an eine etwas süßliche, dicke Kürbissuppe erinnert. Fein mit Zimt abgeschmeckt, ist sie eine Delikatesse.

Biltong: Mit Essig, Salz, Koriander und Pfeffer gewürztes, luftgetrocknetes Fleisch vom Rind, Geflügel oder Wild. Es wird in Streifen geschnitten und kann, wenn es gut durchgetrocknet ist, bis zu zwei Jahre aufbewahrt werden.

Boerwors: Die afrikaanse Bauernwurst darf bei keinem *Braai* (Barbecue) fehlen. Meist ist sie zu einer großen Schnecke aufgerollt. Es handelt sich um eine grobe Bratwurst aus Rind- und Schweinefleisch, die mit Thymian, Koriander, Muskat, Petersilie, Worcestersoße kräftig gewürzt wird.

Crayfish: Eine Langustenart aus dem Indischen Ozean und aus dem Atlantik. Schmeckt gegrillt, gekocht und gebraten.

Chakalaka: Beliebt in allen Townships des Landes ist *Chakalaka*. Tomaten, Karotten, Paprika, Chili, gebackene Bohnen und Kohl werden zu einem Gemüse-Relish verarbeitet. Eine Mischung an Gewürzen aus Knoblauch, Pfeffer, Curry, Ingwer und Koriander gibt ihm eine feurige Note. Als Dip oder Sauce ist es sehr beliebt. So bekommt der ansonsten sehr neutrale Maisbrei etwas Geschmack. Chakalaka kann aber auch zu Brot gegessen oder als Grillsauce gereicht werden. Bei zuviel Schärfe hilft *Amasi*, eine saure Dickmilch oder auch ein paar Löffel Kokosmilch. Übrigens: Trinken Sie niemals Wasser nach zu scharfen Chiligerichten, sondern bekämpfen Sie die Schärfe mit Kokosmilch oder Kokosflocken im Essen!

sonderlich beliebt. Mit dem aufkommenden Tourismus hat sich das nun geändert. Wie überall auf der Welt, wo Ausländer die Küstenregionen bereisen, wollen diese dort Fisch essen. So haben sich die Küchenchefs am Atlantik wie auch am Indischen Ozean inzwischen darauf eingestellt und setzen vermehrt Fischgerichte auf die Speisekarte. Dank guter Verkehrsverbindungen ist es heute selbst in zentral gelegenen Teilen Südafrikas möglich, Fischgerichte von hoher Qualität serviert zu bekommen. Am Meer, wenn der Snoek an der Küste Südafrikas vorbeizieht und somit Saison hat, ist es fast schon ein Sport geworden, mit Booten zum Fang hinauszufahren und den frischen Fisch am Abend bei einem Fisch-*Braai* zu grillen.

Fischgerichte für Touristen

info

Kingklip: Die bekannteste südafrikanische Fischart. Sie hat ein festes Fleisch, wodurch sie sich ideal zum Grillen und Braten eignet.

Koeksisters: Der Name bedeutet nicht etwa »kochende Schwestern«, wie viele meinen, sondern leitet sich vom Afrikaansen für *koek* (Kuchen) und *sissen* (fritieren) ab. So erklärt sich auch, um was es sich bei dieser klebrig-süßen Kalorienbombe handelt, nämlich um ein zu einem Zopf geflochtenes, frittiertes Gebäck, das von einem süßen Sirup durchzogen ist.

Melktart: Ein Dessert, das aus einem flachen Kuchenboden aus Blätter- oder Mürbeteig besteht und mit Milchpudding gefüllt ist. Köstlich mit frischen Erdbeeren und Sahne.

Millipap oder Ugali: Ein Porridge aus Mais kommt dem eigentlichen *Millipap* am nächsten. Wasser, etwas Salz und Maismehl werden dazu aufgekocht. Fest gekocht zu einer Art Polenta ist es die Beilage der schwarzen Küche schlechthin. Egal, ob zu Gemüse, einfach nur mit einer Tomatensauce oder mit Fleisch, dieser an sich fade »Brei« gehört in der schwarzen Küche einfach dazu.

Perlemon: Eine Seeschnecke, die auch in der südafrikanischen Gastronomie eine besondere Spezialität darstellt. Ihr hoher Eiweißgehalt macht sie vor allem in Asien beliebt, denn man sagt ihr noch eine höher aphrodisierende Wirkung nach als den Austern.

Potjiekos: Neben *Bobotie* und *Boerwors* ein weiteres Nationalgericht. Es stammt von den Buren, die diesen mächtigen Fleischeintopf in einem dreifüßigen Guss-Topf zubereiteten. In Schichten werden dazu in mehreren Stunden Gemüse und Fleisch gegart. Dabei steht der Topf direkt im offenen Feuer.

Tomato Bredie: Das ist die burisch-afrikaanse Variante des *Chakalaka*. Tomaten gewürzt mit Zimt, Kardamom, Ingwer und Nelken garen ganz langsam zusammen mit in Stücke geschnittenem Schafsfleisch. Im Englischen würde man es als ein »Stew« bezeichnen, allerdings als ein Stew der exotischen Art.

Vetkoek: Zum Frühstück oder am Nachmittag, zum Kaffee oder Tee, stets sind diese kleinen, im Fett ausgebackenen Teigbällchen beliebt. Gefüllt mit Marmelade entsprechen sie den deutschen »Berlinern«.

Waterblommetjies: Ein Gemüse, das aus den Blüten von Wasserlilien besteht. Nach der mühsamen Reinigung des Gemüses kann aus ihm eine besonders delikate Suppe gekocht werden, zu der Lammfleischstücke gut passen.

Traumstädte und Schattenseiten (I)

Johannesburg um 1900, Darstellung aus einem Buch von 1902 über den Burenkrieg

Johannesburg – die Stadt des Goldes

Die Glücksritter kommen

Johannesburg verdankt seine Entstehung dem Goldrausch. In freier Abwandlung des gängigen Spruches kann man jedoch getrost behaupten:»Nicht alles, was mit Gold zu tun hat, glänzt«. Durch Zufall war der australische Goldsucher George Harrison 1886 am Fuße der Witwatersrand-Berge fündig geworden. Noch im gleichen Jahr kamen 2.500 Siedler, um sich ihre Claims abzustecken: Glücksritter allesamt. Der»Platz des Goldes« war ihr Ziel –»eGgoli« heißt Johannesburg in der Sprache der Zulu. Ohne das Gold hätte sich allerdings auch kaum jemand auf die trockene Hochfläche (1.700 Meter über dem Meeresspiegel) hinauf getraut. Annehmlichkeiten bot die ursprüngliche Zeltstadt kaum. Ein Leben wie im Wilden Westen der USA, so muss man sich diese Anfangsjahre vorstellen: Saloons, Pferdestationen, Abenteurer, schlitzohrige Geschäftemacher und leichte Mädchen prägten die Szenerie. Der Alkohol floss in rauen Mengen. Mit Argwohn beobachteten die nur wenige Kilometer entfernt in Pretoria lebenden Buren, streng gläubige Calvinisten, das lasterhafte Treiben vor ihrer beschaulichen Stadt.

Am Anfang eine Zeltstadt

Ein Name musste her, um die junge Siedlung an den Goldminen kartografisch zu verorten. Spontan entschieden zwei Vermessungsbeamte, die von ihrer Regierung am Kap in den Norden entsandt worden waren, um Besitzgrenzen abzustecken, sich einfach nach sich selbst zu benennen. Johann Rissik und Christian Johannes Joubert nahmen den ihnen gemeinsamen Vornamen und –»Johannesburg« war von nun an in aller Munde. Der Reichtum unter der Erde wurde zum Schicksal der Stadt und der ganzen Region. Er hatte Begehrlichkeiten geweckt, die letztendlich zwischen 1899 und 1902 zum Burenkrieg führten, einem Krieg um Macht und Gold (vgl. Seite 44).

Der Sieg der Briten und die Schaffung der Südafrikanischen Union 1910 schufen die Grundlage für den erfolgreichen Bergbau in Johannesburg. Es war die Stunde der »Randlords«. Finanzkräftige Unternehmer, die bereits mit den Diamantenminen im Süden zu Reichtum gekommen waren, zog es nun auch in den Norden. Leider auf Kosten der schwarzen Bevölkerung. Die Schwarzen mussten die schwere Arbeit unter Tage bewältigen und wurden ausgenutzt. Zu Hungerlöhnen verdingten sie sich als Grubenarbeiter und zogen am Ende ihrer Schicht in riesige Barackensiedlungen am Rande der Stadt. Von diesen Townships sollte Soweto später Berühmtheit erlangen – im Kampf gegen die Apartheid.

Die Stunde der »Randlords«

Jo'burg wechselt sein Gesicht

Erst litten die Schwarzen, dann die Stadt. Ansehen und Ruf von Johannesburg haben seit dem Ende der Apartheid einen dramatischen Wandel vollzogen. Die geschäftige Stadt von einst wurde durch eine ausufernde Kriminalität in ihrem Kern erschüttert. Noch bis in die 1980er-Jahre hinein lag in der kompakten und überschaubaren City von Johannesburg das wichtigste Finanzzentrum des südlichen Afrika mit Sitz zahlreicher Bankhäuser und der Börse. Auch internationale Firmen, die trotz des wirtschaftlichen Boykotts Repräsentanzen unterhielten, schätzten die Innenstadtlage der pulsierenden Metropole. Zahlreiche

Kriminalität

Hochhäuser mit Büros hatten eine beachtenswerte Skyline entstehen lassen. In den Mittagspausen flanierten gut verdienende Büroangestellte durch die Kaufhäuser, besuchten eines der zahlreichen Straßencafés oder gingen zum After-Work-Drink in die Aussichts-Bar des mondänen Carlton Hotels. Von alledem sieht der Besucher heute nichts mehr. An Flanieren ist nicht zu denken, und das einst von Geschäftsreisenden so geschätzte Carlton Hotel hat seine Pforten längst geschlossen. Eine Wiedereröffnung wird zwar immer wieder diskutiert, allein es fehlt ein Finanzier mit Vertrauen in die Zukunft. Für einen großen Teil der weißen und schwarzen Mittelschicht ist die City zu einem No-Go-Gebiet geworden.

Verslumung Von der ursprünglichen Wohnbevölkerung im Zentrum sind nur noch alte Menschen geblieben. Meist sind es Rentner mit geringen Bezügen, die in ihren Eigentumswohnungen bleiben und die Beschwernisse eines Umzugs nicht mehr auf sich nehmen wollen. Auch wenn Freunde und Bekannte längst weggezogen sind, sie halten an ihrem Wohnsitz fest und verrammeln lieber ihre Türen. Mehrere Sicherheitsschlösser übereinander sind Normalität. Der tägliche Einkauf ist mit ständiger Angst vor einem Überfall verbunden. In der Nachbarschaft herrscht totale Anonymität. Den Appartementhäusern in der City droht die Verslumung. Denn weggezogen sind auch Banken, Firmen und Dienstleister. Die Gebäude stehen vielfach leer. Nur wenige kleine Handwerksbetriebe konnten sich halten.

Sogar die Börse wandert ab Als letztes wanderte die Börse ab, die ehedem so berühmte »Johannesburg Stock Exchange«, und zwar in einen der nur wenig entfernten, neu entstandenen beziehungsweise ausgebauten Vororte. Diese waren schon früher von den Wohlhabenden als Wohngegenden im Grünen außerhalb der Stadt entdeckt worden. Nun sind sie die neuen Standorte

Die City zu Beginn des 21. Jahrhunderts

für großzügig angelegte Gewerbegebiete. Als hätte ein Stadtplaner das Herz einer Stadt verpflanzt, ist die komplette Geschäftswelt samt Kongresszentrum nun im Stadtteil Sandton zu finden. Nicht mehr in der City von Johannesburg. In Sandton ist alles sauber, klimatisiert, bewacht. Es triumphiert der Baustil der Neo-Toskanischen-Renaissance. Den noch etwas sterilen Charme werden diese neuen Stadtviertel sicher erst dann verlieren, wenn alle neu gepflanzten Bäume gewachsen sind, und die farbenprächtigen Vorgärten ihre Blütenpracht entfalten.

Als Grund für die Verlagerung von Unternehmen an die Peripherie wird die seit Anfang der 1990er-Jahre stetig steigende Kriminalitätsrate im Stadtzentrum angegeben. Es hat noch nicht einmal ein Jahrzehnt gedauert, schon war die dramatische Veränderung in der Innenstadt vollzogen. Dass es so schnell dazu kam, war vor allem ein Versäumnis der staatlichen Stellen. Sie hätten rechtzeitig auf die sich abzeichnenden Vorgänge in der Stadt reagieren müssen. Während der Apartheid war Johannesburg wie alle südafrikanischen Städte per Gesetz eine »No-Black-Area«. Wer von den Weißen Geld hatte, wohnte aber auch schon zu damaligen Zeiten in den noblen Vororten im Norden der Stadt.

Für die Schwarzen änderte sich nach der ersten demokratischen Wahl (1994) alles schlagartig. Auf einmal war die Innenstadt allen Bevölkerungsschichten zugänglich. Gleichzeitig zog sich die Polizei aus der Stadt zurück. Ohne Kontrolle aber bekamen Kriminelle und Diebesbanden die Oberhand. Die Armut großer Teile der Schwarzen als Folge der Apartheid hatte der Kriminalität den Nährboden bereitet. Die Armut ließ manch einem keine andere Wahl, als sich durch Überfälle und Raub den Lebensunterhalt zu sichern. Hinzu kommt, dass es in Südafrika generell nicht schwer ist, an Waffen zu kommen. *Die Polizei gibt auf*

Ein Klima unterschwelliger Unsicherheit herrscht vielerorts

Außerdem sind Gewalttaten nichts Außergewöhnliches. Die Hemmschwelle, sich selbst zu seinem Recht zu verhelfen, liegt auffällig niedrig: Auch dieses ist ein Resultat der langen schrecklichen Vergangenheit des Landes. Nachdem die Johannesburger Polizei sich also überfordert sah, sollten private Sicherheitstrupps Schutz leisten; doch auch deren Hilfe blieb nur bedingt erfolgreich. In der Stadt herrschten längst mafiöse Verhältnisse. Nachts zogen Banden durch die menschenleeren Häuserschluchten. Der bevölkerungsreichste Stadtteil Hillbrow war besonders betroffen. Die Verbrechensrate stieg stetig an.

Magnet für Arbeitsuchende

Trotz der hohen Kriminalität wirkt der Großraum Johannesburg immer noch wie ein Magnet. Die Stadt im engeren Sinne zählt mit einer Einwohnerzahl von zwei Millionen zur größten in Südafrika (mit dem Stadtteil Soweto sind es fast fünf Millionen). Werden die Bewohner der Townships zwischen Johannesburg und Pretoria noch mit einbezogen, leben allein in diesem verstädterten Gebiet über zehn Millionen Menschen – ein Viertel der Gesamtbevölkerung des Landes. Aus dem ländlichen Raum strömen täglich Arbeitsuchende in der Hoffnung auf einen Job in die Stadtrandgebiete. Aus den benachbarten Ländern kommen Flüchtlinge. Sie alle stranden ohne große Aussichten in den Townships. Konflikte sind da vorprogrammiert. Die Konkurrenz um die hart umkämpften, wenigen Aushilfsjobs gepaart mit der feindlichen Gesinnung vieler schwarzer Südafrikaner gegenüber schwarzen Ausländern führte beispielsweise Anfang 2008 zu kurzzeitigen blutigen Auseinandersetzungen. Diese blieben zwar auf die kleinen Gebiete in den Townships beschränkt, schadeten aber einmal mehr Südafrikas Image.

Gimme hope Jo'anna

Die gefährlichste Stadt der Welt?

In einigen Reiseführern wurde noch vor wenigen Jahren als besonders wichtig angemerkt, dass es einen Aufenthalt in Johannesburg »zu überleben« gelte. Kaum jemand fährt auch heute in diese Stadt, ohne sich bewusst zu sein, dass er die gefährlichste Stadt der Welt besucht. Es werden mehr Menschen ermordet, als bei Verkehrsunfällen ums Leben kommen. Die südafrikanische Metropole scheint sich in diesem Punkt einen Wettstreit mit Rio de Janeiro zu liefern.

Während der Vorbereitungen zu der Fußballweltmeisterschaft 2010 wurde der schlechte Ruf der Stadt mehr als ausführlich diskutiert. Es hätte nicht viel gefehlt und die gesamte Sportveranstaltung wäre an eine andere Ausrichternation vergeben worden. Die Befürchtungen um die Sicherheit der Sporttouristen vor allem in Johannesburg und dem angrenzenden Township Soweto waren groß. Doch die Sportfunktionäre konnten beschwichtigt werden. Von offizieller südafrikanischer Stelle sicherte man zu, für Sicherheit in Johannesburg und an allen anderen Austragungsorten zu sorgen. Tatsächlich wurde in letzter Zeit einiges unternommen, um die Alltagskriminalität in den Städten unter Kontrolle zu bekommen. Vor allem setzt die Stadtverwaltung in Johannesburg dabei auf Überwachung durch staatliche sowie private Dienste. An zahlreichen öffentlichen Plätzen, Banken, Geschäften und Bankautomaten sind neuerdings Kameras installiert. Daneben wurde auch die Zahl der Polizisten im Streifendienst erhöht, und in der Innenstadt sind nun öfters auch Polizisten zu Pferd im Einsatz. Präsenz zeigen und abschrecken heißt die Devise.

»Gimme hope Jo'anna« – Eddy Grant's Song, der wie eine Hymne das Ende der Apartheid heraufbeschworen hatte, sollte auch für die Zukunft ein Song der Hoffnung für Johannesburg sein. Diese ist begründet, denn erste Erfolge einer Besserung stellen sich *Verän-* ein. Die Zahlen der Überfälle, Entführungen und des Carjackings – den Fahrern werden *derungen* an Ampeln und Hauseinfahrten die Autos abgenommen – sind rückläufig. Unterstützt durch den wirtschaftlichen Aufschwung der vergangenen Jahre zeigen sich Ansätze einer positiven Entwicklung. In Johannesburg wird restauriert und renoviert, sodass auch das Gesicht der Stadt seit dem Ende der 1990er-Jahre eine Kosmetik erfährt. Einzelne Häuserblocks werden saniert, Parks neu gestaltet und Museen eingerichtet. Die ersten, die diese Veränderung für sich nutzen, sind Künstler. Maler, Musiker und Theaterschaffende entdecken die Stadt wieder für sich und bauen eine neue lebendige Kulturszene auf. Positive Signale, die die Hoffnung zulassen, dass tatsächlich irgendwann wieder ein normaler Alltag in die City von Johannesburg zurückkehren wird. Bis es soweit ist, werden insbesondere Ortsfremden einige Verhaltensregeln abverlangt, wenn sie die Stadt ohne Probleme besuchen wollen.

Als Reisegast in Jo'burg

Aus touristischer Sicht ist Johannesburg sicherlich nicht die attraktivste Stadt Südafrikas. *Allenfalls ein* Die meisten Reisenden legen hier allenfalls einen Zwischenstopp nach dem Anflug aus *Zwischen-* dem Ausland ein. Entweder steigen sie sofort um in einen Inlandsflug, buchen einen *stopp* Mietwagen in den Kruger National Park oder treffen einen Geschäftspartner in der Umgebung. Wer aus beruflichen Gründen nach Johannesburg kommt, meidet inzwischen die Innenstadt gänzlich. Da die wichtigsten Hotelketten genauso wie die Unternehmen ihren Standort außerhalb gewählt haben, finden nur wenige Geschäftstermine in der Stadt selbst statt. Und so erklärt sich auch der etwas seltsame Umstand, dass der erste Plan zur Errichtung einer neuen U-Bahn-Strecke vom Flughafen keinen Halt in der Innenstadt von Johannesburg vorsah. Die U-Bahn sollte gleich nach Sandton durchfahren. Eine weitere Kapitulation vor der Kriminalität.

Wer trotz alledem auf eine Besichtigungstour in die Stadt gehen will, sollte diese entweder organisiert über einen Veranstalter buchen oder sich zu den einzelnen Besich-

Tipps zur Sicherheit für Selbstfahrer in der Stadt   **info**

▶ Auch wenn die Temperaturen hoch sind, die Fenster geschlossen halten!

▶ Die Türen des PKW von innen verriegeln!

▶ Wertsachen im nichteinsehbaren Kofferraum verwahren!

▶ An Ampeln und Rastplätzen auf verdächtige Personen achten!

▶ Bei Hauseinfahrten am Tor auf verdächtige Personen achten!

▶ Zeigt jemand vom Straßenrand an, dass er Hilfe benötigt, lieber eine Notrufnummer anrufen, als selbst zu helfen. Polizei (10111), Krankenwagen (10177), Notfall-Zentrum Jo'burg Connect (011 3755911).

▶ Keine Gegenwehr leisten, sollte es zu einem bewaffneten Überfall kommen!

▶ Geben Sie lieber das Fahrzeug auf und überlassen Sie freiwillig auch andere Wertgegenstände!

tigungspunkten mit einem Taxi fahren lassen. Ein Geschäftsbummel findet in Johannesburg auch eher mit dem Auto statt. Einkäufer fahren in eine der Malls, die sich nach amerikanischem Vorbild am Rande der Stadt und der Vorstädte befinden. Shoppen in der City ist derzeit kaum noch möglich. Modern, großzügig, mit Geschäften, die alle internationalen Marken führen, sind die »Rosebank Mall« in Rosebank und »Sandton City« in Sandton. Rund um den dortigen Nelson Mandela Square trifft sich am Wochenende die neue, junge weiße und schwarze Oberschicht in den luxuriösen Boutiquen oder zu einem gut gekühlten Chardonnay auf der Terrasse eines der zahlreichen Restaurants und Bistros. Hier wird jede Bewegung von Kameras überwacht und in der Nähe von Banken

Themenpark Gold Reef City

sind private, zum Teil schwer bewaffnete Sicherheitsleute im Einsatz.

Wie Johannesburg vor gut hundert Jahren aussah, erlebt man aufs Anschaulichste im Südwesten der Stadt. Der Themenpark Gold Reef City bietet die im viktorianischen Stil gehaltene Kulisse rund um einen stillgelegten Minenschacht, in den Abenteuerlustige hinunterfahren können. Lehrer der örtlichen Schulen nutzen oft die Gelegenheit, ihren Schülern so die Vergangenheit ihrer Stadt nahezubringen. Das Unwohlsein bei der Enge und Dunkelheit während der Fahrt mit dem Fahrstuhl in die Tiefe überbrücken die Schüler mit lautstarkem Gesang. Ein wenig spürt hier jeder am eigenen Leib, unter welch widrigen Verhältnissen die Minenarbeiter früher ihre schwere Arbeit verrichten mussten. Wieder über Tage lockt ein weiteres Happening: Es

Diamond Building, Downtown Johannesburg

wird das Gießen von Goldbarren vorgeführt.

Häufig treten auf dem Gelände von Gold Reef City Tanzgruppen auf, die den so genannten Gummischuhtanz (Gumboot Dance) zeigen. Früher wurden die Minenarbeiter an den Füßen angekettet, um nicht in den dunklen Schächten in die Tiefe zu stürzen oder bei Stollenarbeiten abzurutschen – so eine Erklärungsversion über den Ursprung des Tanzes. Sie hatten kaum Bewegungsfreiheit unter Tage und trotzdem den unbändigen Drang, sich auszudrücken und abzureagieren: Mit kurzen Schritten tanzten sie deshalb auf engstem Raum zu ihrem eigenen Gesang sozusagen auf der Stelle, wobei die Ketten rhythmisch rasselten. Ein eigener Tanzstil war geboren. Eine ganz besondere Bedeutung erhielt der »Isicathulo« zur Zeit der Apartheid. Durch rhythmisches Klopfen mit den Händen auf die Arbeitsstiefel und mit bestimmten Stampfgeräuschen entwickelten die Minenarbeiter eine Art akustischer Kommunikation. So konnten sie sich untereinander verständigen – trotz des unter Tage herrschenden Sprechverbots.

Don't miss it – Sehenswürdigkeiten von Johannesburg   **info**

▸ **Diamond Building:** Mit einer Fassade, die an die Facetten eines geschliffenen Diamanten erinnern, schuf der deutsche Architekt Helmut Jahn (*1940) eines der bemerkenswertesten Bauwerke der Stadt. Umgeben von meist indischen Händlern in einstöckigen Läden und buntem Angebot besticht der große »Glasdiamant« vor allem durch seine extravagante Form.

▸ **Museum Africa (121 Bree Street):** Die Geschichte Südafrikas und die Menschheitsgeschichte von der Frühzeit bis zur Gegenwart dokumentiert dieses hervorragende und überschaubare Museum in einem alten Marktgebäude in der City. Eine kleine Abteilung umfasst Ausstellungen zur Stadtgeschichte und dem Leben in Soweto.

▸ **Das Market Theatre** befindet sich im gleichen Gebäude. Es lohnt sich, den jeweils aktuellen Spielplan der drei Bühnen (unter anderem Musical) oder den des Jazzkellers »Kippie's« zu studieren und abends mit einem Taxi hinzufahren.

▸ **Johannesburg Art Gallery (Joubert Park):** Neben Werken von Picasso, van Gogh, Henry Moore und Auguste Rodin sind auch zahlreiche moderne südafrikanische Künstler vertreten.

▸ **Botanical Garden (Thomas Bowler Street):** Einer der größten Rosengärten der Welt und zahlreiche Themengärten unter anderem zu Gewürzen oder Medizin bieten die Möglichkeit, in Ruhe Abstand von der Stadt zu gewinnen.

Nelson Mandela Square, Sandton, Johannesburg

▸ **Apartheid Museum (Nothern Parkway/Gold Reef Road):** Eindrucksvolles Museum – sowohl in der kühlen Architektur als auch durch die Ausstellung selbst wird die dunkle Zeit der Apartheid aufgezeigt (vgl. auch Seite 59).

▸ **The Train (Old Pretoria Road, Midrand):** Auf halbem Weg von Johannesburg nach Pretoria ist das Restaurant »The Train« etwas Besonderes. In ausrangierten Eisenbahnwaggons werden südafrikanische Spezialitäten serviert. Wer mag, kann sich hier auch Elefantenfleisch, Flusspferd, Krokodil und andere exotische Dinge auftischen lassen.

Während Gold Reef City ein Vergnügungspark mit Restaurants, Geschäften und Show ist, können Interessenten über die »Chamber of Mines« einen authentischen Besuch in einer noch tätigen Goldmine buchen. Der Ganztagsausflug (nur für Erwachsene) mit einem Bus in eine außerhalb Johannesburgs gelegene Mine – in Johannesburg selbst findet kein Goldabbau mehr statt – und die anschließende Einfahrt in bis zu tausend Meter Tiefe ist ein weltweit einzigartiges Erlebnis. Nirgendwo sonst ist es möglich, so nah an einen aktiven Goldabbau in einer Mine heranzukommen. Hämmernde Geräusche, die Wärme unter Tage und die Möglichkeit, den Bergleuten über die Schulter zu schauen – dies alles ist sehr eindrucksvoll.

Sun City – das Las Vegas Südafrikas

Im krassen Gegensatz dazu steht die Glitzerwelt von »Sun City«, dem Las Vegas Südafrikas. Ähnlich wie im Bundesstaat Nevada in den USA war im Homeland Bophuthatswana bereits während der Apartheidzeit das Glücksspiel erlaubt; anders als im übrigen Land. Rund 175 Kilometer von Johannesburg entfernt entstand daher in der Nähe vom Pilanesberg National Park die Kunststadt Sun City. Purer Luxus, den vor allem das Hotel »Palace of the Lost City« widerspiegelt. Nach dem Motto »Afrika trifft auf den Orient« ist dies ein Fünf-Sterne-Tempel mit Tendenz nach oben. Extravagant ist schon allein das Entrée zwischen wuchtigen Elefantenstatuen. Leicht dekadent, aber äußerst unterhaltsam und vor allem in malariafreier Umgebung kommt alles andere daher. Am nächsten Morgen geht es dann per Jeepsafari durch den Pilanesberg National Park auf Löwenpirsch. Wohl dem, der sich das leisten kann und solche Kontrastprogramme aushält.

Gumboot Dancer

Soweto – Good, Bad and Ugly

Der Name dieses größten Townships Südafrikas steht für Armut, Gewalt, ein Leben am Rande der Gesellschaft und für ein erschütterndes historisches Ereignis – den Schüleraufstand vom 16. Juni 1976. Es fällt schwer, diesen fast 130 Quadratkilometer großen und zum Verwaltungsbezirk von Johannesburg zählenden Stadtteil, gebildet aus mehreren kleinen Stadtvierteln (insgesamt 29), ohne Vorurteile zu besuchen. Da genauere Zahlen fehlen und auch täglich immer neue Zuwanderer aus den Nachbarländern und aus den ländlichen Regionen Südafrikas nach Soweto kommen, schwanken die Angaben über die Zahl der Bewohner zwischen drei und vier Millionen. Der Name selbst ist eine Abkürzung und steht für **So**uth **We**stern **T**ownship.

Egal, ob vom Reisebüro oder vom Auswärtigen Amt, stets wird empfohlen, nur in örtlicher Begleitung – am besten mit Vertretern einer auf Touren nach Soweto spezialisierten Agentur, wie beispielsweise »Jimmy's Face to Face« – in den Südwesten Johannesburgs zu fahren. Auch wenn es in den letzten Jahren etwas

Vorsicht ist geboten!

entspannter geworden ist, die Gefahr von Überfällen auf Reisende ist groß, die mit Privatwagen zu einer Exkursion aufbrechen. Mit einem örtlichen Veranstalter, der Besucher vom Hotel abholt, kann man aber ganz beruhigt einen Blick auf Soweto werfen. Das Interesse, Soweto zu sehen, ist kein Sozialvoyeurismus, bei dem gut verdienende Touristen »Arme-Leute-Gucken« fahren. Es ist eine Chance, sich vor Ort über die Situation

Großvaterstolz, Soweto

zu informieren und sich eine eigene Meinung zu bilden. Dies bleibt sicher nur ein vorsichtiges Herantasten an die Realität, hilft aber, die Gesamtsituation Südafrikas besser zu verstehen. Allerdings gilt: Nicht mit Schmuck protzen! Nicht auf alles und jeden die Kamera richten – auch nicht mit Zoom!

Schon längst ist Soweto nicht mehr der übelste Slum des Landes, als der es lange galt. In den letzten Jahren wurden viele Anstrengungen unternommen, Wahlversprechen einzulösen. So steckte die ANC-Regierung Staatsgelder in den Bau von Häusern, ließ Straßen bauen und Grünanlagen entstehen. Viele der legendären roten Sandwege mit ihren Schlaglöchern gehören seitdem der Vergangenheit an. Vor allem aber hat Soweto sein Gesicht durch den Ausbau von Sportstätten verändert. Im Vorfeld der Fußballweltmeisterschaft in Südafrika wurde schon frühzeitig die Idee aufgegriffen, das Eröffnungs- und Endspiel in dem umgestalteten Stadion in Soweto stattfinden zu lassen. Die vielen zu erwartenden Touristen und Medienvertreter sollten während dieser Zeit ein aufgeräumtes Soweto vorfinden. Heruntergekommene Hüttenviertel findet man daher nur noch selten. Sie wurden abgerissen und durch mehrräumige Häuser mit Küche und Innentoilette ersetzt. Ein wenig Kosmetik, aber auch der verzweifelte Versuch, Soweto zu einem menschenwürdigen Wohngebiet für alle dort Lebenden zu machen.

Soweto wird aufgeräumt

Mit den »Mandela-Häusern« der Nachapartheidzeit folgte die Stadtplanung den Initiativen der 1950er- und 1960er-Jahre, als bereits »Match Box Houses« (Streichholzschachtel-Häuser) mit vier Räumen für acht Personen oder die so genannten Elefantenhäuser aus Beton gebaut wurden. Wie überall in den urbanen Siedlungen verlagert sich auch in Soweto die bitterste Armut in die Elendsquartiere an den Rand der Stadt. Hier befinden

Township-Innenwelten

sich die »Squatter Camps«, auch »Shanty Towns« genannt, mit Verschlägen aus Wellblech, Pappe und einfachen Hölzern. Bewohnt werden sie von allein erziehenden Frauen, meist Großmüttern, die mit ihrer kargen Mindestrente von umgerechnet maximal knapp dreißig Euro im Monat ihre Kinder und Enkel versorgen. Haushaltsgrößen mit bis zu zehn Personen auf engstem Raum sind keine Seltenheit. Ebenso finden in diesen Hüttenvierteln zugereiste schwarze Arbeitsuchende aus den Nachbarstaaten erste Aufnahme und dann meist auch einen ständigen Wohnsitz.

Wo es sich hingegen auch in Soweto gut leben lässt, liegen die Plätze derjenigen, die Geld, Einfluss, Macht und Ansehen haben. Es gibt wohl auf der Welt keine weitere Straße, in der zwei Friedensnobelpreisträger wohnten. In der Vilakazi Street im Ortsteil Orlando West stehen die Häuser von Desmond Tutu und Nelson Mandela. Während der anglikanische Bischof Tutu nach seinen Vortragsreisen im In- und Ausland noch oft hier lebt, ist das alte Haus von Mandela zu einem nationalen Denkmal mit Museum geworden. Unweit davon, auf einem Hügel in Diepkloof, von den Einheimischen »Beverly Hills« genannt, lebt seine geschiedene Frau. Winnie Mandela ließ sich hier eine von Kameras und Bodyguards bewachte Villa errichten. Fragt man die Leute in Soweto, warum Winnie trotz ihrer umstrittenen Vergangenheit immer

Winnie Mandela

wieder zur Vorsitzenden der Frauenliga des ANC gewählt wird, dann kommt als Antwort: »Wir sollen den Weißen vergeben, dann können wir Winnie erst recht verzeihen.« Die Beschuldigungen gegen Winnie Madikizela-Mandela beinhalteten Mord, Folterung, Entführung und Vergewaltigung. Allerdings nicht von ihr selbst begangen, sondern von ihren Bodyguards, für die sie allerdings die Verantwortung trug. Um eine schlagkräftige Truppe in Soweto zu haben, hatte Winnie den »Mandela United Football Club« gegründet und von dort ihre »Bodyguards« rekrutiert.

Neben den Heroen des politischen Kampfes gegen die Apartheid haben sich Geschäftsleute in prachtvollen Einfamilienhäusern niedergelassen, mit schickem Vorgarten und noblem Gefährt in der Garage. Sie sind oft durch Drogenhandel, aber auch auf legalem Wege reich geworden, wie etwa der Präsident der Orlando Pirates, dem beliebtesten Fußballclub von Soweto. Schwarze Millionäre, die ihren Reichtum gerne zeigen und mit der

Schwarze Millionäre

großen Masse von Sowetos armer Bevölkerung nichts mehr gemein haben. Ihre Häuser sind genauso mit Stacheldraht verbarrikadiert und von privatem Wachpersonal gesichert, wie die der Weißen in den weißen Vorstädten. Wie alle anderen Reichen in Südafrika müssen sie ihre Besitztümer in Soweto schützen. Ihre Kinder besuchen Privatschulen und sollen später im Ausland studieren. Sie gelten als die schwarzen Aufsteiger von Soweto, von ihren Landsleuten »Bees« genannt: Profiteure des Black Economic Empowerments (vgl. Seite 119).

In den überwiegend einfachen Häusern in Soweto mit nur zwei bis drei Räumen stehen keine Autos in den Garagen. Falls überhaupt eines vorhanden ist, parkt es auf der Straße. Die Garagen selbst sind an fremde, noch ärmere Familien zum Wohnen untervermietet oder werden als Verkaufsraum für einen kleinen Laden genutzt. Jeder versucht, auf irgendeine Weise Geld zu machen: Als Mechaniker für Autos am Straßenrand, als Friseur in einem durch Plastikplanen geschützten »Salon«, an einfachen Ständen mit dem Verkauf von Obst, Gemüse und Süßigkeiten oder als Wirt in einem Shebeen. In diesen über ganz Soweto verteilten kleinen Kneipen treffen sich die Männer meist Freitag nachmittags oder am Samstag, um ausgiebig zu trinken. Häufig sind Handgemenge und auch mit Messern ausgetragene Meinungsverschiedenheiten das Resultat. Alkohol- und Drogenexzesse führen leider immer wieder zu Streit zwischen rivalisierenden Gangs und unterschiedlichen Ethnien. Die Verletzten landen dann vielleicht im Chris Hani Baragwanath Hospital, dem größten Krankenhaus südlich des Äquators. Hier hat es Zeiten gegeben, da die Schwestern auf Rollschuhen durch die Gänge hetzten – das Verbandszeug im Rucksack – um Notfälle zu versorgen.

Alltag in Soweto

Auch wenn heute vieles in Soweto auf den ersten Blick aufgeräumt wirkt und inzwischen sogar ein Vier-Sterne-Hotel der Holiday-Inn-Kette in zentraler Lage eröffnet hat, darf dies nicht darüber hinwegtäuschen, dass die meisten der Bewohner von der Hand in den Mund leben. Die Arbeitslosenzahlen sind selbst für afrikanische Verhältnisse überdurchschnittlich hoch. Ähnliches gilt für die Anzahl an HIV-Infizierten. Dass jemand an

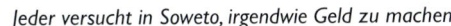

Jeder versucht in Soweto, irgendwie Geld zu machen

Info   Orte für Begegnungen in Soweto

▸ **Christina Ndhlebe:** Sie gilt als die »Mutter Theresa« von Soweto und betreibt in ihrem Haus in der Dhlamini Street (3668) im Ortsteil Orlando East ein Rehabilitationszentrum für Ex-Gefangene, ein Kinderprojekt und Seelsorge. Christina will dabei helfen, dass entlassene Häftlinge selbst angefertigte Waren in eigenen Kleinbetrieben produzieren und verkaufen.

▸ **Family Care Centre Othandweni** in der Roodepoort Road (739): Ein Zentrum mit fünf Waisenhäusern, in denen je zwölf Kinder unterschiedlichen Alters und eine Hausmutter zusammen leben. Meist Vollwaisen, aber auch Kinder, die von den eigenen Eltern nicht versorgt werden können. Einige der Älteren erlernen ein Handwerk, und werden so auf ein eigenständiges Leben vorbereitet.

▸ Das **Sakhumzi Restaurant** in der Vilakazi Street (6980) liegt gegenüber von Nelson Mandelass erstem Wohnsitz in Soweto und neben der Residenz von Erzbischof Desmond Tutu. Ein idealer Platz, um während der Soweto–Rundfahrt eine Pause einzulegen. Weitere typische Einkehrmöglichkeiten im Stile eines Shebeen wären in Pimville **Robby's Place** oder **Wandies** in Dube.

▸ **Ipelegeng Community Centre Jabauli** (Cnr. Khumalo & Phera Streets): Hier werden Programme zur Weiterbildung von so genannten Randgruppen durchgeführt. Frauen, Jugendliche und Körperbehinderte können sich zum Beispiel in der Töpferei ausbilden lassen. Die Töpferwaren stehen zum Verkauf.

▸ Das **YMCA Orlando East** in der Ratebe Street (6545) ist ein altes, aber sauberes YMCA, mit nahezu historischem Gymnastikraum (Nelson Mandela soll hier Boxen gelernt haben). In der Aula, dem Wohnbereich oder in den Computerklassen werden Gesprächsrunden über das neue Soweto, Vortragsveranstaltungen und Theateraufführungen angeboten.

Info   Sehenswürdigkeiten in Soweto

▸ **Vilakazi Street:** Die Straße der Nobelpreisträger. Hier steht das zum Museum umgestaltete ehemalige Wohnhaus von Nelson Mandela, in dem er mit seiner zweiten Frau Winnie lebte. Nur ein paar Häuser weiter steht das Haus des anglikanischen Bischofs Desmond Tutu, das nur von der Straße aus zu sehen ist.

▸ **Hector Pieterson Heritage Museum:** Eine Gedenkstätte mit Fotos und Ausstellungsgegenständen zur Erinnerung an den Schüleraufstand von 1976.

▸ **Regina Mundi:** Die katholische Kirche mit der schwarzen Madonna. Die »Königin von Soweto« war Zufluchtsort der Schwarzen bei Auseinandersetzungen mit der Polizei. Bei genauem Hinsehen sind noch zahlreiche Einschusslöcher von Polizeikugeln zu sehen. Pfarrer Mohlomi Makobane wurde 1998 weltweit berühmt, als er anlässlich des Besuches des damaligen US-Präsidenten Bill Clinton und seiner Gattin Hillary beiden die heilige Kommunion gewährte. Ausländische Katholiken regten sich darüber auf, dass ein Baptist und eine Methodistin diese Ehre erhielten. Der Pfarrer rechtfertigte sich damit, dass er dem mächtigsten Mann der Welt, der gewillt war gemeinsam mit ihm zu beten und die Eucharistie zu empfangen, dieses nicht hätte verweigern können

Aids stirbt, gehört zur Tagesordnung in Soweto. Niemand regt sich darüber noch ernsthaft auf.

Die Glücklichen, die Arbeit haben, finden diese in der Innenstadt von Johannesburg oder in den Haushalten der Weißen. Dorthin fahren sie jeden Tag mit »Taxen«, zumeist wenig gewartete Toyota-Mini-Busse mit Fahrern, die sich das Chauffieren offenbar selbst beigebracht haben. Da sie aber billig sind, bleiben sie wohl auch künftig das beliebteste Beförderungsmittel der Schwarzen. Es sei denn, es brechen neue Zeiten an.

Sowetos Taxifahrer und ihre Gewerkschaften reagierten mit Empörung, sogar Schüsse fielen, als im September 2009 die ersten großen Busse eingesetzt wurden. Sie sollen künftig vor allem Pendler von den Außenbezirken nach Downtown befördern. Auch der Flughafen benötigt eine Nahverkehrsanbindung an die Innenstadt. »Rea Vaya« (Wir fahren!) – unter diesem Motto will die Regierung auch in anderen südafrikanischen Städten den Aufbau und Ausbau eines neuen und sicheren öffentlichen Bussystems vorantreiben. Ein Vorhaben, das allerdings Unsummen von Geld verschlingt.

Minitaxis kontra Großbusse

Die große Hoffnung der Jugend liegt im Sport und in Soweto ballt sich das Fußballertalent. Diesen Eindruck kann man jedenfalls erhalten. Kleine Jungs und heranwachsende Jugendliche träumen vor allem von einer Kickerkarriere, von Ruhm und Reichtum. Für einzelne kann diese Hoffnung sogar Wirklichkeit werden, denn immer häufiger kommen Trainer, Manager und Funktionäre ausländischer Fußballclubs, um in Soweto talentierte Ballkünstler zu sichten und vielleicht ins Profilager zu holen. Hier wird noch der Straßenfußball gespielt, dem so mancher Altstar Europas seine eigene Karriere verdankt. Wir werden noch darauf zurückkommen.

Nachtschwärmerin aus Durban

Durban – Californian Feeling am Indischen Ozean

Im Großraum Johannesburg wird Geld verdient. In Kapstadt genießen die Bürger die »Leichtigkeit des Seins«. In Durban ist Wassersport angesagt. Alle Südafrikaner beneiden die Stadt am Indischen Ozean darum: Ganzjährig warme Wassertemperaturen, subtropisches Klima und angeblich dreihundert Sonnentage im Jahr. Schon früh am Morgen ziehen junge Surfer zum Strand, um zwischen den Piers auf ihren Brettern die richtige Welle abzuwarten. Aber auch Segelfans kommen auf ihre Kosten. Bilder wie aus dem Reiseprospekt:

Segelschickeria, Yachthafen von Durban

Junge Menschen, braungebrannt und selbstverliebt in den eigenen Körper fiebern dem Meer entgegen. Kein Wunder, dass in der südafrikanischen Hauptferienzeit, in den Wochen rund um Weihnachten, Durban von Urlaubern fast überrannt wird. Für den ungetrübten Bade- und Surf-Spaß wurden entlang der Küste Sicherheitsnetze gespannt. Denn im Meer lauert Gefahr: Die Küste von Durban ist die Heimat des weißen Hais. Vor möglichen Angriffen jedoch geschützt, herrscht Beach Life pur. Entlang der sechs Kilometer langen Strandpromenade, der »Golden Mile«, reihen sich Freizeitparks, Hotels und Restaurants aneinander. Abends locken Bars und Clubs die Nachtschwärmer an.

Tagsüber verkaufen Zulu-Frauen an ihren Ständen entlang der Golden Mile Perlenschmuck und andere Handarbeiten. Nicht weit entfernt warten bunt kostümierte Rikschafahrer auf ihre Kunden, die sie mitleidslos zur Kasse bitten. Nicht allein die Fahrt mit einer der etwa zwanzig registrierten Rikschas ist kostenpflichtig. Auch das Fotografieren eines Fahrers mit oder ohne seinem reichlich mit Perlen, Federn und anderen Dingen dekorierten Kopfschmuck und dem ebenso geschmückten Gefährt gibt es nicht umsonst. Wer trotzdem photographiert, womöglich ein Teleobjektiv einsetzt, muss mit einer aggressiven Anmache rechnen. Da zeigt sich wieder das heißblütige Zulu-Temperament. Mit vollem Einsatz kämpfen die Rikscha-Kutscher um ihren Verdienst.

No-Go-Gebiete

Farbenfroh und lebenslustig geht es an der Strandseite zu. Doch Durban wäre keine echte, südafrikanische Stadt, wenn die Gegensätze nicht auch hier wieder aufeinander prallen würden. Schon kurz hinter der Golden Mile, in den Straßen in Richtung Zentrum, hört die Leichtlebigkeit auf. Hier ist es nicht mehr bunt, sondern schmutzig und ärmlich. Überall liegt Müll herum. Es ist mit Überfällen zu rechnen. Niemand sollte sich nach Einbruch der Dunkelheit auf Wege abseits der belebten Straßen und Plätze wagen, weder allein noch in der Gruppe. Die Warnungen der Türsteher an den großen Hotels sind ernst zu nehmen. Verzichten Sie aber auch beim Strandspaziergang auf Wertsachen und teure Kameraausrüstungen!

Trotzdem ist Durban ein faszinierendes Pflaster – die bedeutendste Hafenstadt KwaZulu Natals. Mit knapp dreieinhalb Millionen Einwohnern ist sie nach Johannesburg und Kapstadt außerdem die drittgrößte Metropole Südafrikas und als solche an kultureller Vielschichtigkeit nicht zu überbieten. Neben der stärksten Bevölkerungsgruppe der Zulu (64 Prozent),

sind es vor allem die Inder (zwanzig
Prozent), die das Gesicht Durbans prägen. Daneben leben dort noch knapp
zehn Prozent Weiße, in der Mehrzahl
britischer Abstammung, und eine
Handvoll Coloureds (drei Prozent).
Obwohl die Inder nur ein Fünftel der
Bevölkerung ausmachen, begegnen
sie dem Besucher auf Schritt und Tritt.
Ob in Hotels, der Gastronomie, in den
Krankenhäusern oder den Läden der
Innenstadt, überall stößt man auf die
geschäftstüchtigen Nachfahren indischer Landarbeiter. Auffallend sind
neben den bei Südafrikanern beliebten Steakhäusern vor allem auch die
vielen indischen Restaurants, die mit
ihren Currygerichten das kulinarische
Angebot dominieren.

Ausgetrickst, Zulu-Rikscha ohne den Besitzer

Selbst auf dem Victoria Street
Market, auch als »Indischer Markt«
ein Begriff, werden die Perlenarbeiten der Zulu nicht von Schwarzen, sondern von Inde-
rinnen im Sari verkauft. Der Markt ist eine Attraktion in der Stadt. Doch man sollte sich
wappnen. Die gewieften Händler sind einzig auf den Verkauf ihrer Waren bedacht. Vor *Indischer*
allem die Schmuckhändler können ganz schön aufdringlich sein. Etwas ruhiger wird die *Markt*
Gewürzpracht präsentiert. Unmengen verschiedener Sorten türmen sich auf den Tischen.

Rund um den Markt schlägt das indische Herz der Stadt. Und natürlich huldigen
die Inder hier auch ihrer Religion: Die 1927 erbaute Juma Masjid Moschee ist mit ihren
zwei vergoldeten Minarett-Kuppeln und mit den Garküchen in ihren Arkaden die größte
Moschee der südlichen Hemisphäre. Rund 4.500 Gläubige passen hinein. Ebenfalls hier
am Ende der Grey Street beginnt die Hauptgeschäftsstraße der Inder. Aus den Läden dudelt
pausenlos typisch indische Musik und der Geruch von Duftkerzen vermischt sich mit den
Abgasen der vielen Autos. In den vielen Schneidereien lassen sich Einheimische und Ge-
schäftsreisende für sehr wenig Geld einen Anzug oder ein Kostüm aus Seide und anderen
Stoffen maßschneidern.

Portugiesen unter dem Seefahrer Vasco da Gama landeten 1497 am Weihnachtstag *Europäer in*
in der Bucht des heutigen Durban und nannten die Stelle »Rio de Natal«. Fälschlich *Durban*
waren sie davon ausgegangen, dass in die große weite Bucht ein mächtiger Fluss münden
müsste. Später in Port Natal und unter dem britischen Gouverneur Benjamin d'Urban
dann in »Durban« umbenannt, entstand langsam eines der wichtigsten Wirtschaftszen-
tren an der südafrikanischen Ostküste. Der Naturhafen mit seiner engen Einfahrt ist
Hauptumschlagplatz für Zucker, Erze und Kohle sowie für die Containerverschiffung von
Automobilen geworden. Die europäischen Zuwanderer machten aus der von den Zulu

»eThekwini« (Lagune) genannten Örtlichkeit einen auf den Weltmarkt orientierten Handelshafen. Im heutigen Stadtbild fallen die Europäer – außer als Touristen – allerdings wenig auf. Während der Arbeitsstunden sind sie in ihren Büros verschwunden. Die freie Zeit verbringen sie in ihren Wohnhäusern an den Hängen oberhalb der Stadt oder in den vorgelagerten Strandorten. Über Umhlanga Rocks zieht sich ein Band von Wohngebieten der Weißen bis nach Ballito, an der Dolphin Coast nördlich von Durban. Moderne Shopping Malls, exklusive Golf-Resorts und weitere Strandhotels sind in den letzten Jahren entstanden. Einerseits kann so die gut verdienende Mittel- und Oberschicht der schwülen

Info — Sightseeing in Durban

▶ **Rathaus:** Das Rathaus (1910) am Francis Farewell Square ist eine exakte Kopie des Rathauses der nordirischen Hauptstadt Belfast. In der Mitte der Stadt gelegen markiert es den Punkt, wo sich einst die ersten europäischen Siedler als Händler und Jäger niederließen.

Juma Masjid Moschee, Platz für alle Hindus Durbans

▶ **Durban Art Gallery:** Im zweiten Stock des Rathauses zeigt diese Galerie neben einer Sammlung afrikanischer Kunst auch eine Auswahl europäischer, vor allem britischer, französischer und niederländischer Kunst. So sind Plastiken von Rodin, Glas von Lalique und chinesische und französische Keramik ausgestellt.

▶ **Durban Botanical Gardens:** (Sydenham Road): Eine Oase der Ruhe inmitten von Pflanzen, die aus der ganzen Welt stammen. Besonders die afrikanischen, asiatischen und amerikanischen Bäume wie auch die Orchideen sind einen Besuch des Botanischen Gartens wert.

▶ **Umgeni River Bird Park:** An der Riverside Road am Nordküsten-Abschnitt liegt der Vogelpark. In landschaftlich schöner Umgebung können verschiedene Vögel Afrikas, Nord- und Südamerikas, Indonesiens und Australiens beobachtet werden. Ein Muss für Hobby-Ornithologen!

▶ **Sea World** im uShaka Marine World (südlicher Teil der Golden Mile): Die bis zu fünfhundert Meter langen Großaquarien, in denen die Unterwasserwelt entlang der Küste Afrikas am Indischen Ozean gezeigt wird, sind eine echte Attraktion. Besuchermagnet sind die Haie. Zusätzlich gibt es noch ein Delphinen-Stadion und ein Becken mit Pinguinen.

▶ **Natal Shark Board** (Herrwood Drive, Umhlanga): Außerhalb von Durban bietet sich hier die Gelegenheit, an Informationen zum Leben der Haie an der Küste von Südafrika zu kommen und mit den Mitarbeitern über die Arbeit zum Schutz vor Haiangriffen zu sprechen.

Wärme der Stadt entfliehen. Andererseits bieten die neuen, mit Zäunen gesicherten Häuser vor allem Familien mit Kindern ein komfortables Wohnen mit Pool und Garten. In den Gebieten südlich von Durban bis nach Port Edward lebten Europäer schon immer gern. Vielfach hat sich der britische Charme bis heute gehalten. In Southbroom und St. Michael's on Sea herrscht Countryclub-Athmosphäre.

Pretoria – die Jacarandastadt

Pretoria, Regierungssitz und somit offizielle Hauptstadt Südafrikas mit 2,5 Millionen Einwohnern, ist vor allem im dortigen Frühling einen Besuch wert, wenn in der Zeit um Oktober die Jacarandablüte alles in einen zarten Fliederton taucht. Dann strömen die Touristen. Sonst geht es hier eher gemächlich zu. Während die vom Volk gewählten Parlamentarier nun zwischenzeitlich das ganze Jahr über in Kapstadt ihre Sitzungen abhalten, tagen Regierung und Präsident in Pretoria. Noch bis vor wenigen Jahren wechselte das Parlament im halbjährigen Rhythmus zwischen den beiden Städten – den Winter über in Pretoria und den Sommer über in Kapstadt. Im Vergleich zu Johannesburg ist das Lebensgefühl der Menschen in Pretoria weniger aufgeregt; ihre Stadt ist viel grüner, und es gibt zahlreiche Parks- und Grünanlagen, die ein freundliches Bild vermitteln. Im Unterschied zu Johannesburg fällt ebenfalls auf, dass die Passanten auf den Straßen nicht ausschließlich aus Schwarzen bestehen. In der Innenstadt von Pretoria gibt es ganz offensichtlich ein deutlicheres Miteinander der Kulturen. Nur die Wohngebiete sind noch immer sehr stark nach Hautfarben und – wie in Südafrika überall – nach Vermögen getrennt. In Hanglage mit schönem Blick auf die Stadt und mit gepflegten Gärten liegen die Häuser der Weißen; in den weniger attraktiven Lagen, die der Schwarzen. In Pretorias Außenbereichen aber zeigt sich, dass die Stadt Teil des großen, gemeinsamen Wirtschaftsraumes Johannesburg-Pretoria ist. BMW und Nissan unterhalten bei Pretoria Montagewerke, und die Hauptverwaltung der South African Iron and Steel Corporation hat am Stadtrand ihren Sitz.

Das Zentrum Pretorias aber zeigt den spröden, stol-

Regierungssitz

Union Buildings, Pretoria

Voortrekker Monument, Pretoria

zen Charme einer Verwaltungs- und Beamtenstadt; beeindruckend sind die neoklassizistischen Regierungsgebäude. Kurz nach der Gründung der Südafrikanischen Union im November 1910 wurde auf einem Hügel oberhalb der Stadt der Grundstein für den monumentalen Regierungssitz gelegt. Die »Unions Buildings«, ein zweiflügliger Halbrundbau, symbolisieren die damals das Land beherrschenden Sprachen Afrikaans und Englisch. Vor dieser prachtvollen Kulisse wurde am 10. Mai 1994 Nelson Mandela zum ersten schwarzen Präsidenten vereidigt, und die Sprache Xhosa zog in das Gebäude ein, was seltsam anmuten mochte. Erhaben thront die Regierung über dem gepflegt terrassiert angelegten Garten. Ihr zu Füßen liegt die Stadt. Ähnlich dem Grundriss amerikanischer Städte sind fast alle Städte Südafrikas erbaut worden, auch Pretoria. Im Zentrum, der City, befindet sich der Central Business District (CBD) mit einigen Hochhäusern von Versicherungen, Banken und internationalen Firmen. Drumherum gruppieren sich Viertel unterschiedlicher Wohngebiete, nach Einkommen und ethnischer Zugehörigkeit getrennt. Am Rand der Stadt sind dann die Gewerbegebiete und die Einkaufszentren zu finden: Wie auf dem Reißbrett geplant.

Das Voortrekker Monument

Vom Regierungssitz aus fällt der Blick direkt hinüber auf das »Voortrekker Monument«. Für die alte Regierung wie ein Fingerzeig und stete Mahnung, die Geschichte der Buren nie aus dem Gedächtnis zu streichen. Besuchern aus Deutschland ist die Ähnlichkeit zum Völkerschlachtdenkmal von Leipzig schon immer aufgefallen. Tatsächlich soll es den Architekten als Vorlage gedient haben.

An Symbolkraft kaum zu übertreffen, wurde mit dem Voortrekker Monument der Geist burischen Selbstverständnisses in Stein gemeißelt. Kein anderes Bauwerk drückt das Gefühl, Bure zu sein, besser aus. Die Grundsteinlegung erfolgte am 16. Dezember 1937, dem Jahrestag der Schlacht am Blood River, dem Sieg der Buren über die Zulu. Der Wagenburg gleich, die einst die Siedler vor den Angreifern schützte, umringen 64 aus Stein gehauene Ochsenkarren das Denkmal. Speere symbolisieren die kämpferischen Zulu. Die Ecken der fast würfelförmigen Ruhmeshalle sind den streng dreinblickenden Trekkführern vorbehalten: Andries Pretorius, Hendrik Potgieter und Piet Retief. Da es nur drei bedeutende Führer gab, die Symmetrie aber gewahrt werden musste, wurde ein viertes namenloses Porträt hinzugefügt.

Aus Pretoria wird Tschwane

Etwas vorschnell beschloss der Stadtrat 2005, Pretoria in Tschwane umzubenennen. Damit sollte dem Trend Rechnung getragen werden, den Bruch mit der Apartheid auch durch Namenswechsel von Bezeichnungen mit burischer Tradition zu dokumentieren. Marthinus Wessel Pretorius hatte 1855 die Stadt am Rande der Magaliesberge nach seinem Vater, dem Trekkführer und Volkshelden am Blutfluss, Andries Pretorius, benannt. Tschwane (»Wir sind alle gleich«) sollte sie nun im neuen Südafrika heißen. Proteste aus der Bevölkerung verhinderten den Namenswechsel jedoch. Man einigte sich auf einen vorläufigen Kompromiss. Die Verwaltungseinheit der gesamten Stadtgemeinde mit allen Vororten und Stadtteilen wird als Tschwane bezeichnet, während das eigentliche innere Stadtgebiet den alten Namen Pretoria beibehielt.

In der Halle selbst beeindruckt der Fries aus 27 Carrara-Marmorplatten. Kindeskinder der darauf abgebildeten Personen haben Modell gestanden, um die Geschichte des Großen Trekks für die Nachwelt zu verewigen. Wie in einer Bildergeschichte wird der Auszug der Buren vom Kap, ähnlich der Suche der Juden nach dem Gelobten Land, im unschuldigen Weiß des Marmors erzählt. Die Krönung an Symbolismus und fast schon religiös-okkultisch ist eine weitere architektonische Besonderheit: Jedes Jahr am 16. Dezember fällt um Punkt zwölf Uhr mittags ein Sonnenstrahl durch das Loch in der Decke und bestrahlt den im Zentrum der Halle stehenden Kenotaph mit der Aufschrift »Ons vir jou Suid-Afrika« (Wir für dich Südafrika). Dieses Denkmal verherrlicht den Sieg über die Schwarzen ausschließlich aus weißer Sicht. Eine harte Geschichtsstunde. Wer das Denkmal aber einmal besuchte und die Sprache der Bilder auf sich wirken ließ, kommt der verschrobenen Gedankenwelt so mancher Nachkommen burischer Herkunft etwas näher.

In der Innenstadt kann burische Geschichte mit dem Besuch des Wohnhauses von Paul (Ohm) Kruger (1825-1904), dem ersten Staatspräsidenten der burischen Republik, vertieft werden. Vom Wohnhaus Paul Krugers ist es nur ein kurzer Fußweg in das Zentrum der Stadt. Am Church Square thront die mächtige Statue des früheren Staatspräsidenten. Davor liegt ein kleiner Park, den viele Schwarze zum Ausruhen nutzen. Manche schlafen dort auch ihren Rausch aus. Mehrere frisch renovierte, klassizistische Gebäude umsäumen den Platz. Unter ihnen der Justizpalast von 1902, in dem während der Prozesse 1963/64 Nelson Mandela und andere ANC-Führer zu lebenslangen Haftstrafen verurteilt wurden.

Ohm Kruger, Church Square, Pretoria

Traumstädte
und Schattenseiten (2)

Mit der Seilbahn auf den Tafelberg, Kapstadt von oben

Kapstadt – Mutterstadt

Die Mutter aller Städte Südafrikas ist Kapstadt. Jedenfalls in den Augen der Europäer, die nach der Landung Jan van Riebeecks, 1652, dort ein neues Leben begannen. Von der »Mother City« aus entstanden bis zum Ende des 17. Jahrhunderts zunächst noch Stellenbosch und Swellendam, dann nach dem Aufbruch der Siedler in Richtung Norden und nach Ankunft späterer Kolonisten im 19. Jahrhundert auch die Städte im Hinterland und an der Küste.

Die Schönste von allen aber sollte Kapstadt werden, und sie wurde es auch: Spektakulär ist die Lage am Atlantik mit der Kulisse des Tafelberges (1087 Meter) als Hintergrund. *Wahrzeichen Tafelberg* Die Skyline von New York bestimmen die Hochhäuser von Manhattan, die von San Francisco die Golden Gate Bridge, die von Sydney die Oper und von Kapstadt der Tafelberg. Ähnlich wie in Rio de Janeiro der Zuckerhut und der Corcovado konnte auch in Kapstadt keine einzige städtebauliche Maßnahme die Majestät des Berges in den Schatten stellen. Nicht nur in freiwilliger Selbstbeschränkung, sondern auch per Gesetz legten kluge Städteplaner fest, dass die Bauhöhe der Hochhäuser und die Bebauung des Berges die Silhouette des Nationaldenkmals Tafelberg nicht beeinträchtigen dürfen. Auch der Neubau des Fußballstadions im Stadtteil Green Point hat nichts an diesem ehernen Gesetz geändert. Elegant fügt es sich in das städtische Gesamtbild ein. Faszinierend auch der Blick auf die Tafelbucht am Abend. Wie glitzernde Diamanten blinken die Lichter der Häuser vor dem dunkel schimmernden Bergmassiv. An Wochenenden und an Feiertagen wird der Tafelberg von mehreren, in Höhe der Seilbahn-Talstation angebrachten Scheinwerfern nach oben hin beleuchtet. Einer Wolke gleich »schwebt« er dann stimmungsvoll über der Stadt. Der »Erste Tisch« Afrikas lädt zu einem Besuch ein.

Vom Hafen, der Waterfront oder von einem Boot in der Tafelbucht aus – immer hat man das Tafelbergmassiv vor Augen. Von Westen zeichnet sich deutlich die Spitze des *Tablecloth-Phänomen* Devils' Peak (1002 Meter) ab. Hierhin soll sich der Kapstädter Pirat van Hunks einst zurückgezogen haben, um ungestört sein Pfeifchen zu rauchen, erzählt eine alte Seemannslegende. Während einer dieser stillen Nachmittage auf dem Berg begegnete ihm ein Fremder, der ihn zum Wettrauchen aufforderte. Unerschrocken wie stets ließ sich van Hunks darauf ein, ohne zu ahnen, dass der Teufel höchstpersönlich sein ungleicher Kontrahent war. Die Qualmerei von beiden ließ eine riesige Wolke entstehen. Allerdings ging bis zum heutigen Tage keiner als Sieger aus der Wette hervor, und so wiederholt sich das wolkige Schauspiel von Zeit zu Zeit. Noch immer sollen sich van Hunks und der Teufel bisweilen in der Kerbe zum Tafelberg treffen. Das sind dann die Tage, an denen sich bei sonst klarem Himmel zwischen Tafelberg und Devils' Peak eine kleine Wolke sehen lässt, die sich zügig wie ein Tischtuch über den Tafelberg legt und sein Plateau bedeckt. Vom »Tablecloth-Phänomen« sprechen die Meteorologen, denn natürlich lässt sich die ungewöhnliche Wolkenbildung auch wissenschaftlich erklären. Östlich schließt sich der Lion's Head (669 Meter) an. Seine Konturen erinnern von der Nordseite aus ein wenig an einen Löwen mit buschiger Mähne. Aber seinen Namen erhielt der Berg noch aus einem anderen Grund: Zum Zeitpunkt der Besiedlung des Kaps sollen an seinem Fuße Löwenrudel ihre Reviere gehabt haben. Den Abschluss der beeindruckenden Bergkulisse bildet der *Signal Hill* (350 Meter). Wie der Körper eines liegenden Löwen schließt er sich an den Lion's Head an. An die Tafelbucht herannahende Schiffe wurden von hier aus schon während der Zeit der Ostindischen Handelsgesellschaft durch den Abschuss einer Kanonenkugel angekündigt. Eine Tradition, die die Kapstädter – wenn auch in abgeänderter Form – noch immer pflegen. Außer sonntags wird täglich um zwölf Uhr die so genannte »Noon Gun« abgefeuert.

Ein sicheres Pflaster?

Im Süden von diesen Bergen begrenzt, breitet sich nach Norden zum Atlantik hin das eigentliche Kapstadt mit seinen ältesten Teilen aus. Im Unterschied zu den anderen Großstädten Südafrikas lassen sich alle wichtigen innerstädtischen Sehenswürdigkeiten während eines einzigen Rundgangs erkunden. Wenn anderswo immerzu geraten wird, aus Sicherheitsgründen niemals zu Fuß zu gehen – in Kapstadt kann man beruhigt laufen. Vor allem bei Tag hat die Sicherheit in der Stadt deutlich zugenommen. Polizeipräsenz, private Sicherheitsdienste und Überwachungskameras haben zu mehr Ordnung in der City geführt.

Am Abend sollte man jedoch besser auf Spaziergänge in der Innenstadt verzichten. Meist sind es Gangs von Jugendlichen, die – von Alkohol, Drogen und Klebstoffschnüffelei berauscht – auf bewaffnete Raubzüge gehen. Es empfiehlt sich also, auch in Kapstadt nach Geschäftsschluss, spätestens aber nach Einbruch der Dunkelheit, Ziele im Stadtzentrum nur noch mit einem Taxi anzufahren. Daran halten sich auch alle Einheimischen. In der Regel sind die Straßen schon weit vor Mitternacht menschenleer – bis auf wenige, nicht gerade Vertrauen erweckende Gestalten, die um die Häuserblocks ziehen.

Tagsüber aber besteht nur wenig Gefahr. Ein kleiner Ausflug in die Stadtgeschichte

Der Tafelberg dominiert die Szenerie, Bloubergstrand

kann etwa am ältesten Gebäude der Stadt, dem »Castle of Good Hope« (1697) losgehen und dann an der pulsierenden »Waterfront« mit Blick auf das Fußballstadion von 2010 enden. Da das geschäftige Treiben der Innenstadt nach Büroschluss ab etwa vier Uhr abebbt, ist es ratsam, morgens hier die Sightseeing-Tour zu beginnen. Außerdem steigen von Frühjahr bis Herbst im Tagesverlauf die Temperaturen im Zentrum deutlich an. So ist der Nachmittag für den Hafen vorzuziehen. Eine leichte Brise vom Meer bringt dort angenehme Kühlung.

Kapstadt zu Fuß – das 17-Punkte-Programm

Ausgehend vom *Castle of Good Hope* **1**, dem zeitweiligen Sitz des Kapgouverneurs mit seinem schönen Blick über den großen Paradeplatz (Grand Parade) und dem klassizistischen alten *Rathaus* **2** (heute Bibliothek), kann das District Six Museum **3** schnell erreicht werden.

Rundgang für einen Tag!

Vom District Six Museum geht der Stadtspaziergang an der Rückseite des alten Rathauses vorbei zur Adderley Street mit der Hauptkirche der Niederdeutsch Reformierten, der *Groo-*

Die Big Five der Sehenswürdigkeiten von Kapstadt

info

▶ **Tafelberg:** Am besten fährt man bereits frühmorgens mit der ersten Gondel um 8:30 Uhr hinauf. Im Verlauf des Tages kann es zu längeren Wartezeiten an der Seilbahnstation der Table Mountain Aerial Cableway kommen. Auch sollte der Ausflug unternommen werden, sobald sich die Gelegenheit dafür ergibt. Die Bahn fährt nicht bei starkem Wind, und wenn das »Tischtuch« über dem Berg liegt, bietet sich keine Sicht. Man steht dann sozusagen im Nebel auf der Bergstation. Geübte Wanderer können auch das Wagnis eines Aufstiegs zu Fuß eingehen: Das dauert etwa zwei Stunden und ist eine tolle Erfahrung. Bei klarem Wetter und starker UV-Strahlung empfiehlt sich allerdings eine vernünftige Ausrüstung: Mütze, Sonnencreme und anderthalb Liter Wasser pro Person, so lautet die Devise unter jungen Kapstädtern.

▶ **District Six Museum:** Die Geschichte der Vertreibung der Coloureds aus dem innerstädtischen Gebiet des District Six wird hier anschaulich dokumentiert.

▶ **Two Ocean Aquarium:** Flora und Meeresfauna des Indischen und Atlantischen Ozeans in mehreren Aquarien und Becken. Beeindruckend ist der halb verglaste Haitunnel. Taucher können Ausrüstungen leihen und zu bestimmten Zeiten mit den Haien tauchen.

▶ **Robben Island:** Nelson Mandela saß hier die längste Zeit seiner Haft in einer Einzelzelle ab. Das Schnellboot von der Waterfront erreicht die vier Kilometer entfernte Insel in knapp dreißig Minuten. Anschließend führen ehemalige politische Gefangene und Wächter den Besucher über die Insel und in die Zellenblocks, die seit 1999 Weltkulturerbe der UNESCO sind. Bei der Planung des Ausflugs muss der Zeitaufwand von rund vier Stunden bedacht werden.

▶ **Kirstenbosch Botanical Garden:** Je nach Saison blühen der Fynbos und alle anderen Pflanzen Südafrikas. Aber auch außerhalb der Blüte sind die Picknickkonzerte im Vorort Kirstenbosch zu empfehlen.

Souvenirgeschäft auf dem Tafelberg

te Kirk (1836) **4**, dem alten *Sklavenhaus* **5** mit der Statue von Jan Smuts davor und dem Kulturhistorischen Museum im Inneren. Gleich daneben steht im neo-gotischen Stil die *St. George Cathedral* **6**, errichtet mit einigen Originalbausteinen der Westminster Abbey in London. Hier hielt der anglikanische Bischof Desmond Tutu seine flammenden Reden gegen die Apartheid.

Durch die Fußgängerzone führt der Weg zum bunten Markt am *Greenmarket Square* **7**. Dort werden jeden Morgen kunsthandwerkliche Produkte angeboten, darunter Ketten und Holzschnitzarbeiten. Stöbern, Feilschen mit den Verkäufern und eine Pause in einem der angrenzenden Bistros sind eine ideale Unterbrechung während der Stadtbesichtigung. Über die *Long Street* **8** mit ihren viktorianischen Gebäuden geht es anschließend weiter. Neben Hostels für Rucksacktouristen, einigen Shops für afrikanische Kunst, neu renovierten Lofts für gut verdienende Kapstädter und den Büros mehrerer Film- und Fernsehstudios ist die Long Street vor allem am Abend wegen zahlreicher Bars und Clubs beliebt. Übrigens, am südlichen Ende der etwa 3,8 Kilometer langen Straße befindet sich die evangelisch-lutherische St. Martini Kirche. Lange Zeit wurde hier der Gottesdienst auch auf Deutsch gehalten, denn in ihrer unmittelbaren Nähe befand sich die deutsche Schule. Und noch in den 1950er-Jahren lebten hier überwiegend Deutsche – deshalb nannten die britischen Südafrikaner diese Gegend gern »Kraut-Viertel«.

Von hier aus bietet sich ein Abstecher in das *Bo Kap Viertel* **9** an. Malerisch sind die pastellfarbenen Häuser der hier lebenden etwa zweitausend Kapmalaien, die in einem deutlichen Kontrast zu dem übrigen europäisch-amerikanischen Bild Kapstadts stehen. Zwar ist der bunte Anstrich nicht Tradition, die Häuser waren ursprünglich eher grau.

Hafenviertel mit Waterfront

Trotzdem ist die leuchtende Farbenpracht ein beliebtes Motiv für Fotografen. Seit 1658 sind aus Madagaskar, Indonesien, Ceylon und Indien die später als »Cape Muslims« bezeichneten Landarbeiter und Sklaven hierher ans Kap gebracht und angesiedelt worden. Die heute zahlreich in Bo Kap vertretenen Moscheen gehen ursprünglich auf das Wirken Scheich Josefs zurück, der Ende des 17. Jahrhunderts hier lebte und wohl aus dem Gedächtnis – so erzählt man sich – den Koran niederschrieb: Eine intellektuelle Meisterleistung, die ihn für alle Zeiten berühmt machen sollte. Erst 1794 kam es allerdings zum Bau einer ersten Moschee. Der Ruf der über die Stadt verteilten Muezzin gehört heute zum akustischen Klangbild der Metropole am Kap und markiert wie selbstverständlich ihren Tagesablauf (vgl. Seite 92).

Abstecher zu den Kapmalaien

Dort wo Long Street und Wale Street sich treffen, ist es nicht mehr weit zum *Company's Garden* **10**. Einst der Obst- und Gemüsegarten der Kompanie ist er heute als kleiner botanischer Garten eine Oase der Stille in der belebten Innenstadt. Gesäumt wird der Company's Garden vom südafrikanischen *Parlament* (1885) **11**, dem Kapstädter Wohnsitz des jeweils amtierenden Staatspräsidenten – dem so genannten *Tynhuys* (seit 1700, heutige Form 1795) **12**, und mehreren Museen. Ein hervorragender Blick auf den Tafelberg bietet sich vom Vorplatz des *South African Museum* **13**, der *National Galerie* **14** und dem *jüdischen Museum* **15**.

Der Company's Garden

Im gepflegten Ambiente des Gartens vom *Hotel Mount Nelson* **16** kann am Nachmittag ein High Tea in britischer Tradition eingenommen werden. Neben Petit Fours, Gurkensandwiches und anderen Köstlichkeiten genießt der Gast die Atmosphäre einer der nobelsten Herbergen der Stadt; wegen des mutigen Anstrichs auch die »Pink Lady« von

Kapstadt genannt. Von hier aus geht es am besten mit einem Taxi zur *V&A Waterfront* **17** am Hafen.

Die Waterfront – Treffpunkt der Nationen

Elegante Steigerung des kalifornischen Vorbilds

Nach dem Beispiel der *Fisherman's Wharf* in San Francisco ist die »Waterfront« in Kapstadt sozusagen die elegante Steigerung des kalifornischen Vorbildes: Kein billiger Souvenirmarkt wie jenseits des Atlantiks, sondern ein exklusives Stadtviertel mit schicker Infrastruktur: »Die ganze Welt in einem Land« frohlockt ein Werbeslogan des südafrikanischen Tourismusbüros. Und hier trifft dies zu: »Die ganze Welt« scheint nun schon seit Jahren Kapstadt als Traumziel erkoren zu haben, und Waterfront gilt als die erste Adresse eines Besuches. Das Viertel ist der ausgemachte Treffpunkt für Menschen aller Nationalitäten und Hautfarben. Kreuzfahrtschiffe legen an den nahen Piers an, spucken ihre Passagiere aus und lassen sie in das quirlige Treiben im Hafenbereich strömen. Neue Luxuswohnungen mit Penthäusern, die sowohl zum Berg als auch zum Hafen Ausblicke bieten, haben auch den Anteil der Wohnbevölkerung in diesem durch Geschäfte und Hotels geprägten Stadtviertel erhöht. Im Zentrum der Anlage liegt die *Market Plaza,* wo häufig öffentliche Konzerte stattfinden. Darum gruppieren sich Geschäfte, Restaurants, Kinos und Bars. Die lokale Brauerei – *Mitchell's Brewery* – demonstriert das Brauen von Bier. Am *Quay 5* starten zahlreiche Boote zu Hafenrundfahrten. Nicht nur für Romantiker besonders empfehlenswert ist eine »Sunset Cruise« mit dem Segelschiff hinaus in die Tafelbucht. Das vielleicht markantestes Gebäude und damit unübersehbar ist der rot gestrichene *Clock Tower* zwischen dem Victoria und Alfred Basin. Der Turm diente zur Angabe der Ein- und Auslaufzeiten der Schiffe in den Hafen. Wer unbedingt Schwarzafrikaner in bayerischer Lederhose und Dirndl sehen will, kann hier ganz in der Nähe

Nachtleben, Kapstadt

im Paulaner einen Biergarten aufsuchen, oder gewissermaßen als Kontrastprogramm holländische Pancakes bei *Harry's Pancake* genießen – süß mit Eis oder herzhaft mit geräucherter Forelle oder Spinat gefüllt.

Hinein ins Kapstadt-Feeling

Größter Pluspunkt Kapstadts ist die Lage am Meer. Sowohl im Norden der Stadt als auch südlich davon sind seit den 1960er-Jahren Wohngebiete entstanden, die mit denen der Cote d'Azur durchaus konkurrieren können. Ein optischer Genuss ist eine Fahrt entlang einer der schönsten Straßen der Welt. Sie führt von Kapstadt über die Strandorte in südlicher Richtung zum etwa 45 Kilometer entfernten Kap der Guten Hoffnung. Auf dem Weg dorthin geht es vorbei an luxuriösen Wohngebieten mit Villen, deren unverbaubare Aussicht zum Atlantik mit Preisen ab fünf Millionen Rand teuer bezahlt wird. Auf dem Weg aus der Innenstadt passiert man zunächst die Viertel Waterkant, Green Point und Sea Point, und in schier endloser Abfolge: Restaurants, Clubs und schicke Designerhotels.

Schickeria wie an der Cote d'Azur

Zwischen dem Lion's Head und dem Atlantik liegt der Stadtteil Sea Point mit seiner langen Promenade und dem breiten Grünstreifen zur Straße hin. Hier zeigt sich, wie sportlich die Kapstadter sind: Vor allem am späten Nachmittag treffen sich Kicker zu einer kleinen Fußballpartie, drehen Jogger ihre Runden, pflegen ältere Herrschaften Nordic Walking oder Power Walken. Am Wochenende werden dann auch alle Berufstätigen in Kapstadt sportlich, laufen, was das Zeug hält, holen die Rennräder aus der Garage und strampeln von Sea Point in Richtung Kaphalbinsel. Die Fortysomethings frönen dem Zeitgeist entsprechend dem neuen Trendsport »Hochseekajak« – vielerorts sieht man die Boote auf dicken Geländefahrzeugen vertaut. An vorderster Front kämpft jedoch die hippe, junge Bevölkerung: Fit für lange Ausflüge ins Nachtleben will jeder sein.

Sportlertreff

Sportsmänner an der Tafelbucht

Clocktower am Hafen, Waterfront

Gelassene Distanz zu all diesem Treiben halten die ebenfalls in Sea Point ansässigen, orthodoxen Juden. Sie bereichern die kulturelle Vielfalt, bleiben aber lieber unter sich. Nur am Freitag wird deutlich, dass es neben den Orthodoxen auch noch andere Juden in der Stadt gibt. Dann streben ganz normal aussehende Herren plötzlich mit Kippa auf dem Kopfe der Synagoge entgegen.

Ähnlich wie im Castro-Viertel in San Francisco hat sich vor allem in diesem Teil Kapstadts – von der Waterfront bis nach Bantry Bay – die Schwulenszene mit luxuriösen Appartements, Geschäften, Galerien und Boutiquen eingerichtet. Auch zahlreiche Clubs und Bars sind in Waterfront, Green Point und Sea Point in der generell sehr gay-freundlichen Stadt zu finden.

Das Wasser an den Stränden von Kapstadt ist kalt. Auch im Sommer sorgt der kalte Benguelastrom entlang der Atlantikküste nach Norden dafür, dass die Temperatur des Wassers keine Mittelmeerwerte erreicht. Einheimische gehen daher nur in den wärmsten Sommermonaten ins Wasser oder ziehen einen Neoprenanzug an, wenn es zum Surfen geht. Für die Kapstädter ist der Aufenthalt am Strand die Möglichkeit zu einem Picknick – an manchen Stränden wie Clifton und Camps Bay durchaus mit Champagner und Austern. Ansonsten wird er zum Sonnenbaden genutzt. Wegen der intensiven UV-Strahlung ist Sonnencreme mit einem hohen Lichtschutzfaktor nötig. Außerdem kann man sich hier dem People Watching hingeben, oder aber mit anderen Beachvolleyball spielen. Da es im eigentlichen Stadtgebiet von Kapstadt keine Sandstrände gibt, fahren alle in die nahe gelegenen Stadtteile mit ihren zum Teil geschützten Buchten. Sie reihen sich in endloser Kette aneinander.

People Watching

Die schönsten Strände in der Umgebung von Kapstadt

▸ **Clifton:** Eng stehen die Häuser an den steilen Hängen entlang der Bucht von Clifton, davor liegen mehrere windgeschützte Buchten mit Sandstrand. Bei Wassertemperaturen auch im Sommer von um die 18 Grad Celsius verzichten hier die meisten aufs Baden, dafür wird ausgiebig die Sonne genossen. Hinweis: Die Strände sind nummeriert. Strand »1« ist beliebt bei den Jugendlichen, während Strand »4« von Familien mit Kindern bevorzugt wird. An Strand »3« trifft sich das schwule, körperkultige Publikum.

▸ **Camps Bay:** Der absolute In-Treff für die Reichen und Schönen der Stadt. Entlang der mit Palmen gesäumten Strandpromenade mit der Gebirgskulisse der »Zwölf Apostel«

Shopping in Kapstadt – ein Lustgewinn   **info**

Auf eine ausgedehnte Einkaufstour in Kapstadt zu gehen, gehört sicher nicht zu den wichtigsten Beschäftigungen in der Stadt. Aber es lohnt sich dank des ausgesprochen günstigen Euro-Rand-Kurses. Auch für junge Leute mit nicht so dicken Portemonnaies bieten sich zahlreiche Möglichkeiten für ein paar Schnäppchen.

▶ **V&A Waterfront:** Zwischen 1860 und 1920 wurde der Hafen von Kapstadt ausgebaut. Prince Alfred, der zweite Sohn von Königin Victoria, beförderte die erste Ladung Steine in die Tafelbucht. Grund genug, um das erste Becken nach ihm zu benennen. Nach dem weiteren Ausbau erhielt das zweite Becken den Namen von Königin Victoria. Heute findet man hier rund vierhundert Geschäfte, Restaurants, Bars, Kinos und Hotels. Ein neu errichteter Block bietet Designershops, in denen alle internationalen Luxusmarken zu finden sind.

▶ **Cavendish Square:** Im Süden von Kapstadt an der Rückseite des Tafelberges liegt der Cavendish Square. Er bietet mit 250 Geschäften der gehobenen Klasse attraktive Einkaufsmöglichkeiten.

▶ **Canal Walk:** Die größte Mall der Südhalbkugel befindet sich im Norden der Stadt bei Milnerton. Am besten bietet sich hier ein Stop an, wenn die Fahrt über die N1 in Richtung Paarl oder von Paarl aus in die Stadt zurückführt. Als architektonischer Stilmix aus orientalischen und venezianischen Einflüssen

Century City Shopping Mall, Kapstadt

ist die Mall Kulisse für eine groß angelegte Einkaufs-Erlebniswelt. Daneben befindet sich Ratanga Junction, ein Freizeitpark mit einer 35 m hohen Achterbahn als Hauptattraktion.

▶ **Somerset Mall:** An der N2 in Richtung Garden Route bei Sommerset West befindet sich diese Mall. Sie ist besonders bei der Wohnbevölkerung der südlichen Nachbargemeinden Kapstadts beliebt. Hierher kommen vergleichsweise wenige Touristen, und die Angebote sind günstiger.

▶ **Cape Quarter – The Square:** Kapstadts Vorzeigepiazza, dörfliches Ambiente, modernes Design, Life-Style.

▶ **St. Georges Street** im Zentrum und Greenmarket Square: Eher klein im Vergleich zu den großen Malls muten die Einkaufsstraßen im Zentrum rund um die St. Georges Street an. Der Greenmarket Square ist dabei der beliebteste »Flohmarkt« der Stadt.

im Hintergrund laden Bistros, Bars und Restaurants zu einem Besuch ein. »Sehen und gesehen werden« lautet die Devise, und das Promenieren scheint wichtigste Beschäftigung zu sein, während der Strand als einer der besten Plätze für das Sundowner-Erlebnis in der Umgebung von Kapstadt gilt. Wer will, kann hier auch nach den schönsten Gesichtern der Stadt Ausschau halten. Häufig werden Models für weltweite Katalogproduktionen am Strand von Camps Bay abgelichtet.

▶ **Llandundno:** Ein Luxusbadeort der gehobenen Klasse mit viel Prominenz. Hier haben beispielsweise Mitglieder der britischen Königsfamilie ihre Exklusivrefugien, besitzen Film- und Musikstars millionenschwere Villen. Als einer der letzten hat sich kürzlich der Formel-1-Star Michael Schumacher hinzugesellt. Glatt geschliffene Granitfelsen und ein weißer Sandstrand bieten eine traumhafte Kulisse. Geschäfte und Restaurants sucht man vergebens. Llandundno bleibt gewerbefreie Zone.

▶ **Hout Bay:** In der idyllischen Holzbucht (Hout – Holz) ließ bereits Jan van Riebeeck Bäume für den Schiffsbau fällen. Heute ist sie in erster Linie bekannt für den Hummer- und Snoekfang. Die Rogen der Snoeks, einer für Südafrika typischen Fischart, sind auch als »Kap Kaviar« bekannt. Vom kleinen Fischereihafen aus stechen die Fischerboote in See. Am Fuße des Chapman's Peak Drive zieht sich ein weiter Sandstrand entlang.

▶ **Noordhoek:** Mit acht Kilometern ist er sicher der längste Strand in der Nähe von Kapstadt. Sein nördlicher Abschnitt zieht vor allem Kitesurfer und Wellenreiter an, während in allen anderen Bereichen auch weite Strand-Ausritte zu Pferd möglich sind. Im Ort Noordhoek befinden sich mehrere Gestüte, die Pferde ausleihen.

▶ **Fish Hoek:** Ein ruhiger Ort, der vor allem bei Rentnern wegen günstiger Grundstückspreise beliebt ist. Dank seiner windgeschützten Lage nutzen Familien mit Kindern gerne den langen Strand. Übrigens: Anfang des 18. Jahrhunderts erließ Lord Charles

Hot Spot für Sonnenuntergänger, Milnerton Beach

Kapstadt auf dem Rad, in der Luft, in der Limousine

▸ **Extravagante Touren** in ausgefallenen Fahrzeugen können bei den verschiedensten Agenturen gebucht werden. Ob Sie in der Stretch-Limousine abends in einen Club fahren wollen oder einen Traum-Ausflug zum Kap mit einem Luxuscabrio planen, jeder Wunsch kann erfüllt werden.

▸ **Mit dem Helicopter** über den Tafelberg fliegen, über die Tafelbucht oder rund um die Kaphalbinsel? Auch das ist ein unvergessliches Erlebnis.

▸ **Für Biker-Fans:** Ein Gefühl wie Easy Rider am Kap? Mit einer geliehenen Harley-Davidson wird auch dieser Traum Wirklichkeit.

▸ **Yachting:** Sunset oder Sunrise Cruises mit der Yacht in der Tafelbucht. Ob mit einem alten Schoner unter der Piratenflagge oder mit dem sportlichen Katamaran-Segler »Tigresse« ist dies ein Touristenvergnügen der Extraklasse.

▸ **Hochseefischen** in der Tafelbucht kann ebenfalls gebucht werden.

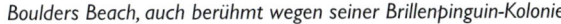

Somerset als Gouverneur am Kap ein generelles Alkoholverbot in Fish Hoek. Seine im nahgelegenen Simonstown stationierten Soldaten sollten vor Alkoholexzessen bewahrt werden. Erst 1990 wurde dieses Verbot etwas gelockert. Dennoch findet man auch heute noch einige »abstinente« Restaurants, Bars und Geschäfte.

▸ **Blouberg:** Immer in einem leicht bläulich schimmernden Dunst zeigt sich von Blouberg aus die typische Kulisse von Kapstadt mit dem Tafelberg. Nördlich von Kapstadt gelegen, bietet sich bereits auf dem Weg dorthin von einem der zahlreichen Strandabschnitte die Postkartenansicht Kapstadts – den Blick auf Robben Island und die Tafel-

Boulders Beach, auch berühmt wegen seiner Brillenpinguin-Kolonie

bucht mit eingeschlossen. Bloubergstrand ist trotz seiner kalten Wassertemperaturen der beliebteste Treffpunkt von Surfern und Kitern. Auch die Weltcups in diesen Sportarten finden hier statt. Nur etwa 15 Kilometer von Kapstadts City entfernt ist der Strand einer der Hot Spots für Sonnenuntergänge. Biker treffen sich im Bistro des Blue Peter, um das Eintauchen der Sonne abzuwarten. Alle anderen Besucher gehen in das dazu gehörige Restaurant.

▶ **Sandy Bay:** Etwas versteckt in den Dünen liegt in der Nähe von Llandundno der einzige FKK-Badestrand Kapstadts. Nur zu Fuß ist er in etwa dreißig Minuten vom Parkplatz aus über einen kleinen Pfad zu erreichen.

Die andere Seite vom Tafelberg

Wo Licht ist, ist auch Schatten

Nur ungefähr vierzehn Kilometer vor den Toren der glitzernden Traumstadt liegt die Schattenseite. Nicht im Dunkeln, nicht versteckt, sondern für jeden sichtbar. Bei einer Anreise von der Garden Route nach Kapstadt über die N2 oder während der Fahrt vom Flughafen in die Stadt – der erste Eindruck ist ernüchternd. Vorbei an scheinbar ausufernden Townships, den »cape flats«, Wellblechhütten aus Brettern und Plastik zusammengezimmert, führt die Schnellstraße auf den Tafelberg und die Stadt zu. Bereits 1922 wurde das Township Langa gegründet, was übersetzt »die Sonne« heißt, und in unseren Ohren leicht zynisch klingt. Denn die Sonne strahlt hier tatsächlich nur vom Himmel herunter. Langa und das seit den 1980er-Jahren bestehende Khayelitsha (Xhosa für »Neue Heimat«) sind zusammen die beiden größten Armenviertel im Süden Kapstadts. Der bereits in den 1950er- und 1960er-Jahren steigende Bevölkerungsdruck, als die Regierung immer mehr Schwarze aus den Städten deportieren ließ, erforderte weitere Townships. So

Man kann in Kapstadt so oder so wohnen, es hängt vom Einkommen ab

Reichenstadtteil Vredehoek

Township Khayelitsha

Das Groote-Schuur-Krankenhaus

Kurz bevor sich der weite Blick Richtung Norden in die Tafelbucht öffnet, stößt man auf eins der berühmtesten Krankenhäuser der Welt. Im Groote-Schuur-Krankenhaus fand die weltweit erste Herztransplantation (1967) unter der Leitung von Dr. Christiaan Barnard (1922-2001) statt. Ein 31-köpfiges medizinisches Team verhalf damals Louis Washkansky zu weiteren 18 Tagen seines Lebens, während der nur einen Monat später operierte Patient Philip Blaiberg dank seines neuen Herzens noch über anderthalb Jahre weiter leben konnte. Christiaan Barnard ist auch posthum noch einer der bekanntesten Südafrikaner, berühmt als Chirurg und als Mitglied des internationalen Jetsets. Der internationale Ruf Barnards als Herzspezialist wirkt nach. Das Groote-Schuur zählt zu einem der besten Krankenhäuser der Welt, das immer noch auf Herzoperationen spezialisiert ist.

wurden in der Ebene der False Bay auf sandigem Grund auch Gugulethu und Nyanga angelegt – in der überwiegenden Zahl die Heimat von Xhosa und einiger weniger Coloureds.

Ähnlich wie in Soweto werden auch im Süden des Landes Anstrengungen unternommen, durch staatliche Bauförderprogramme adäquates Wohnen in den Townships zu schaffen. Der freie Zugang zu Wasser und Strom soll ein Mindestmaß an Grundbedürfnis der überwiegend schwarzen Bevölkerung decken. An der Wohnsituation des Einzelnen ändert dies aber nur wenig. Es gibt lange Wartelisten für die neu errichteten Häuser aus Stein. Der stetige Zuzug durch immer mehr Menschen vom Land macht die Arbeit der Behörden schwer. Hinzu kommt, dass sich viele der Altbewohner ungerecht behandelt fühlen. In der Regel bekommen diejenigen als erste die neuen Häuser, die in den schlimmsten Verhältnissen wohnen. Das klingt zwar angemessen, doch meist sind die Bevorzugten diejenigen, die erst seit kurzem zugewandert sind, und sich vorerst nur notdürftig eingerichtet hatten. Wer schon seit vielen Jahren in dem Township lebt und sich aus eigener Kraft ein wenig »verbessert« hat, wird dann bei der Vergabe neuer Häuser nicht berücksichtigt. Eine Situation, die Unzufriedenheit schürt und Hass auf die »Neuen« weckt.

Lange Wartelisten für Häuser aus Stein

Die Hoffnungslosigkeit, jemals aus dieser Situation herauszukommen, führt bei den meisten Bewohnern zu Resignation. Kurzfristige Begeisterung, die immer mal wieder durch Versuche geweckt wird, mit Hilfe von kleinen Arbeitsprojekten Menschen zu beschäftigen und ihnen einen geringen Lohn zu verschaffen, legt sich schnell wieder. Auf Privatinitiative zurückgehende Arbeitsbeschaffungsmaßnahmen, wie zum Beispiel die Förderung von kunstgewerblichen Handwerksbetrieben wie Schnitzereien, Perlen und Stoffarbeiten, sind in nur ein Tropfen auf den heißen Stein. Erstaunlich ist vielmehr, wie wenig radikales Potential bislang von den Betroffenen ausgeht. Allein in Khayelitsha leben über 1,5 Millionen Menschen. Wenn alle von ihnen mit Nachdruck ihre Forderungen äußern würden, könnte das dem schönen Leben auf der sonnigen Seite des Tafelberges ein jähes Ende bereiten. Jeder am Kap ist sich bewusst, dass hier eine Zeitbombe tickt. Um Zurückhaltung bemühen sich daher auch die Politiker im Lande. Sie hüten sich davor, mit populistischen Auftritten in den Townships eventuelle Revolten zu schüren. Ein unkontrolliertes Ausbrechen von Gewalt wäre sicher die Folge.

Tickende Zeitbombe?

Wie nahe auch bei den Cape Flats von Kapstadt Licht und Schatten beieinander liegen, zeigt sich nur wenige Kilometer in Richtung Tafelberg und Kapstadts Zentrum. Gleich am Rand der Townships wechselt das Bild: Plötzlich erscheinen gepflegte Golfplätze, dann die Wohngebiete der Mittelschicht. Und am Hang der Rückseite des Tafelbergs liegt der Campus der Kapstädter Universität, umgeben von ruhigen Wohngebieten in vornehmer Parklandschaft.

Knysna – Austern in der Stadt des Holzes

Obwohl Kapstadt zahlreiche eigene Naherholungsgebiete hat, zieht es viele Einheimische auch in die nicht weit entfernten, gemütlicheren Kleinstädte am Meer oder im Hinterland. Zu den Favoriten gehören dabei Knysna an der Gartenroute (circa 4,5 Stunden Fahrt mit dem PKW) und Stellenbosch im Weinland (etwa 45 Minuten Fahrzeit).

Herz der Garden Route

Eine Kleinstadt mit nur knapp 54.000 Einwohnern, aber doch das Herz der Garden Route, ist Knysna. Viele tun sich etwas schwer mit der Aussprache des Namens, der in der Sprache der Khois so viel bedeutet wie »Ort des Holzes«. Das »K« am Anfang ist stimmlos und wird nicht mitgesprochen. Malerisch liegt der Ort an der gleichnamigen Lagune, die von den beiden »Heads« zum Indischen Ozean hin abgegrenzt wird. Der westliche, weitgehend unbebaute dieser beiden »Köpfe« trägt die Bezeichnung »Featherbed«, ein Naturreservat, begründet vom Forscher James L.B. Smith, dem Entdecker des Quastenflossers. Blaue Kraniche, Austernfischer und Kormorane nisten inmitten von zahlreichen Milkwood-Bäumen, und als Landtiere haben die Buschböcke hier ihre Heimat.

Das »Federbett« bei Knysna

Wie in einem »Federbett« sollen sich die frühen Seefahrer, zu denen auch zahlreiche Piraten gehörten, gefühlt haben, nachdem sie die vom Meer aufgewühlte Engstelle in die ruhige Lagune passiert hatten. In dem sehr flachen Gewässer mit nur einer äußerst schmalen Fahrrinne lag es sich bequem und sicher vor Anker, und die Mannschaften konnten sich von den Strapazen ihrer Reise erholen. Heute kommt der Reisende nicht mehr über das Meer in die Stadt, sondern entlang der Küstenstraße. Er hat dabei den Tsitsikamma-Nationalpark mit seinem Küstenregenwald hinter sich und Kapstadt vor sich. Während dieser Fahrt Knysna links liegen zu lassen, wäre zu schade. Nicht nur wegen der kulinarischen Genüsse, die man versäumen würde. Landschaftlich reizt das Wechselspiel von Bergen, Lagunen, Dünenlandschaften und dem offenen Indischen Ozean. Mindestens zwei Tage sollte sich möglichst jeder für Knysna Zeit nehmen und am besten als Kurztrip von Kapstadt aus einplanen.

Ein idealer Tag beginnt für die meisten Südafrikaner in Knysna am Wasser. Den schönsten Eindruck von der Lagune vermittelt immer noch eine Fahrt mit dem Boot zum Nationalpark Featherbed oder ein Ausflug mit dem Wagen zum Strand von Brenton on Sea: Ideal auch für einen ungestörten langen Strandspaziergang mit der Möglichkeit, im Indischen Ozean zu baden. Doch Vorsicht! Die Strömung im Meer ist wie überall an der Küste der Garden Route enorm und tückisch. Niemand sollte sich vom Ufer entfernen und versuchen, weiter hinaus zu schwimmen. Vor allem nicht allein. Schon mancher, sehr gute Schwimmer musste dies mit seinem Leben bezahlen, da die eigene Kraft gegen die Strömung letztendlich versagte. Es bringt aber auch viel mehr Spaß, sich vom sicheren Strand aus in die herrliche Brandung zu werfen. Leichter und weniger anstrengend ist es, die häufig vorbeiziehenden »Delphinschulen« oder die unter Naturschutz stehenden Austernfischer-Vögel zu beobachten, die mit ihren langen Schnäbeln die Schalen von Muscheln auseinanderstemmen können.

Baden im Indischen Ozean

Austernzucht nach europäischem Vorbild gibt es in Knysna seit 1946. Ein britischstämmiger Weinhändler im Ruhestand hatte die Idee, in der flachen Lagune Austern zu züchten. Nach anfänglichen Schwierigkeiten, vor allem im Kampf gegen Würmer, Tintenfische, Krebse und Vögel, setzte sich die immer größer werdende Erfahrung durch: Die Austernzucht erlebte ihren Durchbruch. Vor allem aber kam der kommerzielle Erfolg, nachdem die Oyster Companie (Long Street, Thesen Island, Knysna) ab 1970 auf die schneller wachsende Pazifikauster umgestiegen war. Seitdem wird in erster Linie aus Chile Austernzuchtmaterial importiert und in speziellen Becken in Port Elizabeth herangezogen. Erst wenn die Austern nach drei Monaten eine Größe von zwölf Millimetern erreicht haben, werden sie in Knysna in die weitere Aufzucht gegeben.

Austern aus Knysna

Stellenbosch – Idylle unter Eichen

Nur fünfzig Kilometer vom lebendigen und bunten Kapstadt entfernt landet man in einer komplett anderen Welt. In Stellenbosch, dem beschaulichen Universitätsstädtchen, scheint die Zeit stehen geblieben zu sein. Die Dorp Street mit ihren alten Häusern, deren Entstehungsgeschichte bis in die frühe Siedlerzeit zurückreicht, drückt so viel Ruhe aus, dass man unwillkürlich den Eindruck erhält, hier hätte sich eine mitteleuropäische Kleinstadt konserviert. Das Zentrum erscheint wie ein zum Leben erwecktes Freilichtmuseum. Es gibt eigentlich kaum jemanden, der nach Stellenbosch (117.000 Einwohner) kommt und nicht sofort vom Charme dieses idyllischen Ortes gefangen ist. Kleine Cafés und Bistros unter Schatten spendenden Eichen sind Treffpunkte der Studenten, also vorwiegend junger Leute. Doch um die Mittagszeit ist ein kleiner Snack mit einem gut gekühlten Weißwein auch für Touristen eine willkommene Unterbrechung ihrer Besichtigungstour.

Mitteleuropäischer Charme

Nicht ohne Grund zählt der berühmteste Ort des Weinlandes zu den beliebtesten Wohngegenden des Landes und wird als eine der schönsten Städte Südafrikas bezeichnet.

Leider nehmen sich die meisten Reisenden zu wenig Zeit, da sie Stellenbosch auf dem Weg zu den nahe gelegenen Weingütern nur einen Durchfahrtsbesuch abstatten. Der wahre Genießer kommt entweder am frühen Morgen oder am späten Nachmittag in *die* Weinstadt Südafrikas; dann sind zumindest die Weinland-Touristenbusse noch nicht da oder schon wieder weg. Am besten planen Sie für einen Aufenthalt in Stellenbosch mindestens einen Tag ein. Nur so können Sie dem ganz besonderen Flair dieses Ortes nachspüren: Stellenbosch ist europäisch geprägt, besitzt aber afrikanische Gemütlichkeit und Gelassenheit. Seine Bürger scheinen sich den Leitspruch »Nur ja keine Hektik aufkommen lassen!« zu eigen gemacht zu haben.

Afrikaanse Kultur

Wenn von Stellenbosch als einer der europäischsten Städte Südafrikas die Rede ist, dann bezieht sich das insbesondere auf die afrikaanse Kultur. Wer die Straßen entlang schlendert – eine andere Gangart ist hier kaum möglich – wird immer wieder Wortfetzen von Afrikaans hören. Die Einheimischen sprechen nur selten Englisch miteinander. Eigentlich nur dann, wenn sie vermuten, dass es sich um einen Fremden handelt, der sich da zu ihnen gesellt.

Ein liebliches Tal

Bereits Simon van der Stel muss begeistert gewesen sein, als er dieses Fleckchen Erde auf seiner Suche nach neuem Siedlungsland für die aus Kapstadt wegstrebenden Farmer entdeckte. Umgeben von einer Bergkulisse, die nicht bedrückt oder einengt, sondern das fruchtbare Tal entlang des Eerste Rivier besonders lieblich erscheinen lässt, hatte er ganz offenbar den idealen Platz für Landwirtschaft gefunden. Kapstadt benötigte vor allem Weizen, der sollte nun hier im Hinterland der Küstenstadt angebaut werden.

Im Jahr 1679 war es soweit: Stellenbosch wurde offiziell als zweite Stadt Südafrikas gegründet. Schnell entwickelte sich die kleine Gemeinde zu einem beliebten Treffpunkt der Kolonisten. Ein Tagesritt von Kapstadt, und die Siedler konnten sich hier ein wenig

Schattenplatz: Café in Stellenbosch

der gestrengen Aufsicht durch die Ostindische Handelskompanie entziehen. In Stellenbosch ließ es sich ungezwungener leben. Das änderte sich erst, als die Kompanie mit einer Drostei eine Verwaltungsstelle errichten ließ, um die Kontrolle über die »freien Bürger« auf dem Land nicht ganz zu verlieren. Außerdem wurde dem Ort ein militärisches Fort angegliedert, denn für mehrere Jahre blieb Stellenbosch der am weitesten ins Land hinein reichende Vorposten der Kolonie und sollte so die Mutterstadt vor Angriffen sichern.

Kaphollands Schmuckkästchen

Dennoch war das Leben in Stellenbosch leichter und während der ersten Siedlungsjahre auch schöner als in Kapstadt. Die Neusiedler verwandelten ihre zunächst nur einfache Dorfstraße in ein Schmuckkästchen mit Bürgerhäusern im kapholländischen Stil. Viel Geschäftssinn war in der Stadt zu Hause, und so konnten die Farmen in einem großen Umkreis von hier aus gut versorgt werden. Die meisten Kolonisten erledigten ihre Einkäufe weitaus lieber in dem sauberen und gepflegten Stellenbosch als in der zum damaligen Zeitpunkt schmutzigen und unruhigen Hafenstadt Kapstadt.

Die angenehmen Lebensverhältnisse sprachen sich herum und so zogen immer mehr Siedler und Kaufleute in die junge Stadt. Vor allem die künftigen Winzer spekulierten auf die günstigen Anbau-Bedingungen in dem sonnendurchfluteten Tal. Immer mehr Wald in der Umgebung von Stellenbosch wurde gerodet, um Platz für riesige Weingüter zu schaffen. Noch heute gilt Stellenbosch mit 120 existierenden Gütern als das größte zusammenhängende Weinanbaugebiet Südafrikas. Zu den bekanntesten zählen Boschendal, Blaauwklippen, Morgenhof, Neethlingshof und Spier (vgl. Seite 127 ff.).

Die Winzer waren es auch, die einen neuen Baum mit ans Kap brachten. Um unabhängig von den Fassmachern aus Europa zu werden, wollten sie die Eiche in ihrem neuen Siedlungsgebiet heimisch machen. Leider waren die Wachstumsbedingungen hier jedoch *zu* gut für Normalwuchs. Auch das gibt es. Die Eichen gediehen zwar prächtig und entwi-

Wie die Eichen nach Stellenbosch kamen …

Kapholländische Architektur

Stellenbosch, Universitätsplatz

ckelten ein dichtes Laubwerk, aber nicht genügend Kernholz. So sind die Eichen am Kap Hohleichen geworden und für die Herstellung von Weinfässern vollkommen ungeeignet. Pech für die Winzer. Aber als Schattenspender an heißen, sonnigen Sommertagen erfüllen die zahlreichen Eichen-Alleen für Bewohner und Besucher einen vielleicht ebenso nützlichen Zweck.

Ein Spaziergang entlang der Dorp Street ist eine kleine Stilkunde in Kolonial-Architektur. Nach einem verheerenden Stadtbrand 1710 wurde die Stadt neu aufgebaut. Zahlreiche Gebäude sind aus dieser Zeit noch erhalten und liebevoll restauriert. Aber auch die folgenden Epochen sind architektonisch repräsentiert. Wohl in keiner anderen Stadt der Welt ist ein vergleichbar geschlossenes Bauensemble aus kapholländischer, georgianischer und viktorianischer Architektur zu finden.

Ein Ausflug in die Vergangenheit

Gediegen und mit dem Charme seiner über hundertjährigen Geschichte wird der Kolonialwarenladen »Oom Samie Se Winkle« (84 Dorp Street) geführt. Viktorianisch die Fassade, doch drinnen ein Sammelsurium aus Antiquitäten, Weinen und Kleidungsstücken, die als Vintage-Stil vielleicht bald wieder in Mode kommen. Weiter geht es die Dorf-Straße (Dorp Street) entlang Richtung Zentrum. Nach einem schnellen Cappuccino bei Mug&Beans (in der Südafrika-Variante) gelangt man zur Braak, dem einstigen Exerzier- und Paradeplatz der Stadt.

Sowohl die Rheinische Mission errichtete hier eine Kirche (1823) als auch die Anglikanische Kirche mit der St. Mary's on the Braak. Interessant sind wiederum die typisch südafrikanischen Kolonialhäuser wohlhabender Bürger, zum Beispiel das »Burgher House« von Antonie Fick (Bloem Street/Braak). Der Enkel deutscher Einwanderer ließ es 1797 als sein Wohnhaus errichten; heute ist es Sitz der »Historical Homes of South Africa«, eines Verein, der sich für Denkmalschutz einsetzt. Die Kutschenfahrer der reichen Kaufleute waren früher schräg gegenüber im Coachman's Cottage untergebracht worden. Auffällig ist auch das Gebäude des VOC Kruithuis (1777). Hier verwahrte die Ostindische Handelskompanie von Stellenbosch ihre Waffen. Im Falle eines Angriffs konnten sich die Bewohner auf der Braak versammeln und im dortigen Arsenal zur Verteidigung rüsten.

Studieren im Weinland

Die Universität von Stellenbosch ist wohl die umstrittenste höhere Bildungsanstalt in ganz Südafrika. Sie zählt zweifellos zu den besten Universitäten im Lande, der Campus ist freundlich, die vielen Studenten (22.000) sehr entspannt und das Angebot der unterschiedlichen Fakultäten vielfältig und von hoher Qualität. Was die Uni umstritten macht, ist ihre Vergangenheit. Während der Apartheidzeit erlangte die Universität den Ruf, der Apartheid die »akademische Weihe« verliehen zu haben. Zahlreiche Politiker dieser Ära (unter anderem Daniel Francois Malan, Hendrik Frensch Verwoerd, James Barry Munnick Hertzog, Jan Christian Smuts) haben ihr Studium in Stellenbosch absolviert. So entstand hier im Laufe der Zeit eine Art Kaderschmiede für linientreue Freunde der Apartheid.

Die Idylle des Ortes muss in jenen Tagen Professoren wie Studenten ihrer intellektu-

Akademische Weihen für die Apartheid

Kolonialflair im Dorfmuseum | info

▸ Das **Dorp Museum** (18-37 Reyneveld Street) lockt vor allem Architekturinteressierte. Es zeigt anhand von vier typischen Häusern die wichtigsten Stilformen, gibt aber auch Einblicke in die bürgerlichen Lebensverhältnisse von Anfang des 18. bis Ende des 19. Jahrhunderts:

▸ **Schreuder-Huis** (ca. 1709): Im Jahr 1709 wurde der deutsche Söldner Sebastian Schröder von der Holländisch-Ostindischen Handelskompanie als Verwalter einer Mühle eingestellt. Nach dem Ausscheiden aus dem Militärdienst erhielt er ein Stück Land geschenkt, auf dem er dieses Haus errichtete. Es gilt als das älteste, noch erhaltene Stadthaus Südafrikas. Das Mobiliar und der Hausrat geben die Zeit von 1690 bis 1720 wieder.

▸ **Blettermann-Huis** (ca. 1789): Mit dem für kapholländische Häuser typischen H-förmigen Grundriss wurde dieses Haus von dem wohlhabenden Friedensrichter Hendrik Lodewyk Blettermann errichtet. Das Mobiliar entspricht der Periode 1750-1780.

▸ **Grosvenor House** (ca. 1803): Ähnlich wie dieses Haus sah zu Beginn des 19. Jahrhunderts die gesamte Architektur der Bürgerhäuser in den Städten am Kap aus. Zunächst nur mit einem Strohdach versehen, wurde es um 1803 um ein zweites Stockwerk und ein neues Flachdach erweitert. Schon von außen ließ die aus England kommende Mode des Neo-Klassizismus auf vermögende Bewohner schließen. Innen finden sich Möbel aus den Jahren 1800-1830. Die im Haushalt beschäftigten Sklaven wurden in dem links anschließenden Gebäude untergebracht, während sich rechts das Kutscherhaus befand.

▸ Das **Haus von O. M. Bergh** (ca. 1850): Die viktorianische Ära spiegelt dieses Haus wider und ist ein typisches Beispiel, sowohl von innen wie außen, für die Zeit von 1840-1870.

Studenten in Stellenbosch

ellen Fähigkeiten beraubt, zumindest aber zeitweilig das Hirn vernebelt haben. Der Wunsch nach irgendeiner sozialpolitischen Veränderung – hier hätte er sicher niemals einen geistigen Nährboden gefunden. Zu wohlgeordnet in ihrem Schwarz-Weiß-Denken hatten es sich die in Südafrika gesellschaftlich führenden Schichten auf dem Campus der Universität Stellenbosch eingerichtet. Daher war auch der Schock groß, als Mandela aus dem nahe der Stadt gelegenen Gefängnis in die Freiheit entlassen wurde, und mit ihm die tiefgreifende Umgestaltung Südafrikas ihren Anfang nahm.

Zwischenzeitlich hat sich auch die Universität zögerlich dem neuen Südafrika geöffnet. Die Gebäude, einst mit Namen von Heroen der Apartheidzeit verbunden, wurden der neuen Zeit angepasst und von den nunmehr despektierlichen Namenszügen befreit. Auch der Anteil an schwarzen Studenten hat langsam aber stetig zugenommen. Viele Eltern aus der neuen schwarzen Oberschicht wollen ihre Kinder an der alten Eliteuniversität der Weißen studieren lassen. Das entspricht zum einen dem immer stärker werdenden Elitedenken vermögender Schwarzer, zum anderen dem Wunsch, eine der letzten Bastionen weißer Herrschaft ins Wanken zu bringen. Dennoch überwiegt auch heute noch die Afrikaans sprechende Studentenschaft. Im Gegensatz zu den übrigen großen Universitäten des Landes wie Kapstadt, Pretoria, Johannesburg oder Durban hat der Anstieg an schwarzen Studenten die Dominanz der Weißen in Stellenbosch noch nicht verändert.

Afrikaaner-Hochburg

Wer in Stellenbosch ein Auslandsstudium oder ein Gastsemester plant, sollte sich daher vor dem Südafrikaaufenthalt ein wenig mit der Sprache Afrikaans angefreundet haben. Zwar werden in den weiterführenden Semestern auch Vorlesungen und Übungen auf Englisch gehalten sowie Skripte und Präsentationen in Englisch verfasst, doch im Allgemeinen ist Stellenbosch noch immer eine der großen Afrikaaner-Hochburgen. Im Undergraduate-Bereich, also in den Anfangssemestern, ist Afrikaans nach wie vor die vorherrschende Unterrichtssprache. Für Gaststudenten hat es aber auch privat einen praktischen Nutzen, sich mit der Sprache der Nachfahren burischer Einwanderer vertraut zu machen. Da für die meisten der Kommilitonen Afrikaans Muttersprache ist, wird außerhalb der Uni von den jungen Leuten ebenfalls überwiegend diese Sprache gesprochen. Ein paar Brocken helfen sicher dabei, erste Kontakte zu knüpfen. In den meisten Fällen wird danach schnell zu Englisch gewechselt.

Tipps für Gaststudenten in Südafrika   info

Bevor man an einer der Universitäten Südafrikas als Ausländer ein Studium beginnen kann – sei es als Gaststudent für ein oder zwei Semester oder auch als Vollstudent –, haben die Bürokraten ein paar nervenaufreibende Hindernisse in den Weg gelegt. Es lohnt sich aber, die Mühen auf sich zu nehmen und alle geforderten Formulare auszufüllen. Das Studentenleben am Kap auch nur für kurze Zeit zu erleben, ist eine Bereicherung. Hier geht es sehr viel weniger anonym auf dem Campus zu als an manchen deutschen Universitäten, und der Kontakt zum Lehrpersonal ist weitaus intensiver. Viele deutsche Studenten müssen sich allerdings zunächst an das stärker verschulte System gewöhnen, lernen aber dann recht schnell die kleineren Klassengrößen und den dadurch möglichen persönlichen Kontakt zu den Dozenten schätzen. Die Arbeitsatmosphäre während der Vorlesungen ist entspannt und konzentriert. Jede Woche werden pro Kurs in der Regel drei Vorlesungen abgehalten, die am Ende des Semesters innerhalb einer Woche den Prüfungsstoff bilden.

Das Aufnahmeverfahren ist aufwändig: Für die Bewerbung an einer der Universitäten sollten in Ruhe alle erforderlichen Unterlagen zusammengestellt werden, ohne die es sinnlos wäre, überhaupt einen Antrag zu stellen. Wichtigstes Dokument ist eine Äquivalenzbescheinigung über die bisher erreichten Schulabschlüsse und die erbrachten Scheine während des Studiums. Um diese Bescheinigung zu erhalten, werden alle übersetzten und beglaubigten Dokumente an die South African Qualifications Authoriy (SAQA) eingereicht. In Südafrika kann bereits nach zwölf Jahren Schulzeit ein Studium begonnen werden, sodass bereits die Fachhochschulreife zum Studieren berechtigt. Durch das Fehlen eines Numerus Clausus, bis auf das Fach Medizin, steht allen der Zugang zu allen Fachrichtungen offen. Um den höheren Abschluss des Masters zu erlangen, ist als Mindestvoraussetzung der Bachelor- oder Diplomabschluss nachzuweisen.

▸ **Bewerbungsformulare:** Jede Universität bietet auf ihrer Internetseite die erforderlichen Bewerbungsformulare als Download an. Sorgsames Ausfüllen ist Pflicht!

▸ **Sprachtest:** Es ist sinnvoll, der Bewerbung ein Sprachtestergebnis (auf Englisch) beizufügen. Sollten die englischen Sprachkenntnisse nicht ausreichen, werden auch vor Ort Sprachkurse für Ausländer angeboten.

▸ **Recommendation:** Ein auf Englisch verfasstes Empfehlungsschreiben eines Dozenten der Heimatuniversität ist außerdem von Vorteil.

Sind alle diese Unterlagen bei der gewünschten Universität eingereicht und von ihr ein positiver Bescheid erteilt worden, kann bei der südafrikanischen Botschaft ein Studentenvisum beantragt werden. Hierzu sind der Nachweis eines Studienplatzes sowie der Nachweis einer Auslandskrankenversicherung erforderlich. Die Beschränkung des Visums auf zunächst ein Jahr stellt kein Problem dar, denn es kann in der Regel vor Ort verlängert werden.

An südafrikanischen Universitäten werden von den Studenten Studiengebühren verlangt. Für viele Schwarze eines der größten Hemmnisse, ein Studium zu absolvieren, auch wenn heimische Studenten geringere Gebühren zahlen als ausländische. Die Höhe der Gebühren ist von Universität zu Universität und je nach fachlicher Ausrichtung unterschiedlich. Normalerweise ist ein jährlicher Betrag von 1.500 bis 3.000 Euro zu entrichten.

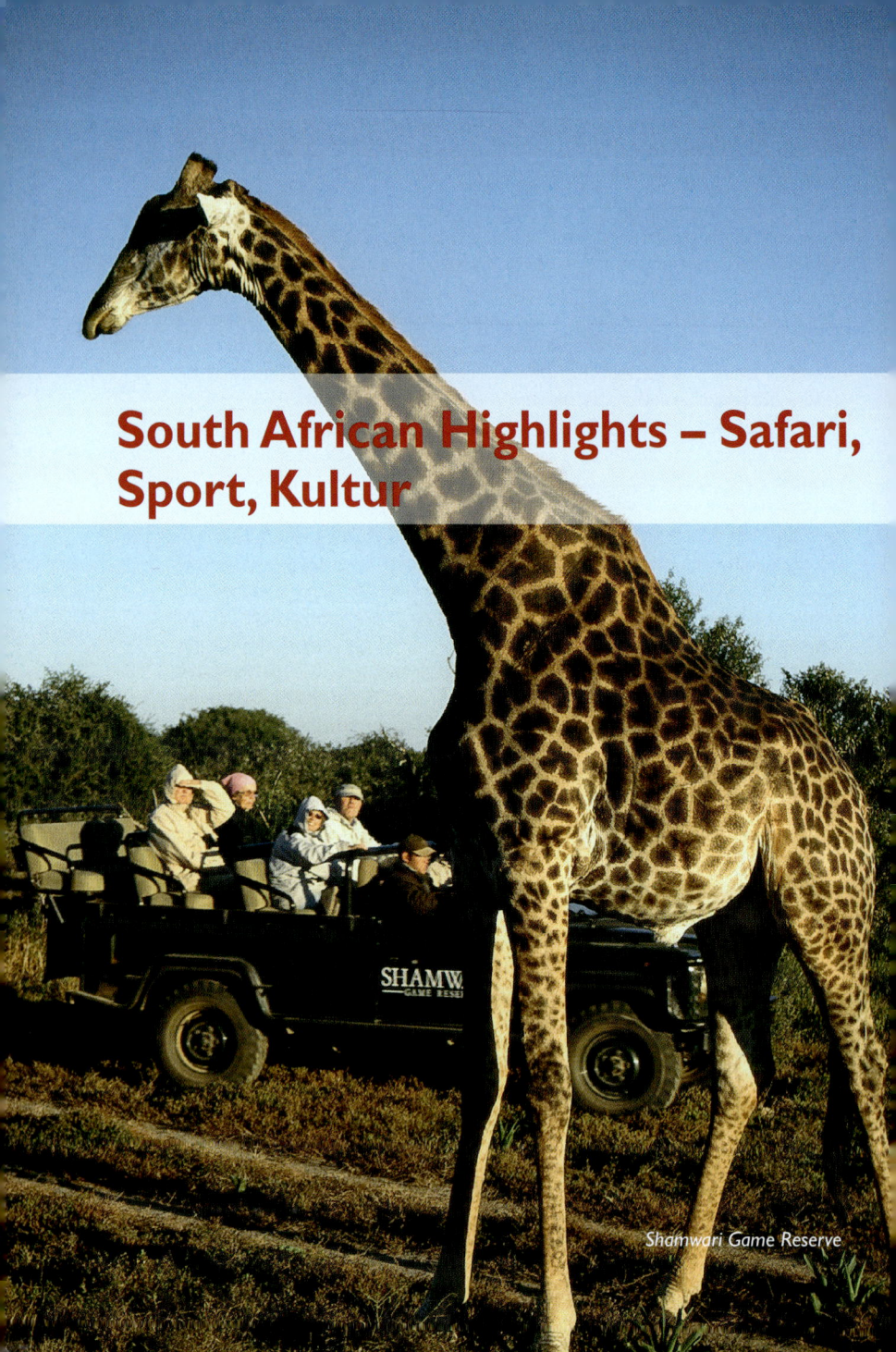

South African Highlights – Safari, Sport, Kultur

Shamwari Game Reserve

Auf Reisen in Südafrika

Mit dem Auto unterwegs

Autofahren in Südafrika ist ein Vergnügen, wenn ein paar grundlegende Dinge beachtet werden. Die wichtigste Regel: In Südafrika herrscht Linksverkehr – überholt wird rechts! Da die meisten Fahrer (Mindestalter 21 Jahre) wohl auf einen Mietwagen zurückgreifen werden, erleichtert schon das »Auf-der-falschen-Seite-Sitzen« des Fahrers die Gewöh-

Achtung
Linksverkehr

nung sehr. Nur automatisierte Handgriffe führen anfangs zu kleinen Überraschungen. So sucht man – noch ungeübt – den Schaltknüppel der Gangschaltung mit der falschen Hand und schlägt unwillkürlich gegen die Fahrertür: Die Schaltung wird auf der Mittelkonsole von links bedient. Auch sind die Hebel für Scheibenwischer und Blinker an jeweils spiegelverkehrter Seite angebracht, man verwechselt sie leicht. Erleichtert stellt der Anfänger im Linksverkehr allerdings fest, dass Kupplung, Bremse und Gaspedal in gewohnter Fußordnung angebracht sind. Nach einiger Zeit hat sich aber jeder an diese neuen Ordnungen gewöhnt und kann sich in den Straßenverkehr wagen.

Geparkt wird links, Vredehoek, Kapstadt

Vor allem in den Großstädten herrscht das übliche Chaos. Außerdem wirkt die schnelle und dicht auffahrende südafrikanische Fahrweise anfangs etwas bedrohlich. Fahrten über Land sind dafür umso entspannter. Ein gut ausgebautes Straßennetz aus autobahnähnlich ausgebauten Hauptstraßen (National »N«), städtischen Verbindungsstraßen (Metropolitan »M«) und regionalen Straßen (Regional »R«) erlaubt stressfreies Fahren. Aufpassen heißt es allerdings bei Geschwindigkeitsüberschreitungen! Da der Verkehr vor allem auf den Fernstraßen nicht besonders dicht ist, verleitet dies zum schnelleren Fahren. Häufige Radarkontrollen können da schon ein teures Vergnügen werden. Daher sollten die Höchstgeschwindigkeiten auf jeden Fall eingehalten werden: In Ortschaften 60 km/h, auf Landstraßen 100 km/h und auf Nationalstraßen 120 km/h.

Gern wird
dicht aufge-
fahren

Öffentliche Verkehrsmittel und ihre Grenzen

Bis zum Beginn der Fußballweltmeisterschaft (2010) sollte in Südafrika vor allem im Umfeld der Großstädte das öffentliche Transportsystem ausgebaut und verbessert werden. Die bis dahin verkehrenden Busse waren alt, mit wenig Komfort ausgestattet und häufig zu wenig gewartet. Tatsächlich sind auch heute die Überlandbusse für kaum einen Gast aus dem Ausland eine wirkliche Alternative zum Mietwagen. Einzig in Kapstadt wird schon mal das Stadtbusnetz von Touristen zu Fahrten an die Waterfront genutzt. Wobei

Mietwagen

Info   Besonderheiten im Straßenverkehr

▸ **Verhalten an Kreuzungen:** Wenn eine Kreuzung mit vier Stoppschildern geregelt ist, fährt zuerst derjenige, der als Erster an der Kreuzung anhielt.

▸ **Randstreifen:** Langsam fahrende Fahrzeuge auf Fernstraßen nutzen den Randstreifen. In Europa unüblich, in Südafrika aber die Regel, wird der Randstreifen in den Verkehr miteinbezogen. Um das Überholen zu erleichtern, fahren langsame Autos nach links über die durchgezogene Linie, um dem Hintermann Platz zu machen. Der Überholende bedankt sich dann durch ein kurzes Betätigen des Warnblinkers.

▸ **Fußgänger auf Nationalstraßen:** Am gewöhnungsbedürftigsten für Autofahrer aus Europa und anderen nichtafrikanischen Ländern sind die zahlreichen Fußgänger an den Straßenrändern der Autobahnen und Landstraßen. Einzelpersonen, Schüler auf dem Weg zur Schule und ganze Familien spazieren mit allergrößter Selbstverständlichkeit auf den Seitenstreifen ihrem Ziel entgegen. Ungerührt braust der Verkehr an ihnen vorbei. Dass dabei nur wenig passiert, grenzt an ein Wunder. Vor allem in der Dämmerung und bei Dunkelheit ist besondere Achtsamkeit beim Autofahren geboten. Bei fehlender Straßenbeleuchtung sind Passanten nur schwer zu erkennen.

Fenster zu! Die Affen klauen

▸ **Alkohol am Steuer:** Auch wenn die Alkoholgrenze für Autofahrer bei 0,5 Promille liegt, ist damit zu rechnen, dass sich viele Südafrikaner nicht daran halten. An Wochenenden, in Ferienzeiten und an Feiertagen ist trotz häufiger Kontrollen mit alkoholisierten Fahrern zu rechnen.

▸ **Überfälle:** Jede längere Fahrstrecke sollten Sie so planen, dass Sie bei Tageslicht unterwegs sind. Es ist zu empfehlen, nicht erst vor Ort nach einer Unterkunft zu suchen, sondern bereits im Vorfeld zu buchen. Am besten, Sie melden die geplante Ankunftszeit dort telefonisch. Übrigens: Für die Strecke Johannesburg/Pretoria zum Kruger National Park brauchen Sie etwa sechs, von Kapstadt in die Garden Route bei Knysna um die fünf Stunden.

▸ **Fahren bei Dunkelheit:** Sollte sich eine Fahrt abends oder in der Nacht nicht vermeiden lassen, beachten Sie, dass viele Südafrikaner ohne Licht oder mit defekten Lichtanlagen an PKWs und Fahrrädern unterwegs sind. Mit unerwartetem Gegenverkehr ist also immer zu rechnen. Auf Fernstraßen können übermüdete LKW-Fahrer zu einer Gefahr werden.

▸ **Tanken:** Trotz sparsamster Fahrweise – irgendwann muss getankt werden. An Tankstellen werden keine Kreditkarten akzeptiert, also ist Bargeld erforderlich. Außerdem ist Selbstbedienung unüblich. Gegen ein kleines Trinkgeld (zwei Rand) hilft ein Tankwart.

▸ **Sicherheitsgurte:** Auch in Südafrika ist das Anlegen von Sicherheitsgurten auf allen Sitzplätzen Pflicht.

▸ **Mobiltelefone:** Die Nutzung von Handys während der Fahrt ist verboten, es sei denn der Wagen verfügt über eine Freisprechanlage.

aber auch hier häufiger die relativ günstigen und zahlreich zur Verfügung stehenden Taxen zu bevorzugen sind.

Spricht ein Schwarzer aus einem Township davon, dass er mit dem Taxi zur Arbeit fährt, dann heißt das natürlich nicht, dass ihn ein komfortabler Mercedes von der Wohnung zur Arbeit chauffiert. In den Townships sind es vor allem Sammeltaxis in Form von Toyota-Kleinbussen, die – voll gestopft mit Passagieren auf engen Sitzen und in häufig desolatem technischen Zustand – festgelegte Routen befahren. Gewitzte Fahrer, deren Fahrweise die Frage aufwirft, ob der Führerschein korrekt erworben wurde, nehmen ihre Fahrgäste durch Zuwinken auf. Mit zum Teil halsbrecherischen Fahrkünsten befördern sie die Passagiere von allen möglichen und unmöglichen Haltepunkten aus an ihre individuellen Ziele. Da es sich um eine vergleichsweise günstige, aber vor allem um die schnellste Möglichkeit handelt, von A nach B zu gelangen, sind diese Taxen das beliebteste Fortbewegungsmittel der Schwarzen. Auch in Städten wie Kapstadt sind sie nicht zu übersehen und – dank dem stetigen Einsatz der Hupe – auch kaum zu überhören. *Sammeltaxis*

Für größere Strecken im Land sollte man aus Zeitgründen und der Bequemlichkeit halber das Flugzeug nehmen. Neben South African Airways (Partner der Star Alliance) gibt es seit 2001 auch Billigfluglinien für regionale Verbindungen im Inland wie die Kulula Airline. Sie hat ihren Namen nach dem Zulu-Wort für »einfach« erhalten, also sollten die Erwartungen an den Komfort nicht zu hoch sein. Auch die Bahn bietet keine günstige Alternative, sowohl im Nah- als auch im Fernverkehr. Es fahren zwar die gelbgrau gestrichenen Metro-Bahnen in die Vororte, werden aber in der Regel wegen der Gefahr eines Überfalls nicht von Weißen benutzt. Der Privat- oder Mietwagen ist unbestritten die erste Wahl. *Flugzeug bevorzugt*

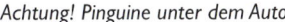

Achtung! Pinguine unter dem Auto

Minibus, Orangefarm, Johannesburg

Luxus auf Schienen – Blue Train und Rovos

Teuer, aber toll

Vorstadttristesse für Schwarze, Luxus auf Schienen für Weiße – in Südafrika wundert sich niemand über diese Gegensätze. Eine kostspielige, aber äußerst exklusive Variante, geruhsam die Strecke von Kapstadt nach Pretoria oder umgekehrt zu überbrücken, ist die Fahrt mit dem so genannten »Blue Train«. Er zählt seit seiner Einführung im Jahr 1923 zu den luxuriösesten Zügen der Welt. Eingesetzt wurde er damals, um den britischen Herrschaften aus Johannesburg eine angenehme Anreise nach Kapstadt zu ermöglichen, bevor sie von dort aus mit einem Luxusliner in Richtung England in See stachen.

Treffpunkt für heutige Gäste ist jeweils eine Stunde vor Abfahrt in einer Extra-Lounge am Bahnhof. Bei einem Glas Champagner stimmen sich die Luxuszugreisenden auf ihre Fahrt ein. In 18 Waggons wird bei einer Höchstgeschwindigkeit von 110 Stundenkilometern von 27 Angestellten den maximal 84 Gästen ein gut zweitägiges Reiseerlebnis geboten, wie man es mit klassischen Bahnfahrten á la Orient-Express verbindet. Stilvoll sind die Abteile eingerichtet, in denen für die Nacht Einzel- und Doppelbetten bereit stehen. Im eleganten Loungewagen kann bei einem Drink mit den Mitreisenden Konversation betrieben werden, bevor in britischer Atmosphäre zum Dinner gebeten wird. Es versteht sich, dass dazu die Herren mit Jackett und Krawatte und die Damen im edlen Kleid erscheinen. Entsprechend der Philosophie »Luxus auf Schienen« erhalten die Gäste nur Erstklassiges: zuvorkommenden Service, exzellente Küche und ausgezeichnete Weine.

Pride of Africa

Dem Konzept des von der staatlichen Eisenbahngesellschaft Spoornet betriebenen »Blue Train« setzte 1989 Rohan Voss mit dem »Rovos Train«, seiner privat betriebenen Eisenbahnlinie, noch eine Spur Exklusivität obendrauf. Bei der dreitägigen Bahnfahrt

Mit Kapstadts Vorortbahn fahren Sie besser nicht

von Kapstadt nach Johannesburg kommen historische Dampflokomotiven zum Einsatz. Auf Grund des hohen Verbrauchs an Wasser und Kohle fahren diese aber nur auf der Schlussetappe unter Volldampf. Wo keine Versorgungsstationen zur Verfügung stehen, wird auf Elektro- und Diesellokomotiven zurückgegriffen. Dennoch ist eine Reise mit dem »Pride of Africa« wie eine Szene aus einem Agatha-Christie-Roman. Hier wird die Ruhe nicht durch Fernseher oder Radio gestört, und der weitgehende Verzicht auf Nachtfahrten gewährt einen ruhigen Schlaf. Aus dem mit Mahagonimöbeln ausgestatteten Salonwagen oder dem Terrassen- und Kanzelwagen am Ende des Zuges genießen die Gäste dann tagsüber die Aussicht auf die abwechslungsreiche Landschaft Südafrikas: ein rollendes Fünf-Sterne-Hotel, das daran vorbei zuckelt.

Wie in einem Film flimmern an einigen Teilen der Strecke allerdings auch einige Townships an den Reisenden vorüber. Ob sich die von Allinclusive-Drinks verwöhnten Fahrgäste bei diesem Anblick aber den gesellschaftlichen Problemen des Landes öffnen, oder es vorziehen, die Augen davor zu verschließen, mag dahingestellt sein. Ein Reisevergnügen jedenfalls, das irgendwie aus der Zeit gefallen zu sein scheint. *Aus der Zeit gefallen*

Unterkünfte in Südafrika

Hotels: Die Wahl der Unterkunft fällt in Südafrika etwas schwerer als andernorts. Denn das Angebot ist überall vielfältig, und reicht nicht nur in Kapstadt von einfachen Häusern für Rucksacktouristen (Backpacker-Lodges) und Hostels bis hin zu Hotels der gehobensten Luxus-Kategorie. Da Südafrika ein Ganzjahresreiseziel ist, gibt es im Grunde keine saisonal bedingten Zeiten, in denen Unterkünfte für Gäste geschlossen sind. Es empfiehlt *Vorausbuchen ist sinnvoll* sich aber, vor allem in den Hauptreisezeiten ab Oktober bis Ende Januar und während der großen Schulferien im Hochsommer (Mitte Dezember bis Mitte Januar) mindestens zwei Tage vorher anzurufen. In diesen Monaten sind viele Häuser ausgebucht, der Anruf bewahrt vor Hotelsuche bei Nacht. Das Gleiche gilt für Unterkünfte in den Nationalparks. Die meisten internationalen Hotelketten (Sun International, Holiday Inn, Hilton, Protea) haben sich in den letzten zwanzig Jahren in allen größeren Städten ausgebreitet und sind wie überall auf der Welt nach den allgemein üblichen, austauschbaren Standards ausgestattet. Nur die Farbauswahl der Innenarchitekten und einzelne Dekorationen erinnern daran, dass sich der Gast in Afrika befindet. Wer Bequemlichkeit, großzügig gestaltete Zimmer und klimatisierte Behaglichkeit sucht, ist hier sicher immer gut aufgehoben. Landschaftlich schön an die Umgebung angepasst, sind häufig die Hotels auf dem Land – umgeben von prächtigen Gärten und mit Ausblick in die sagenhafte Natur.

Individuell übernachten

Lodges und Guesthouses: Individueller und persönlicher als große Hotels sind hingegen Lodges und Guesthouses. In manchen Fällen ist der Unterschied von einem Hotel zu einer Lodge fließend. In Südafrika versteht man unter einer Lodge eigentlich ein Hotel mit sehr viel afrikanischem Flair. Meist findet man sie daher in der Nähe der Nationalparks oder in den Berggebieten – zum Beispiel in den Drakensbergen. Auch bei dieser Art der Unterkunft gibt es große Unterschiede bezüglich der Qualität und Exklusivität. Sie reichen von schlichten Hütten, die noch an die ursprünglichen Lodges erinnern, die als Einfachbehausungen für Farmarbeiter gedacht waren. Und gehen bis hin zu eleganten Bungalows im Stil von »Out of Africa«. Da werden Erinnerungen an den Filmklassiker mit Meryl Streep und Robert Redford wach. Vor allem die privat geführten Game Lodges bieten Safari-Feeling vom Feinsten und einen Rundumservice, der nicht nur Unterkunft

Safariglück, zwei Dickhäuter aus nächster Nähe

Auf ins verlängerte Wochenende – Feiertage in Südafrika　info

Als Reisegast in Südafrika sollten Sie schon bei der Planung Ihrer Termine die dortigen Feiertage berücksichtigen. In Südafrika gibt es neben den auch bei uns üblichen gesetzlichen Feiertagen Weihnachten, Neujahr, Ostern und dem 1. Mai Feiertage, die der besonderen historischen Vergangenheit des Landes Rechnung tragen. Da der folgende Montag ein Feiertag ist, sollte der gesetzliche Feiertag auf einen Sonntag fallen, werden diese zusätzlichen freien Tage gerne für ein verlängertes Wochenende mit Ausflügen genutzt. In Nationalparks, Hotels und an allen Sehenswürdigkeiten ist dann mit vermehrtem Besucherandrang zu rechnen. Zu den gesetzlichen Feiertagen gehören:

1. Januar: New Year's Day – Neujahrstag
21. März: Human Rights Day – Tag der Menschenrechte. An diesem Tag wird der neuen demokratischen Verfassung des Landes gedacht.
März/April: Good Friday und Easter Monday – Karfreitag und Ostermontag
27. April: Freedom Day – Freiheitstag. Zur Erinnerung an die erste demokratische Wahl (1994).
1. Mai: Labour Day – Tag der Arbeit
16. Juni: Youth Day – Tag der Jugend. Jahrestag zum Gedenken des Ausbruchs der Rassenunruhen in Soweto (1976).
9. August: Women's Day – Tag der Frauen. Zur Erinerung an die Frauen, die im Jahr 1956 gegen die Passgesetzgebung demonstrierten.
24. September: Heritage Day – Tag des Erbes: Ein Feiertag der Regenbogennation. Das Volk besinnt sich auf das eigene historische Erbe, die Vielfalt der Kulturen und die Naturschönheit des Landes.
16. Dezember: Reconciliation Day – Versöhnungstag. Einst der Tag, an dem die Buren dem Sieg über die Zulu am Blood River (1838) gedachten. Während der Apartheid feierten sie ihn als »Gelöbnis-Tag«. 1995 wurde dieser Feiertag umbenannt und als Tag der Versöhnung zwischen den Kulturen neu belebt.
25. u. 26. Dezember: Christmas – Weihnachten

Neben diesen, im ganzen Land geltenden, gesetzlichen Feiertage werden von allen anderen nichtchristlichen Religionsgemeinschaften eigene Gedenk- und Feiertage gefeiert.

und gutes Essen (häufig auch Game – Wild) umfasst, sondern auch von eigenen Rangern geführte Safari-Fahrten. Übrigens: Obwohl die Ausfahrten zu Tierbeobachtungen im Preis inbegriffen sind, sollte man Rangern ein großzügiges Trinkgeld geben. Sie leben großenteils davon.

Ein Tag auf einer solchen Lodge beginnt mit frühem Aufstehen. Der »Early Morning Tea or Coffee« steht schon bereit, noch bevor es zum Sonnenaufgang in den Busch geht. Mit ausführlichen Beschreibungen zum Lebensraum der Tiere im Kopf und einer großen Ausbeute an Fotomotiven im Kasten kehrt man zum späten Frühstück in die Lodge zurück. Eine Pause mit Entspannung am Pool oder im Schatten der Bäume schließt sich an, bevor es nach Mittagessen und Kaffeepause zur Nachmittagssafari erneut in die offenen Jeeps geht. Vielleicht zeigen sich dann die Tiere, die sich noch am Morgen den Kameras entzogen haben. Am Ende der Safari winkt ein Gin-Tonic oder ein anderer erfrischender Sundowner an sicherer Stelle im Busch, und das Safariglück ist komplett. Man kann um eine Nachtsafari unter dem südlichen Sternenhimmel verlängern.

Wer da sagt, der Aufenthalt in einer Lodge im Busch sei doch ein sehr dekadentes Vergnügen einiger reicher Weißer in einem Land mit so großer Armut, sollte folgendes bedenken: Diese Form von »afrikanischem Luxus« schafft zahlreiche und hochwillkommene Arbeitsplätze für Schwarze, die oft vielköpfige Familien durchbringen müssen, und deren Auskommen letztlich auch dazu beiträgt, dass die Landflucht gebremst wird. Daneben bringen die Touristen wichtige ausländische Devisen ins Land. Zudem zahlen die Betreiber der Lodges Steuern. Ganz allgemein rechnet die südafrikanische Tourismusbehörde mit einer einfachen Formel: Acht Touristen schaffen einen Arbeitsplatz. Und jeder einzelne Arbeitsplatz trägt dazu bei, dass ein Siebenfaches an Familienmitgliedern davon ernährt wird. Somit kann ein Tourist im Land dazu beitragen, dass 56 Menschen davon profitieren!

Grillschwaden über dem Parkplatz

Camps in Nationalparks: Übermäßiger Luxus sollte nicht erwartet werden, wenn eine Übernachtung im Camp eines Nationalparks gebucht wird. Sie sind zweckmäßig ausgestattet, und – je nach Größe der Hütte – verfügen diese neben dem WC und der Dusche auch über eine kleine Küche. Für viele Südafrikaner, in erster Linie Weiße, gehört bei einem Besuch zum Beispiel des Kruger National Park eine Übernachtung mit dazu. Das geht nur in den offiziellen Camps.

Auch Wohnmobile müssen eigene, mit einem Elektrozaun vom übrigen Park abgetrennte Bereiche zum Übernachten anfahren. Hier frönen die südafrikanischen Männer stundenlang ihrer großen Leidenschaft, dem Grillen. Holzkohle verkaufen die Shops, und vor jeder Hütte steht eine Grillvorrichtung. So hängt spätestens nach Einbruch der Dunkelheit ein Duftschwaden von gegrilltem Fleisch über den Camps.

Vom Sport und den Helden der Nation

Spitzenathleten

Ob bei den Olympischen Spielen der letzten Jahre, bei Weltmeisterschaften in der Leichtathletik, oder bei Golfturnieren – immer häufiger erreichen südafrikanische Sportler die Spitze der Medaillenplätze oder beenden eine Runde mit einem guten Score. Ob die Gold-Schwimmstaffel um Ryk Neethling bei den Olympischen Spielen in Athen (2004), Trevor Immelman, Ernie Els im Golf, oder jüngst die 18-jährige Achthundert-Meter-Läuferin Caster Semenya bei den Leichtathletik-Weltmeisterschaften in Berlin (2009) – zunehmend wird bei Siegerehrungen die Fahne der Regenbogennation gehisst und deren Nationalhymne gespielt.

Der wohl bewegendste Moment der südafrikanischen Sportgeschichte in der Zeit nach der Apartheid fand nach dem Endspiel des Rugby World Cup am 24. Juni 1995 im Ellis Park Stadion in Johannesburg statt. Südafrika war für diese Großveranstaltung das Gastgeberland und hatte das Endspiel gegen Neuseeland 15:12 gewonnen, ein sensationelles Ergebnis. Doch das eigentliche Spiel war fast zur Nebensache geworden, als ein

Die schönsten privaten Game Reserves   **info**

Für viele ist eine Tiersafari ein seit Kindertagen gehegter Traum. In privat geführten Game Reserves kann er sich diesen erfüllen und die Erwartungen werden dabei sicher übertroffen. Der Spaß hat allerdings seinen Preis. Dieser liegt bei den meisten dieser Unterkünfte im sehr gehobenen Bereich. Pro Kopf fallen Kosten in Höhe von mindestens 200 bis 1.500 Euro pro Tag an. Alles inklusive. Bei den teuersten Angeboten ist sogar die Bereitstellung eines privaten Land Rovers inbegriffen.

Dafür können Sie aber auch damit rechnen, dass die Ranger gut ausgebildet, freundlich und sehr motiviert sind, auf der Pirschfahrt Tiere zu finden. Da sie über große Erfahrung verfügen, können spektakuläre Begegnungen mit Tieren ermöglicht werden: Aber auch, wenn alles vom Wagen aus friedlich wirkt: Keine Sekunde lang sollten Sie die Gefahren der Wildnis vergessen und erst recht nicht aussteigen!

▶ **Shamwari Game Reserve:** Das Tierparadies ist nur 45 Minuten von Port Elisabeth entfernt und hat schon zahlreiche Auszeichnungen für die besonders ökologisch angepasste Form der Tierhaltung bekommen. Das riesige Gelände mit mehreren Farmen (25.000 Hektar) wurde zu einem zusammenhängenden Biotop für die »Big Five« und andere Tiere umgestaltet. Darin liegen sieben Fünf-Sterne-Lodges, die allen Komfort bieten und das mit dem Vorteil der malariafreien Zone verbinden. Der gediegene Stil des kolonialen Lebens existiert im Long Lee Manor House (1910) weiter. Edwardianisch die Architektur, und genauso britisch gepflegt das Ambiente. Wer Lust hat, kann sich am Abend nach erfolgreicher (Foto-) Jagd eine echte kubanische Zigarre aus dem Humidor reichen lassen. Auf dem weitläufigen Gelände, das mit offenen Geländefahrzeugen befahren wird, werden auch immer wieder Tiere aus Zoos ausgewildert. So können sie auf Shamwari das Leben in einer beinahe freien Wildbahn führen.

▶ **Sabi Sabi:** Am Rand des Kruger National Park befindet sich dieses ebenfalls sehr exklusive private Reservat am Sabi Fluss. Der Name leitet sich vom Tsonga-Wort für Gefahr oder Angst »tsave« ab. Vor allem vor den im Fluss lebenden, gefährlichen Krokodilen und Nilpferden fürchteten sich die Menschen früherer Zeiten. Als moderner Gast sitzen Sie heute sicher auf der Terrasse Ihres Bungalows und betrachten die vorbeiziehenden Tiere durch das Fernglas. Mögliche Gefahr wird hinter Elektrozäune gebannt.

▶ **Shumbala Game Reserve:** Das Privatreservat liegt ebenfalls am Rande des Kruger National Park inmitten der dichten Dornbuschsavanne und ist rund fünfzig Kilometer von Hoedspruit entfernt. Neben Tierbeobachtungen vermittelt das luxuriöse Ambiente im afrikanischen Safaristil ein Gefühl wie aus dem Film »Jenseits von Afrika«.

▶ **Botlierskop Game Reserve:** In Zelten mit Duschen, Badewanne und WC, umgeben von hölzernen Terrassen, übernachtet der Safarigast in diesem bei Mossel Bay gelegenen Tierreservat. Hier ist die Auswahl an Tieren geringer. Nur 26 Arten sind während Pirschfahrten auf dem 2.500 Hektar großen, ehemaligen Farmland zu sehen. Mit Preisen ab 100 bis 350 Euro in der Hauptsaison pro Person und Tag – alles inklusive – ist das ein bezahlbares, sehr authentisches Safarivergnügen.

überglücklicher Nelson Mandela im Springbok-Rugby-Shirt den Siegerpokal an Mannschaftskapitän Francois Pienaar übergab. Als historisch kann dieser Moment gelten, weil der schwarze, neu gewählte Präsident den Sieg in einer Sportart so enthusiastisch feierte, die bislang als eine der »weißesten« im Lande galt. An diesem Tag war die Nation geeint. Das ganze Land befand sich im Freudentaumel. Der Stolz auf die Landsleute, die diesen Sieg für Südafrika errungen hatten, war riesengroß. Kaum einen der 65.000 Zuschauer im Stadion hielt es auf den Plätzen, und tief ergriffen nahm die bis auf Chester Williams überwiegend weiße Mannschaft die Ehrung ihres schwarzen Präsidenten entgegen. Am Tag nach dem Weltcup-Finale machte sogar der Sportteil der wahrlich nicht unbedingt weißenfreundlichen Zeitung *The Sowetan* mit dem Xhosa-Wort für Springbock – *Amabokoboko* – seinen Leitartikel auf.

Ein plötzliches Wir-Gefühl

Gerade derartige Sportveranstaltungen schaffen es, ein plötzliches »Wir-Gefühl« in einer ansonsten noch immer geteilten Nation aufkommen zu lassen. Getragen durch die euphorische Stimmung bei einem sportlichen Wettkampf werden die bestehenden Gräben zwischen Arm und Reich, Weiß und Schwarz überbrückt, und es entwickelt sich so etwas wie ein gemeinsames Nationalgefühl. Das ist umso erstaunlicher, da in Südafrika einige Sportarten häufig als eher »weiß« oder eher »schwarz« gelten. Generell ist Fußball (Soccer) die Sportart, die in erster Linie Schwarze betreiben, während alle anderen in Südafrika populären Sportarten wie Kricket, Rugby, Golf und Tennis normalerweise als Domäne der Weißen begriffen werden. Bei Mannschaften, Zuschauern, Fans und Funktionären sind hier die Interessen klar getrennt.

Besonders deutlich wird dies an den Wochenenden. Wer nicht die Chance, Zeit oder das Geld hat, in ein Stadion zu gehen, sitzt vor dem Fernsehgerät, und verfolgt die verschiedenen Spiele von dort aus. Ab Freitag scheint es im südafrikanischen Fernsehen

Ein Held muss aus ihm erst noch werden, Khayelitsha, Kapstadt

Quelle: Süddeutsche Zeitung

Große Emotionen, viel Improvisatio

Die Fußballeuphorie vor der WM sorgte für Schlagzeilen

keine anderen Programme mehr zu geben. Kricket, Rugby und Fußball laufen nonstop über die Bildschirme und sämtliche Übertragungen werden mit Hingabe aus Wohnzimmern oder in Bars verfolgt und kommentiert. Weiße sehen Kricket und Rugby, Schwarze sehen Fußball. An dieser Formel hat sich bislang wenig geändert. Gerade die von Weißen dominierte South African Rugby Union tut sich schwer, die von der Regierung geforderte Öffnung ihrer Reihen zu akzeptieren und durchzusetzen. Nach Ansicht der für den Sport zuständigen ANC-Minister und der geltenden Regierungsmeinung ist der Sport kein Bereich, der sich von dem erwarteten Transformationsprozess ausschließen kann. Allerdings bedeutet das bislang in erster Linie, dass mehr schwarze Sportler in weiße Sportarten drängen, als umgekehrt. *Öffnungsprozesse auch im Sport*

Die allgemeine Sportbegeisterung teilen jedoch alle. Der Sport schweißt die Multikulti-Gesellschaft zusammen. Gleichgültig, ob bei Auftritten nationaler Ligen oder bei internationalen Wettkämpfen, an denen Südafrika nach fast drei Jahrzehnten der Isolation nun endlich wieder teilnimmt, eines ist gewiss: Die Athleten können sich der Unterstützung durch die gesamte Bevölkerung sicher sein. Sie werden alle ohne Ausnahme bejubelt. Wenn *Bafana Bafana* (die Jungs), die nationale Fußballmannschaft, *Springboks,* die Rugby-Mannschaft, oder die *Proteas,* das Kricket-Team, Südafrika in den jeweiligen Länderkämpfen vertreten, sind die Namen der nationalen Teams in aller Munde und überall Tagesgespräch.

Spätestens seit der Fußballweltmeisterschaft 2010 ist sicher auch jedem Ausländer ein Instrument im Ohr, mit dem in südafrikanischen Stadien die Fans ihre Begleitmusik anstimmen. Die *Vuvuzela* ist eine sechzig Zentimeter bis ein Meter lange Plastiktrompete. Wer keine hat, kann sie für umgerechnet etwa drei Euro vor allen Fußballstadien kaufen, und dann damit im Stadion den Ruf eines Elefanten imitieren, allerdings noch *Elefantenrufe im Stadion* ohrenbetäubender. Da das Tausende von Fans von den Zuschauerrängen aus mit größter Begeisterung zur Anfeuerung ihrer Mannschaften tun, ist der Lärmpegel enorm. Nur gut, dass nicht jeder Anfänger diesem »Instrument« auf die Schnelle einen Ton entlocken kann. Ein wenig Technik und vor allem Lungenvolumen ist erforderlich.

Man erzählt sich, dass diesem massiven Trompeteneinsatz eine alte Stammestradition zugrunde liegt. In den Eingeborenendörfern war es lange Zeit üblich, durch das Blasen in ein Kudu-Horn Versammlungen einzuberufen. Vielleicht war das Hochhalten dieses Traditionsbewusstseins auch ausschlaggebend dafür, dass der Protest von TV-Sendern und einzelnen Spielern gegen das Instrument im Sande verlief. Sie wollten die *Vuvuzelas* bei großen Sportveranstaltungen verbieten lassen. Auf höchsten FIFA-Entscheid hin sind sie jedoch weiterhin erlaubt, und verbreiten so ein »beautiful noise for a beautiful game«, wie es zumindest der Produzent dieses Instruments potentiellen Käufern verspricht.

Der Traum vom Fußball- star

Während es »die Jungs« *(Bafana Bafana)* der Nationalmannschaft geschafft haben, mit ihrem Sport Geld zu verdienen, reich zu werden, und teilweise auch im Ausland bei bekannten Clubs zu spielen, träumen die vielen unbekannten Jungs in den Townships davon, es ihnen gleich zu tun. Jedes Wochenende verfolgen sie die Erfolgsgeschichten einzelner Spieler bei den bedeutendsten Clubs im Land. Die *Kaizer Chiefs* oder die *Orlando Pirates* samt Entourage sind das Ziel aller Wünsche, die Traumclubs schlechthin. Straßenfußball ist vor diesem Hintergrund mehr als nur ein Freizeitvergnügen. Und tatsächlich: Die ausländischen Vereine halten ein Auge auf die jungen schwarzen Talente in den Townships und fördern sie in vielen Fällen nach Kräften. Alljährlich fliegen Manager nach Soweto ein, um mit Fußbällen, Fußballschuhen und Trikots schon mal die Erstausstattung für eine mögliche Karriere zu stiften.

Bafana Bafana!

Neben der Aussicht, Fußballstar zu werden, was nur den wenigsten tatsächlich gelingt, bieten Sportprojekte in den Townships eine sinnvolle Möglichkeit, Kinder und Jugendliche von der Straße zu holen. Schulen, Kirchen und private Stiftungen organisieren Trainingslager – unter anderem mit ausländischen Praktikanten. Als kleiner Erfolg ist dann schon zu werten, wenn im sportlichen Wettbewerb Gemeinschaftsgefühl eingeübt wird. Oder, dass die Sozialarbeiter auf das Verhalten der Jugendlichen während des Trainings Einfluss nehmen und zum Beispiel auch über Aids aufklären können.

Zu den großen Erfolgen zählen natürlich die Siege im südafrikanischen Profi-Fußball, jedoch liegen die schon einige Jahre zurück. Unumstrittener Glanzpunkt war der Sieg der südafrikanischen Nationalmannschaft im eigenen Land im Februar 1996 beim Afrikanischen Nationenpokal. Einige Karrieren wurden da geboren: Lukas Radebe wurde Kapitän bei Leeds United, John Moshoeu ging nach Istanbul und Mark Fish zu Lazio Rom. Torhüter Rowen Fernandez spielte 2009 bei Arminia Bielefeld. Während die Spitzenspieler zu anderen Vereinen ins Ausland abwandern, holt sich die Nationalmannschaft ihre Trainer aus dem Ausland ans Kap: erst aus England, dann aus Portugal und Frankreich. Für die Weltmeisterschaft in Südafrika kam ein Brasilianer.

Karrieren

Kricket – Das Spiel der Schäfer

Eine Sportart, die in Mitteleuropa bis auf die Engländer niemand so richtig versteht, und die im deutschsprachigen Raum nur von einigen wenigen sehr anglophilen, meist ehemaligen Studenten an britischen Hochschulen, praktiziert wird. So genau weiß eigentlich kaum einer, aus welchem Land dieses Spiel eigentlich ursprünglich kommt. Vermutlich war es – ähnlich wie beim Golf – früher ein Zeitvertreib, mit dem sich Schäfer bei Laune

Englische Hinterlassenschaft

Kite-Surfer, Bloubergstrand

hielten. Allerdings benutzten sie keine Bälle, sondern Steine, und sie beförderten diese auch nicht etwa per Hirtenstab in Löcher im Boden. Sie warfen die Steine vielmehr ihren an einem Gatter stehenden Gehilfen zu und liefen anschließend so oft wie möglich zwischen zwei festgelegten Markierungspunkten hin und her. Vereinfacht gesehen, ist das bis heute die Regel des eleganten Spiels, bei dem die Spieler traditionell weiß gekleidet sind. In Südafrika wurde Kricket von den Briten eingeführt. Die ersten offiziellen Länderwettkämpfe fanden 1888-89 statt. In den folgenden Jahrzehnten bis zu den Apartheidjahren fanden nur gegen Australien, England und Neuseeland Wettkämpfe statt – ebenfalls Hochburgen dieser urenglischen Sportart.

Traditionel-le weiße Kleidung

Ähnlich wie beim Rugby bestanden früher alle Kricket-Mannschaften ausschließlich aus weißen Spielern. Seit 1970 wurde Kricket deswegen von internationalen Wettkämpfen ausgeschlossen. Viele sagen, dass sich das südafrikanische Kricket-Team durch die Isolierung von der Außenwelt seine besondere Stärke erarbeitete. Das Ergebnis: Bereits in dem Jahr nach der Abschaffung der Sanktionen (1991) zeigten sich die *Proteas* sehr erfolgreich bei internationalen Vergleichen. Heute gehören sie neben der Mannschaft Australiens zu den besten der Welt. Mit Ashwell Prince wurde 2006 auch der erste nichtweiße Spieler zum Kapitän berufen. Langsam aber sicher werden auch in dieser Sportart die Weichen für die Zukunft gestellt.

Beachboys and Girls

Die Strände von Südafrika gelten als ausgezeichnete Reviere für Surfer. Nicht ohne Grund findet am Strand von Blouberg schon seit Jahren einer der wichtigen Windsurfer-Weltcups statt und die weltbesten Surfer wie deren Ikone Björn Dunkerbeck und Robbie Naish feierten hier Erfolge. Neben den Windsurfern sind es heute vor allem die Wellenreiter und insbesondere Kite-Surfer, die ihre Künste in der Brandung vollziehen oder den Ritt auf der Welle wagen. Zur Nachahmung nicht immer empfohlen – denn sie kommen dabei den gefährlich aus dem Meer herausragenden Felsen ziemlich nahe. Dass die Küste um die Kaphalbinsel auch die Heimat von Haien ist, scheinen sie bei der Leidenschaft für ihren Sport ebenfalls erfolgreich zu verdrängen. Nicht selten sieht man in Blouberg, wie sich Angestellte aus der Stadt um die Mittagszeit von ihrem Businessanzug befreien und eine verlängerte Pause auf den Wellen im Meer verbringen.

Die Wellen locken

Hervorragende Bedingungen herrschen vor allem in den Monaten September bis Mai. Während dieser Zeit liegt die Küste Südafrikas unter dem Einfluss ausgedehnter Hochdruckgebiete und Regen bringende Tiefausläufer beeinflussen das schöne Sommerwetter nur selten. Ideal für das Surfen ist der berühmte Südostwind (Kapdoctor). Er beschert stetige Windstärken von sechs bis zehn Beaufort, was bei allen Wellenreitern Freude aufkommen lässt. Während der südafrikanischen Wintermonate (Juni – August), ist das an sich schon kühle Atlantikwasser noch ein wenig frischer, sodass sich in Kapstadt und auch an den Stränden des Indischen Ozeans, vor allem im Bereich der Gartenroute, ein Neoprenanzug dringend empfiehlt. Dafür sind die Hochdruckgebiete in Richtung Äquator abgezogen und haben so Platz für den Tiefdruck gemacht. Dann kommen die Stürme rund um das Kap auf, und die Wellen rauschen mit gewaltiger Kraft an die Küste – auf Wellen unter zwei Meter Höhe surft da keiner (vgl. Seite 19 ff.).

Golfen in Perfektion

Die besten Surfspots für Geübte liegen am Bloubergstrand nördlich von Kapstadt, bei Nordhoek südlich von Kapstadt, in der Jeffrey's Bay in der Nähe von Port Elizabeth und am Cape St. Francis am Ostkap. Für erste Stehversuche auf dem Brett und mit etwas flacheren Wellen, die Anfängern nicht gleich den Spaß nehmen, empfehlen sich die Buchten Algoa Bay und Silvic Bay bei Port Elizabeth.

Abschlag am Kap

Golfen in Südafrika ist populär und fast alle Plätze sind in einem hervorragenden Zustand. Außerdem liegen die fast fünfhundert Golfplätze in spektakulären Landschaften, sodass es schwer fällt, hier Qualitätswertungen vorzunehmen. Nicht von ungefähr bieten zahlreiche Reiseveranstalter daher Golftouren am Kap an, die mit einer Rundreise verbunden sind. Welcher begeisterte Golfsportler ist nicht fasziniert, wenn der Blick beim Abschlag Richtung Meer geht, oder wenn – wie bei den Plätzen in der Nähe des Kruger National Parks – auch schon mal Wildlife über die Fairways spaziert. *Wildlife auf Fairways* Da kommt selbst der regeltreue Spieler ins Grübeln, denn was macht der Golfer, wenn ein Affe den Ball klaut, oder wenn an einem Wasserloch ein Krokodil lauert? In solchen Fällen sollte der Ball dann doch lieber aufgegeben werden.

Die Clubs in Südafrika sind sehr besucherfreundlich und gegen Nachweis einer Clubmitgliedschaft sowie dem Bezahlen des Greenfees, das in den meisten Fällen bei rund dreißig Euro liegt, auch bezahlbar. Nur die ganz exklusiven Clubs bei Kapstadt, Durban oder George sind teurer, liegen aber mit Greenfees unter 150 Euro weit unter dem, was in Europa oder Amerika für Golfplätze in vergleichbarer Lage bezahlt wird.

Ein paar Regeln sollten Sie aber einhalten, wenn Sie als Gast ein südafrikanisches Golf-Resort besuchen. Hier werden noch britische Traditionen gepflegt. Das heißt, es gilt

Info | Pinkaus Top Ten: die schönsten Golfplätze Südafrikas

Lost City Golf Club: 150 Kilometer von Johannesburg entfernt, mit Blick auf die Pilanesberge und den afrikanischen Busch, 6.939 Meter lang (35 Euro Greenfee mit Cart). Berühmt sind die ersten neun wüstenähnlichen Löcher und das 13. Loch, dessen Grün in der Form von Afrika angelegt ist. Ein nicht leicht zu spielender Platz, bei dem auf die Hilfe von Caddies verzichtet werden muss. Sie sind nicht erlaubt.

Sabi River Bungalows Golf Club: Bei Hazyview, circa vierzig Kilometer vom Haupttor des Kruger National Park entfernt, in einer schönen Parklandschaft am Sabi Fluss gelegen. Während der Runde sind Tierbeobachtungen (Krokodile, Affen und Flusspferde) möglich. Und das bei einem Greenfee von zehn Euro! Erschwert wird das Spiel durch weite Abschläge und viel Wasser.

Hans Merensky Golf Resort: Bei Phalaborwa an der Grenze zum Kruger National Park. Hier wird eine Golfrunde (Greenfee: 35 Euro) zu einer Safari. Affen, Impalas, Warzenschweine, Giraffen, Löwen, Büffel, Elefanten, Fußpferde und Krokodile können zu »beweglichen Hindernissen« werden.

Durban Country Club: Er gilt als schwierigster Parcours Südafrikas und zählt mit seiner Lage direkt am Indischen Ozean auch mit zu den schönsten (Greenfee: 35 Euro). Das zwölfte Loch ist Insidern als das »Prince of Wales«-Loch bekannt. Nach einem verzogenen Abschlag benötigte der Prinz 1927 insgesamt 17 Schläge für das Loch. Der Platz ist eine Herausforderung und für Anfänger ungeeignet.

Fancourt Country Club: In George, direkt an der Garden Route gelegen, und mit vier 18-Loch Plätzen (Greenfee: 15–55 Euro) einer der luxuriösesten und mondänsten Clubs. Inhaber ist der deutsche Hasso Plattner (Mitbegründer von SAP), der gemeinsam mit seiner Frau zahlreiche Sozialprojekte in Südafrika fördert.

George Golf Club: In einer Parklandschaft mit schönem altem Baumbestand liegt dieser Platz (Greenfee: 25 Euro) am Fuße der Outeniquaberge. Es ist wie Golfspielen in einem englischen Garten. Achtung: Auf das Suchen von Bällen im Unterholz sollte wegen der Schlangen verzichtet werden. Höhepunkt ist der Abschluss an Loch 18 mit Blick auf das Gebirge.

Atlantik Beach: Direkt am Atlantischen Ozean mit hoher Windanfälligkeit aber einem spektakulären Blick an Loch vier, fünf und zwölf auf den Tafelberg. Ein Links-Kurs (Greenfee: 40 Euro), bei dem auch die heimische Flora und Fauna mit einbezogen wurde.

Erinvale Golf Club: Umgeben von den Hottentots Mountains und den Weinbergen des Vergelegen Wine Estates liegt dieser Platz in Hanglage auf einem alten Farmgelände. Um die Steigungen spätestens ab Loch zehn zu überbrücken, sollte ein Cart (15 Euro) gemietet werden.

Arabella Country Club: Wie das dazugehörige Hotel Western Cape und Spa ein Platz (Greenfee: 45 Euro) im Fünf-Sterne-Bereich. Weite Fairways, die abwechslungsreich am Rande der Bot River Lagune etwa hundert Kilometer von Kapstadt entfernt liegen.

Stellenbosch Golf Club: Bei guter Sicht zeigt sich sogar der Tafelberg. Sonst umgeben diesen Platz (Greenfee: 40 Euro) die Simonsberge und weite Weinflächen. Ein Parcours in Parklandschaft, der auf den ersten Blick einfach erscheint, aber einige sportliche Herausforderungen birgt.

ein formeller Dresscode. Die Golfkleidung sollte der allgemeinen Etikette entsprechen. Locker-flockige T-Shirts, Jeans und Leggins sind tabu. Und selbst bei noch so großer Hitze sollten Damen auf Trägertops verzichten. Auch im Clubhaus herrschen einige grundsätzliche Verhaltenscodes. So werden in geschlossenen Räumen keine Kopfbedeckungen getragen. Es ist also üblich, die Baseballkappe abzusetzen. Selbstverständlich sind die Mobiltelefone innen wie auf dem Platz auf stumm zu stellen. In der Regel erwartet man von den Spielern, dass ein »4-Ball-Game« (4er flight) mit zwei Stunden pro neun Löchern zu schaffen ist, und dazwischen eine 15-minütige Pause im Halfway House eingeplant wird. Die eine Runde begleitenden Caddies werden von den Spielern bezahlt (zehn Euro) und halfway zu einem Snack eingeladen. Ähnlich wie in Europa finden auch auf südafrikanischen Golfplätzen mittwochs und samstags Turniere statt. Sie sind dann für Gäste gesperrt, außer es wird die Turniergebühr gezahlt und der Gast nimmt selbst teil.

Tennis – Wandern – Reiten

Südafrikanische Hotels und Lodges bieten ihren Gästen häufig ein umfassendes Aktivitätsprogramm, bei dem Tennis schon fast zum Basisangebot gehört. Amanda Coetzer bei den Damen und Ellis Ferreira bei den Herren gehören zu den bekanntesten südafrikanischen Tennisspielern. Den Champions selbst wird zwar auch der engagierteste Tennisspieler dort nicht begegnen, aber eine Partie auf einem der sauberen und von freundlichem Personal betreuten Plätzen bringt Spaß und die Chance, mit anderen südafrikanischen Gästen ins Gespräch zu kommen.

Für jeden Geschmack etwas anderes

Je nachdem, in welcher Region das Hotel liegt, werden auch Ballonfahrten, Wildwasserrafting oder –tubing angeboten, Ausflüge zu Bootssafaris (Hai- oder Walbeobachtungen) und Wanderungen. Beim Wandern in unbekannten Gebieten ist es dringend empfohlen, sich einem ortskundigen Führer anzuschließen. Zum einen kennt er die zum Teil doch sehr zugewachsenen Pfade, vor allem in den Gebirgsregionen, und zum anderen weiß er auch besser darüber Bescheid, wie man sich bei einem Zusammentreffen mit wilden Tieren verhält. Vorsicht, hier tummeln sich viele Schlangen!

Wer will, kann auch die Natur Südafrikas mit ortskundigen Führern hoch zu Ross erleben. Die Trails ziehen sich durch das Buschland, führen entlang kilometerlanger Sandstrände (bei Nordhoek) oder durch die Drakensberge – eine atemberaubende Kulisse.

Über die Kulturszene am Kap

Literatur im Kampf gegen Rassismus

Die südafrikanische Kulturszene ist nicht erst seit dem Ende der Apartheidzeit in das Interesse der Öffentlichkeit gerückt. Schon Ende des 19. Jahrhunderts war es einer Frau zu verdanken, dass südafrikanische Literatur beispielsweise auch in Europa populär wurde. Eines der ersten Bücher, das Beachtung fand, war die von Olive Schreiner verfasste *Geschichte einer afrikanischen Farm*. Sie, die Tochter eines deutschen Missionars und einer englischen Pfarrerstochter galt als erklärte Gegnerin der Kirche und verfasste 1883 den Roman über das Leben auf einer Farm in der Karoo. Nicht beschönigend, sondern in

Der Klassiker

klaren, deutlichen Worten schildert sie das Zusammenleben auf dem Land. In späteren Veröffentlichungen, noch vor Ausbruch des Burenkrieges, ist es auch Olive Schreiner, die die Unmenschlichkeit der britischen Besiedlungspolitik in Südafrika anprangert. Anfangs schrieb sie noch unter dem Pseudonym Ralph Iron, später aber veröffentlichte sie ihre Werke auch unter ihrem eigenen Namen, und wurde nicht nur in Südafrika zu einer der Wegbereiterinnen des Feminismus.

Auch während der Zeiten des weißen Terrors hatten einzelne Kulturschaffende den Mut, sich gegen das herrschende Regime zu widersetzen. Sie klagten die Zustände in ihrem Land in Büchern und Zeitungsartikeln an. Viele gingen ins Exil nach Amerika oder Großbritannien und verarbeiteten aus der Ferne die Geschehnisse am Kap, wie zum Beispiel Mongane Wally Serote. Andere, wie die späteren Nobelpreisträger Nadine Gordimer und John Maxwell (JM) Coetzee, oder der später durch die Verfilmung seines Buches *Tsotsi* bekannt gewordene Autor Athol Fugard, beschrieben hingegen aus Südafrika heraus die gesellschaftliche Situation ihres Geburtslandes.

Gegen den Rassismus

Egal, welcher Hautfarbe die Autoren angehörten oder in welcher Sprache sie veröffentlichten, ein Thema war ihnen allen wichtig: Rassismus. Während die von öffentlicher Seite tolerierte Propagandaliteratur den Sieg europäischer Siedler in der Wildnis Afrikas feierte und das Leben auf dem Land romantisierte, wendeten sich die kritischen Autoren den Schicksalen Einzelner oder ganzer Familien zu. Ihre Beschreibungen sind eindringliche Charakterstudien von Weißen und Schwarzen, die unter dem Druck der Apartheid zu zerbrechen drohen. Diese Romane wurden in Afrikaans und in Englisch verfasst. In beiden Sprachen gab es eine kritische Auseinandersetzung mit diesem Thema. Daher ist

Die neue Subkultur – Straßenmusiker an Kapstadts Waterfront

Nobelpreise für Südafrika

1951: Max Theiler – Preis für Medizin, im Bereich der Gelbfieber-Grundlagenforschung

1960: Chief Albert Luthuli – Friedens-Nobelpreis. Er war einer der frühen Präsidenten des African National Congress (ANC).

1984: Desmond Tutu – Friedens-Nobelpreis für den Erzbischof der Anglikanischen Kirche von Südafrika in seinem Kampf gegen die Apartheid.

1991: Nadine Gordimer – Nobelpreis für Literatur. Zum ersten Mal ging diese Auszeichnung an Südafrika. Die Autorin wurde vor allem für ihren literarischen Einsatz für mehr Humanität geehrt.

1993: Nelson Mandela und F.W. de Klerk – jeweils Friedens-Nobelpreis. Für ihren Einsatz und den Erfolg einer friedlichen Abkehr von der Apartheid und den Aufbau eines durch Demokratie getragenen Gesellschaftssystems in Südafrika.

2003: J. M. Coetzee – Nobelpreis für Literatur. Er hat in seinen Büchern den Kampf des Einzelnen gegen die durch eine barbarische Geschichte geprägte Gesellschaft beschrieben und gefordert.

die Vereinfachung in der Literatur auf die Gleichung Afrikaans ist gleich Apartheid nicht zu akzeptieren. Dementsprechend kann auch nicht alles, was in Südafrika auf Englisch veröffentlicht wurde, vorbehaltlos als gut oder politisch korrekt angesehen werden. Das wäre eine viel zu starke Stereotypisierung der südafrikanischen Literatur.

Die Verbreitung von Klischees ist ein Problem, das sich vor allem in dem gegenwärtig *Klischees* sehr populär gewordenen weiten Feld der Trivialliteratur und in zahlreichen Fernsehfilmen zeigt, die in der Nach-Apartheidzeit geschrieben und produziert wurden. Da wird das Schwarz-Weiß-Denken eher noch zementiert. Manchmal ungewollt, werden Bilder heraufbeschworen, die zwar ein Miteinander aller Menschen am Kap zeigen, aber die Rollenverteilungen genau wie früher vornehmen. So gibt es den weißen Farmer, den Tierarzt oder die Ärztin, die im Busch einen Neuanfang wagen, und denen die Schwarzen hilfreich zur Seite stehen. Wie in Zeiten der Apartheid werden sie als herzensgute Hausangestellte oder tollpatschige Landarbeiter gezeigt, denen man alles erklären muss. Kommen sie in einer einflussreichen Position vor, dann als korrupte Politiker oder gerissene Geschäftsleute, gegen die sich der wackere weiße Mann oder die tapfere weiße Frau zur Wehr setzen müssen.

Auch die Bühnen lohnen einen Besuch

Die meisten Reisenden haben in Kapstadt Zeit, sich auch der aktuellen Kulturszene im *Artscape* Land zuzuwenden. Für einen ersten Einstieg dafür ist das in der Innenstadt liegende Arts- *Theatre* cape Theatre immer noch die beste Adresse. Einst unter dem Namen Nico Malan Theatre Complex als ein reiner Musentempel für europäische Kultur entstanden, ist es heute auch ein Ort für afrikanische Kunst und Kultur. Selbstverständlich kommen auch immer noch zahlreiche Produktionen aus dem Bereich amerikanischer Musicals und andere internationale Darbietungen zur Aufführung.

Während die Oper und das Philharmonic Orchestra das klassische Repertoire abdecken, widmet sich das Main Theatre in erster Linie zeitgenössischen Produktionen und wagt sogar experimentelles Theater. Der Satiriker Robert Kirby sowie die in der Kapstädter Kulturszene bekannten Größen, wie der Travestiekünstler Pieter-Dirk Uys und der Stand-up-Comedian Mark Banks, sind beliebt und reißen ihr Publikum mit tagesaktuellen, politisch-gesellschaftlichen Themen mit.

Main Theatre

Ein Tipp am Rande: In den Sommermonaten finden Open-Air Konzerte im Botanischen Garten von Kirstenbosch statt. Ausgerüstet mit einem gut gefüllten Picknick-Korb ist es ein Vergnügen, bei etwas kühlendem Wind vom Atlantik die meist klassische Musik zu genießen. Wer hier keine Karten mehr erhält, kann Ähnliches in Stellenbosch auf den Weingütern von Spier und De Oude Libertas erleben.

Den Rhythmus im Blut

Dem Klang von Südafrika begegnet man eigentlich überall. Tanz und Musik waren und sind Ausdrucksformen der schwarzen Bevölkerung, die stets zu ihrer Kultur gehörten, und somit fast schon ein natürlicher Bestandteil ihres Lebens geworden sind. Daher findet man in nahezu jedem Dorf mindestens einen Chor oder eine Gruppe junger Leute, die sich zum Tanzen treffen. Ihre Darbietungen und Stimmen erreichen dabei in der Regel professionelle Qualität. An vielen Orten treten lokal bekannte Chöre auf und bieten CDs mit eigenen Aufnahmen an.

Mama Afrika

Die Musikszene Südafrikas wurde lang Zeit durch drei Namen geprägt: an erster Stelle die große Dame und als Stimme des Kontinents bekannte »Mama Afrika« Miriam Makeba (1932-2008). Nachdem ihr nach einer Tournee durch Amerika und nach dem Auftritt in einem Anti-Apartheidfilm die Einreise nach Südafrika verwehrt wurde, verhalf ihr Harry Belafonte zu einer Aufenthaltsgenehmigung für die USA. Dort traten sie dann gemeinsam auf und Makebas internationale musikalische Erfolgsgeschichte begann. Ihre Ausdrucksform war eine Mischung aus Jazz, afrikanischen Rhythmen und Gesang in südafrikanischen Sprachen (in erster Linie Xhosa). Titel wie *Pata-Pata* oder der Click-Song wurden weltweit zu Verkaufsschlagern und landeten in den Hitlisten auf den vordersten Plätzen. Ein großartiger Erfolg in einer Zeit, in der Ethnomusik noch nicht so populär war. Ihre Songs waren auch politisches Programm gegen die Apartheid.

Abdullah Ibrahim

Der Jazz aus Südafrika hat mit seinem südafrikanischen Altmeister Abdullah Ibrahim einen weiteren wichtigen Namen. Als Aldolph Johannes Brand geboren, konvertierte der Musiker zum Islam und gründete 1960 mit den Jazz Epistels eine der ersten südafrikanischen Jazzbands. Auch er musste ins Exil nach Amerika, schaffte es aber, dass mit seinem Song *Mannenberg* die schwarze Bevölkerung eine ihrer Hymnen gegen das Apartheidregime erhielt. Auftritte von Ibrahim sind nicht selten. Gern kehrt er nach Südafrika zurück, wodurch sich Gelegenheiten bieten, ihn im Baxter Theatre oder in der City Hall von Kapstadt live zu erleben.

Aus dem Township Ladysmith in KwaZulu-Natal stammt einer der bedeutendsten Chöre des Landes, weltweit bekannt geworden durch die Zusammenarbeit mit Paul Simon für sein Album Graceland (1986). Ladysmith Black Mambazo – der A-capella-Chor, der sich vor allem als Bewahrer des traditionellen Gesangs der Zulu versteht, erhielt höchste

Ehren, als Nelson Mandela die Mitglieder zu »kulturellen Botschaftern Südafrikas« kürte und als Begleitung zur Friedensnobelpreisvergabe mit nach Oslo einlud.

Unter den wichtigsten südafrikanischen Musikern ist mit Johnny Clegg auch ein Weißer. Als Sohn eines britischen Jagdfliegers und einer Mutter aus Simbabwe kam er durch die zweite Ehe der Mutter 1960 nach Johannesburg. Beruflich zunächst als Ethnologe an der Universität beschäftigt, nutzte er seine perfekten Sprachkenntnisse in Ndebele und Zulu, um mit schwarzen Musikern zusammenzuarbeiten. Es entstanden Lieder, die afrikanische Elemente mit der westlichen Folk-Musik verbanden. Seine immer gemischtrassigen Auftritte fanden während der Apartheid nur in Kirchen oder in privatem Rahmen statt. Heute füllen sie Konzertsäle und werden in ganz Südafrika bejubelt.

Johnny Clegg Black Mambazo

Hollywood und andere Entdecker

Der südafrikanische Film weist zwar erst eine junge Geschichte auf, kann aber bereits auf einige internationale Erfolge verweisen. Ob Oscars für den besten ausländischen Film oder Preise in Cannes und Berlin – der südafrikanische Film findet internationale Anerkennung und ist nicht mehr nur beschränkt auf Naturfilme mit wilden Tieren in exotischer Landschaft. Auch die ewig lange fortgesetzten satirischen Schilderungen von Buschmännern, die etwa den Göttern danken, weil sie ihnen eine Coca-Cola-Flasche vom Himmel »gesandt hatten«, ist nicht mehr Inhalt von Kino-Produktionen. Es sind die Themen der Gegenwart und der nahen Vergangenheit, die den Stoff für packende Dramen liefern. Mittlerweile sind eine ganze Reihe von Filmen abgedreht worden, die das Thema Apartheid von allen Seiten beleuchten. Das sind dann nicht immer nur rein südafrikanische Produktionen, sondern auch internationale unter südafrikanischer Beteiligung. Die Aufarbeitung der Vergangenheit ist und wird auch in Zukunft eines der beherrschenden Themen sein: *Weiße Zeit der Dürre, Cry Freedom, Country of my Skull, Goodbye Bafana* sind nur einige der beachtenswerten Filme. Herausragend ist der in dem Johannesburger Township Sophiatown spielende Film *Drum,* der die Geschichte des gleichnamigen Magazins beschreibt, das in den 1950er-Jahren gegen die Herrschaft der Apartheid anschrieb. Ebenso bemerkenswert ist der Film *Tsotsi.* der mit dem Oscar für den besten nicht-englischsprachigen Film ausgezeichnet wurde. *Tsotsi* schildert die Geschichte des gleichnamigen 19-jährigen Schwarzen, der das Leben als Anführer einer Gang führt. Durch einen alkoholsüchtigen Vater und eine an Aids verstorbene Mutter wird er früh mit der harten Realität des Lebens in den Townships vor Johannesburg konfrontiert. Der Überfall auf eine junge weiße Frau läutert ihn. Er stiehlt ihr Auto und entführt ungewollt das auf

Südafrika auf Zelluloid

»Kunst« am Bau: Platform 2, Bahnstation Fishhoek, Kapstadt

der Rückbank sitzende Baby. Zu dem Kind baut er eine starke emotionale Bindung auf und denkt selbst über seine eigene Kindheit nach. Bei der Rückgabe des Kindes am Tor des Anwesens der Eltern greift die Polizei zu. Hier symbolisiert das Baby die Suche des jungen Mannes nach dem Weg zurück ins normale Leben.

Musical im Township

Eine andere Art von Indentitätssuche durchläuft die Protagonistin Carmen in dem mit dem Berliner Bären (2005) ausgezeichneten Filmmusical *U-Carmen eKayelithsha*. Die Musik der Oper von Bizet wird dabei übertragen in das Township Kayelitsha bei Kapstadt, gesungen in IsiXhosa. Eine intensive Interpretation von Leidenschaft und Eifersucht vor der Kulisse einer hoffnungslosen Umgebung.

Mit Musik wird auch in *Sarafina!* (1992) der Aufstand von Soweto geschildert. Das Musical hatte nach seiner Premiere 1988 am Broadway in New York eine erfolgreiche Spielzeit; später wurde es unter anderem mit Whoopi Goldberg und Miriam Makeba in den Hauptrollen an Originalschauplätzen in Soweto verfilmt wurde. Den Schüleraufstand im Township zum Inhalt eines westlichen Musicals zu machen, war schon ein gewagtes Unternehmen. Die meisten Kritiker befürchteten, der Film oder das Musical würden der Amerikanisierung der südafrikanischen Kultur Tür und Tor öffnen. Die Befürchtung blieb haltlos. Und so konnte zum 30. Jahrestag des Aufstandes am 16. Juni 2006 die überarbeitete Fassung des Films herausgebracht werden.

Mandela im Film

Kein geringerer als Clint Eastwood begann Anfang 2009 in Südafrika die Dreharbeiten zu *Invictus,* einer filmischen Biografie des Lebens von Nelson Mandela, gespielt von Morgan Freeman. In einer der Nebenrollen ist Matt Damon zu sehen. Er spielt den Rugby-Spieler Francois Pienaar (vgl. Seite 193 f.), und übernimmt damit eine der Schlüsselszenen der Nach-Apartheidzeit. Dieser Film wird keine Verfilmung der bewegenden Autobiographie Mandelas »Der lange Weg zu Freiheit« sein, sondern eine eigene Sicht der Dinge wiedergeben.

Interessant ist auch der inhaltliche Ansatz der US-amerikanisch/neuseeländischen Co-Produktion *District 9,* ein in Johannesburg spielender Science-Fiction-Film des südafrikanischen Regisseurs Neill Blomkamp. Hier wird einmal nicht die Apartheid thematisiert, sondern eine intelligente Alienstory entwickelt, bei der auch an Gesellschaftskritik nicht gespart wird.

Künstler wandern ab

Die Riege südafrikanischer Schauspieler führt Charlize Theron (1975) an, seit sie 2004 den Oscar für die beste Hauptrolle erhielt. Einschränkend muss allerdings angemerkt werden, dass sie seit 2007 die US-amerikanische Staatsbürgerschaft besitzt. Dennoch weist sie gerne auf ihre Heimat in Benoni, einem Vorort von Johannesburg hin. Dass südafrikanische Künstler ausländische Staatbürgerschaften annehmen, gibt es auch in anderen Bereichen. Der Literaturnobelpreisträger JM Coetzee, dessen Roman *Schande* mit John Malkovich in der Hauptrolle verfilmt wurde, nahm 2007 die australische Staatsbürgerschaft an. Im kulturellen Bereich droht also ebenfalls eine Abwanderung großen, künstlerischen Talentes. Auch dieses ist eine Entwicklung des neuen Südafrika, welche die für Kunst und Kultur zuständigen Kräfte des Landes erkennen und aufhalten sollten. Ein Land, dem Künstler und Intellektuelle den Rücken kehren, und das dem nichts entgegenzusetzen vermag, verliert die Basis für seine kulturelle Weiterentwicklung. Und das obwohl die Regenbogennation doch eigentlich auf einem guten Weg in die Zukunft ist.

Kulturspiel

Im Ohrsessel gemütlich lesen und verstehen ist eine Sache – sich in ungewohnten Situationen vor Ort spontan richtig zu verhalten eine andere. Auf den folgenden Seiten können Sie deshalb Ihr kulturelles Verständnis schon einmal testen.

▶ Versuchen Sie, die Situation zu erfassen, und entscheiden Sie sich für die Lösung, die Sie intuitiv für richtig halten. Im Kommentar verraten wir Ihnen, welches Verhalten angemessen ist und warum man andere Reaktionen besser vermeidet.

Afrikanischer Gruß
Wie verhalten Sie sich?

Bescheidenes Vehikel
Wie reagieren Sie?

Einsamer Nachtspaziergang
Wie verhalten Sie sich?

Wildes Geknipse
Wie verhalten Sie sich?

Vorsicht Löwe!
Was ist hier angesagt?

Flotter Pool-Look
Wie entscheiden Sie sich?

Situation 1: Afrikanischer Gruß

Sie sind erstmals für längere Zeit in Johannesburg. Um Ihnen das Eingewöhnen zu erleichtern, hat einer Ihrer schwarzafrikanischen Kollegen Sie zusammen mit einigen seiner Freunde eingeladen. Bei der Begrüßung schüttelt er Ihnen die Hand, ergreift dann Ihren Daumen, schüttelt auch diesen, schüttelt Ihnen dann wieder die Hand, und wieder den Daumen und will mit dem Schütteln überhaupt nicht mehr aufhören. Als eher zurückhaltender Mensch sind Sie von der Überschwänglichkeit dieser Begrüßung irritiert. **Wie verhalten Sie sich?**

a) Das übertriebene Händeschütteln ist Ihnen lästig. Sie ziehen daher Ihre Hand abrupt zurück.

b) Sie lassen alles willig über sich ergehen und stellen sich auf weiteres Händeschütteln ein.

c) Sie beenden die Begrüßung mit einem einzigen, äußerst kräftigen Handschlag.

Kommentar

Hoffentlich entscheiden Sie sich nicht für Lösung a), Sie würden Ihren Gastgeber damit aufs Schwerste brüskieren. Denn die beschriebene, ausgiebige und herzliche Form der Begrüßung entspricht südafrikanischen Gepflogenheiten und ist so etwas wie ein Ritual. Die mindestens dreimalige Wiederholung des »Handschlags« bedeutet: Man geht eine Verbindung ein, schließt diese und löst sie freundschaftlich wieder auf. Ein paar Wiederholungen können nicht schaden. Mit Lösung b) liegen Sie daher goldrichtig und schaffen sich eine Menge neuer Freunde. Vorsicht vor Lösung c)! Hier treten Sie – ohne es zu wissen – in ein Fettnäpfchen. Ein zu fester Handschlag gilt in Südafrika, anders als bei uns, keineswegs als besonders männlich (vgl. Seite 78).

Situation 2: Bescheidenes Vehikel

Auf einer Tagung in Kapstadt haben Sie es als einziger Weißer mit einer Reihe von Schwarzen in Führungspositionen zu tun. Während einer Kaffeepause sehen Sie sich in einen Smalltalk mit den Südafrikanern verwickelt. Es geht um Autos, offenbar ein Lieblingsthema sämtlicher Männer dieser Welt, zu dem Sie auch etwas beitragen möchten. Munter erzählen Sie von ihrem ökologisch hochinteressanten, äußerst praktischen Kleinwagen daheim in der deutschen Garage und singen ein Loblied auf ähnliche Energiesparmodelle. Verblüfft nehmen Sie zur Kenntnis, dass Sie mit Ihren Ausführungen ausschließlich konsternierte Blicke ernten. **Wie reagieren Sie?**

a) Sie fragen sich verunsichert, ob Ihr Englisch so schlecht ist, dass man Ihnen nicht folgen kann.

b) Sie reden unbekümmert weiter und übersehen das seltsame Verhalten der anderen.

c) Sie wechseln rasch das Thema und fragen die anderen nach ihren Lieblingsmodellen.

Kommentar

Tja, am mangelhaften Englisch liegt es wohl kaum, dass man der Beschreibung Ihres bescheidenen Vehikels mit Verständnislosigkeit begegnet. Lösung a) scheidet ganz klar aus. Eher ist es Ihr Nichtwissen um die Bedeutung von Statussymbolen in der aufstrebenden schwarzen Führungsschicht Südafrikas, das zu diesem interkulturellen Missverständnis geführt hat. Es muss schon mindestens ein Daimler oder ein BMW oder ein vergleichbarer Luxuswagen sein, wenn man Eindruck schinden will. Ein standesgemäßes Fahrzeug gilt in Südafrika als das Statussymbol schlechthin und spiegelt den gesellschaftlichen Aufstieg wider. Wenn Sie also die Situation retten wollen und Ihr Ansehen nicht weiter sinken soll, dann wählen Sie die Lösung c). Vergessen Sie die Vorzüge Ihres heimischen Sparmobils! Lösung b) unterstreicht zwar Ihre Eloquenz, allerdings können Sie in Südafrika damit nicht punkten (vgl. Seite 124).

Situation 3: Einsamer Nachtspaziergang

Nach einem stundenlangen Flug, dem anstrengenden Transfer zu Ihrem City-Hotel in Kapstadt und einem ergiebigen Abendessen im klimatisierten Hotelrestaurant steht Ihnen der Sinn nach etwas Bewegung an der frischen Luft. Vor dem Zubettgehen entschließen Sie sich, noch ein paar Schritte um den Block zu machen. Der Hotelportier versucht, Sie davon abzuhalten. Er warnt Sie vor einem möglichen Überfall. An jeder Ecke würden Räuber lauern. **Wie verhalten Sie sich?**

a) Sie halten das für übertrieben, gehen nicht weiter auf ihn ein und verlassen das Hotel.
b) Da Sie ein furchtsamer Mensch sind, schließen Sie sich verschreckt in Ihr Zimmer ein.
c) Sie ändern Ihren Plan und fragen, ob das Hotel vielleicht über eine Dachterrasse verfügt.

Kommentar

Selbst, wenn Sie einen Karatekurs zur Selbstverteidigung absolviert haben, sollten Sie nach Anbruch der Dunkelheit nicht mehr auf eigene Faust das Hotel verlassen. Das gilt auch für andere Großstädte Südafrikas. Der Portier hat mit seiner Warnung vor Straßenkriminalität leider Recht. Selbst Einheimische laufen nachts nicht alleine durch die Straßen. So blauäugig wie in Lösung a) sollten Sie sich also auf gar keinen Fall verhalten. Sich in Ihrem Zimmer einzuschließen und auf frische Luft ganz zu verzichten, wie in Lösung b), ist aber auch nicht angebracht. Suchen Sie nach einer Alternative wie in Lösung c). Genießen Sie Nachtluft und Ausblick auf der Dachterrasse und entspannen Sie bei einem letzten Drink im sicheren Hotelambiente (vgl. Seite 164).

Situation 4: Wildes Geknipse

Sie haben eine Townshiptour gebucht und fahren nun mit Ihrem Guide und einigen anderen Touristen in einem Bus durch eine sehr ärmliche Vorstadtgegend. Sie sind schockiert über die traurigen Wohnverhältnisse der Schwarzen. Das haben Sie sich – wohlstandsverwöhnt – so nicht vorgestellt: Wellblechhütten und Einfachsthäuser soweit das Auge reicht. Sie möchten Ihre Eindrücke unbedingt festhalten und fotografieren.
Wie verhalten Sie sich?

a) Sie knipsen wie wild drauf los, denn eine so eine einzigartige Gelegenheit zum Fotografieren armer Schwarzer gibt es nie wieder.
b) Sie schämen sich und verzichten darauf, die Armut dieser Menschen auch noch als Urlaubsfoto abzulichten.
c) Sie zögern, greifen dann aber diskret zur Kamera und machen ein paar wenige Fotos, um das Leben in den Townships zu dokumentieren.

Kommentar

Von Touristen, die in organisierten Gruppen durch Südafrika reisen, erwartet jeder, dass sie fotografieren. In folkloristisch ausgeprägten »Einheimischen-Dörfern« wird sogar Geld dafür verlangt. Es ist dies eine willkommene Einnahmequelle. Auf einer Townshiptour sollten Sie sich jedoch mit dem Fotografieren etwas zurückhalten und nicht gleich jeden vorbeigehenden Passanten ablichten. Sich derart sensationslüstern wie unter Lösung a) aufzuführen, grenzt an Geschmacklosigkeit. Übrigens auch in jedem anderen Land. Ganz auf das Knipsen zu verzichten wie in Lösung b) ist aber auch nicht nötig. Wenn Sie sich wie in Lösung c) verhalten, ist das angemessen. Solche Bilder erweitern dann vielleicht auch den Wissenshorizont Ihrer Lieben daheim, sind also nützlich (vgl. Seite 150 f.).

Situation 5: Vorsicht Löwe!

Sie sind mit Ihrem Mietwagen in einem der vielen schönen Nationalparks Südafrikas unterwegs. Das Naturerlebnis soll der Höhepunkt Ihrer Reise sein. Nun fahren Sie schon stundenlang durch die Gegend und Enttäuschung stellt sich ein, da Sie außer ein paar Zebras und einer Antilopenherde noch keine nennenswerten Wildtiere zu Gesicht bekommen haben. Da endlich winkt Ihnen das ersehnte Safariglück. Abseits der Straße entdecken Sie eine offenbar komplette, ruhende Löwenfamilie. Die Elterntiere dösen friedlich vor sich hin und die Kleinen spielen aufs Putzigste miteinander.

Was ist hier angesagt?

a) Überwältigt verlassen Sie den Wagen und gehen langsam auf die Tiergruppe zu, um Sie aus der Nähe besser filmen zu können.

b) Sie fahren rasch so nah wie möglich an die Tiere heran. Wozu haben Sie sich sonst den teuren Geländewagen gemietet.

c) Sie parken Ihren Wagen möglichst unauffällig am Straßenrand, vermeiden Lärm und hektische Bewegungen und fangen die Szene mit einem Teleobjektiv ein.

Kommentar

Falls Ihnen Ihr Leben lieb ist, dann verlassen Sie niemals auch nur eine einzige Minute lang das Auto, wenn Sie in einem Nationalpark mit frei lebenden Tieren unterwegs sind. Lösung a) verbietet sich im eigenen Interesse. Der Angriff einer Raubkatze kann für Sie tödlich enden. Verinnerlichen Sie daher die Warnung eines kundigen Rangers: »Wer aus dem Wagen steigt, springt in die Nahrungskette!« Selbst wenn Sie keine Tiere in unmittelbarer Nähe erspähen und eigentlich dringend austreten müssten, beherzigen Sie seine Warnung. Es ist damit zu rechnen, dass sich im hohen Buschgras gefährliche Tiere verborgen halten. Besonders Löwen, die sich in ihrer Ruhe gestört fühlen, können sehr ungemütlich werden. Ein Verhalten wie in Lösung b) ist ebenfalls indiskutabel und outet Sie als rücksichtslosen Rowdy. Einzig richtig ist ein Verhalten wie unter c) beschrieben. Unterschätzen Sie die Gefahren des Busches nicht und bleiben Sie mit dem Fuß auf dem Gaspedal (vgl. Seite 25).

Situation 6: Flotter Pool-Look?

Sie sind als Gaststudentin für ein Jahr soeben nach Kapstadt gekommen und wollen nun ein Netzwerk an Bekanntschaften auch außerhalb des Campus knüpfen. Da kommt Ihnen die private Einladung zu einem ehemaligen Geschäftspartner Ihres Vaters gerade recht. Er hat Sie für einen Samstagnachmittag zu sich und seiner Familie in seine Villa am Meer bestellt. Sie möchten bei Ihrem ersten Besuch dort auf jeden Fall einen guten Eindruck machen und stehen nun grübelnd vor dem Kleiderschrank. Was zieht man bei solch einer Gelegenheit an, heißt die Frage aller Fragen. **Wie entscheiden Sie sich?**

a) Sie greifen zum »kleinen Schwarzen»« und brezeln sich zur Feier des Tages auch sonst etwas auf.
b) Sie beschließen, in Ihrem normalen Alltagslook zu bleiben, also bei Jeans und T-Shirt.
c) Sie ziehen Ihren knappsten Bikini an, werfen ein leichtes Strandkleid darüber und träumen von einem Jump in den Pool.

Kommentar

Wenn Sie sich für die Schlichtlösung b) entschieden haben, liegen Sie goldrichtig. Ein junger Mann wäre in gleicher Situation auch mit Shorts und Polohemd richtig gekleidet. Denn Südafrikaner laden am Samstagnachmittag in der Regel zu einem Barbecue - Braai ein, also zu einem inoffiziellen Grill-Essen. Dabei ist legere Freizeitkleidung angesagt. Im eleganten Nachmittagsdress wie in Lösung a) würden Sie »overdressed« erscheinen und unter den anderen Gästen aus dem Rahmen fallen. Tunlichst vermeiden sollten Sie bei einem Erstlingsbesuch erst recht den flotten Pool-Look der Lösung c). Der bleibt dem Strand vorbehalten (vgl. Seite 89).

Literatur- und Filmtipps

Die folgenden Buch- und Filmempfehlungen sind eine kleine persönliche Auswahl aus einem mittlerweile sehr großen Angebot zu südafrikanischen Themen.

Geschichte / Politik /Landeskunde

Bussiek, Christel & Bussiek Hendrik: *Mandelas Erben – Notizen aus dem neuen Südafrika.* Bonn 1999. (Ein optimistischer Ausblick in die Zukunft am Ende der Präsidentschaft Mandelas. Die Situation des Landes zum Zeitpunkt des Jahrtausendwechsels – genau beobachtet und beschrieben.)

Grill, Bartholomäus: *Ach, Afrika – Berichte aus dem Inneren eines Kontinents.* München 2005. (Hervorragende Beschreibung des postkolonialen Afrikas südlich der Sahara durch den langjährig in Afrika tätigen Zeit-Journalisten. Eine Suche nach den Gründen für viele Fehlentwicklungen.)

Kapuściński, Ryszard: *Afrikanisches Fieber – Erfahrungen aus vierzig Jahren.* Piper Tb 2007. (Annäherung an den schwarzen Kontinent über die Schauplätze von Bürgerkriegen, Putschen und Revolten, die der polnische Autor persönlich miterlebte. Daneben eine liebevolle Schilderung des Alltags der Bevölkerung.)

Mandela, Nelson: *Der lange Weg zur Freiheit.* Frankfurt a. M. 1994. (Die Autobiographie des großen Politikers wurde schnell zum Weltbestseller. Persönlicher Einblick in das Leben eines Mannes, der zur Symbolfigur einer Nation und des Kampfes gegen Rassendiskriminierung erwuchs.)

Neville, Alexander: *Südafrika – Der Weg von der Apartheid zur Demokratie.* München 2001. (Eine vorläufige Analyse des Wandels in Südafrika auch als Reflexion über dessen Bedeutung für die westliche Welt und die Weltpolitik.)

Russell, Alec: *Bring Me My Machine Gun – The Battle for the Soul of South Africa from Mandela to Zuma.* New York 2009. (Portrait Südafrikas in den Jahren der Postapartheid im Stile einer gesellschaftspolitischen Bestandsaufnahme.)

Von Lucius, Robert und Schadeberg, Jürgen: *Nicht von hier und nicht von dort – Umbruch und Brüche in Südafrika.* Halle 2009. (Journalistische Einblicke in das Leben in Südafrika im Jahr vor der Fußballweltmeisterschaft vom Korrespondenten der Frankfurter Allgemeinen Zeitung.)

Belletristik

Coetzee, J.M.: *Im Herzen des Landes.* Fischer Tb 2003. (Die Tragödie des Lebens einer Frau auf einer einsamen Farm in der Savanne Südafrikas. Intensiv und aufwühlend geschrieben wie ein Tagebuch.)

Coetzee, J.M.: *Der Junge – Eine afrikanische Kindheit.* Fischer Tb 2003. (Die eigene Kindheit schildert der Autor, als wäre sie von einem Fremden analysiert worden, und verknüpft sie mit dem Leben in der Provinz.) Weitere wichtige Romane des Autors: *Schande,* Fischer Tb 2002; *Leben und Zeit des Michael K.* Fischer Tb 2003; *Eiserne Zeit.* Fischer Tb 2003.

Gordimer, Nadine: *July's Leute.* Fischer Tb 2005. (Eine liberale weiße Familie flüchtet während bürgerkriegsähnlicher Zustände in Südafrika zu ihrem »Boy« in sein Heimatdorf. Die veränderten sozialen Bedingungen werden für beide problematisch.)

Gordimer, Nadine: *Niemand, der mit mir geht.* Suhrkamp 1997. (Eine weiße südafrikanische Anwältin, die während der Endphase der Apartheid versucht zwischen Schwarz und Weiß zu vermitteln.) Weitere wichtige Romane der Autorin: *Burgers Tochter.* Fischer Tb 1982; *Der Besitzer.* Fischer Tb 1991; *Die Geschichte meines Sohnes.* Fischer Tb 2004; *Fremdling unter Fremden.* Fischer Tb 2004.

Krüger, Kobie: *Ich trage Afrika im Herzen – Unser Leben im Krüger-Nationalpark.* Droemer Knaur Tb 2003 (Packende Schilderung des Zusammenlebens von Mensch und Natur in der Kulisse des überwältigenden Krüger-Nationalparks.)

Malan, Rian: *Mein Verräterherz.* Hamburg 1990. (Reportage des aus dem wegen Wehrdienstverweigerung ins Exil geflüchteten Autors. Nach seiner Rückkehr 1985 nach Südafrika findet er ein Land vor, das von Unrecht und Gewalt geprägt ist.)

Mankell, Henning: *Die weiße Löwin.* DTV 1998. (Spannender Krimi um einen fiktiven Mordanschlag des Südafrikanischen Geheimbundes an Nelson Mandela während der Vergabe des Friedensnobelpreises in Oslo.)

Mathabane, Miriam: *Mein Herz blieb in Afrika.* Ullstein Tb 2001. (Kindheitsgeschichte aus dem Township Alexandria bei Johannesburg. Ein Schicksal im Elend, dem dennoch die Hoffnung auf die Erfüllung von Träumen innewohnt.)

Michener, James A.: *Verheißene Erde.* Droemer Knaur Tb 1984. (Umfassender Roman, der einen Geschichtsbogen spannt von den San über die Landung der Europäer am Kap bis hin zur Rassenpolitik des 20. Jahrhunderts. Immer vor der überwältigenden Kulisse südafrikanischer Landschaft.)

Mofolo, Thomas: *Chaka Zulu.* Zürich 1988. (Anschaulich wird vom Autor die Lebensgeschichte des charismatischen Führers und König der Zulu beschrieben.)

Nkosi, Lewis: *Weiße Schatten.* DTV 2003. (Angeklagt wegen Vergewaltigung einer Weißen, öffnet der schwarze Sibiya während der Verhandlung und im Gespräch den Blick auf die Liebe in Zeiten der Trennung.)

Schreiner, Olive: *Geschichte einer afrikanischen Farm.* Zürich 1981. (Zwei Mädchen und ein Junge wachsen in einer strenggläubigen, burischen Farmerfamilie in der Karoo im Jahre 1850 auf. Neben der Kritik der christlichen Religion auch eine Forderung nach Emanzipation der Frau.)

Sharpe, Tom: *Tohuwabou.* Goldmann Tb 2007. (Eine weiße Lady aus der Oberschicht hat ein Verhältnis mit ihrem Zulu-Koch. Als sie ihn erschießt, stört das niemanden. Erst nach dem Mord an einem Weißen bekommt die alte Affäre Brisanz.)

van Dijk, Lutz: *Township Blues.* Cbt Tb 2003. (Jugendroman über ein 13jähriges Mädchen aus dem Township Gugulethu bei Kapstadt, das nach einer Vergewaltigung mit HIV infiziert ist. Der Wunsch nach Rache und die Liebe zu einem nichtinfizierten Jungen prägen den Roman.)

Wicomb, Zoe: *David's Story – Roman aus Südafrika.* Lamuv Verlag 2002. (Die Geschichte der Coloureds und des Widerstandes, erzählt in Form einer Liebesgeschichte - dokumentarisch, fesselnd und emotional.)

Küche

Abrahams, Cass: *Cass Abrahams Cooks Cape Malay.* Hoheizen 2000. (Rezepte zu Kapmalaiischem Essen rund um die jeweiligen moslemischen Festtage am Kap.)
Mbalyohere, G. Charles: *Afrikanisch Kochen.* München 1996 (Einblick in die Töpfe des afrikanischen Kontinents. Exotisch, aber mit heimischen Produkten nachkochbar.)

Spielfilm

Weiße Zeit der Dürre (Regie: Euzhan Palcy. USA. 1989). Politthriller vor dem Hintergrund des Schüleraufstands von Soweto. Ein Plädoyer für Zivilcourage bis hin zur Selbstaufgabe im Kampf gegen den Rassismus.

Catch a Fire (Regie: Phillip Noyce. USA, F, GB, RSA. 2006). Ein unschuldiger Mann wird durch die Folter der Apartheid in die Arme des bewaffneten Zweiges des ANC getrieben. Nach einer wahren Begebenheit.

Cry Freedom (Regie: Richard Attenborough. USA. 1987). Das Leben des schwarzen Freiheitskämpfers Steve Biko. Er bezahlte mit seinem Leben einen hohen Preis im Kampf um die Rechte der Schwarzen.

Country of my Scull (Regie: John Boorman. USA. 2004). Ein schwarzer US-Journalist und eine weiße südafrikanische Reporterin sollen über die Wahrheitskommission berichten. Es entwickelt sich eine Liebesgeschichte in Zeiten der Postapartheid.

Dangerous Ground (Regie: Darrell Roodt. USA, RSA. 1997). Ein Thriller aus dem neuen Südafrika, bei dem ein aus dem US-Exil zurückgekehrter, ehemaliger Aktivist sein Land neu entdeckt. Er trifft auf Gewalt, Alkoholismus, und seinen von Drogen abhängigen Bruder.

Goodbye Bafana (Regie: Bille August. Belgien. 2007). Die Memoiren des Gefängniswärters Mandelas auf Robben Island bilden die Grundlage für diesen Film. Im Kontakt zu Mandela wird aus dem weißen Rassisten James Gregory ein Befürworter des Widerstands gegen den Apartheidstaat.

Invictus (Regie: Clint Eastwood, USA. 2009). Morgan Freeman als Nelson Mandela, Matt Damon als Rugbystar Francois Pienaar während des Rugby World Cups 1995. Der Finalsieg Südafrika versetzte die Nation in einen kurzzeitigen Taumel der Einigkeit.

Red Dust – Die Wahrheit führt in die Freiheit (Regie: Tom Hooper. GB, RSA. 2004). Ein intensives, spannendes Gerichtsdrama. Die Suche nach Wahrheit und Aufklärung des Schreckens der Vergangenheit durch die Wahrheitskommission.

Sarafina! (Regie: Darrell Roodt. RSA, F, GB, USA. 1992). Filmmusical über den Aufstand von Soweto aus der Sicht einer Schülerin. Basiert auf dem Broadwaystück (1988).

Schande (Regie: Steve Jacobs. Australien, RSA. 2008) Oberflächlich ein Beziehungs- und Vergewaltigungsdrama, hintergründig aber eine Studie über die Suche nach dem Sinn der Kunst für das Individuum und die Welt.

Tsotsi (Regie: Gavin Hood. RSA, GB. 2005). Eine einfühlsame Geschichte über das Seelenleben eines Jungen »aus dem Getto« vor dem Hintergrund der dramatischen sozialen Unterschiede am Kap.

U-Carmen eKhayelitsha (Regie: Mark Dornford-May. RSA. 2004). Die Oper Carmen von Bizet mit afrikanischen Klängen verbunden. In den Townships vor Kapstadt gespielt und gesungen in isiXhosa. Leidenschaftlich in jeder Hinsicht.

Register

A

Abwanderungswelle 86
Affirmative Action, 6, 66, 86–87, 120
Afrikaans, 17, 47, 51–52, 55–56, 95–97, 100, 160, 178, 182, 202–203
Ahnen, 78, 83, 102–105, 163
Aids, 6, 9, 62, 65, 106–109, 155, 197, 205
Alkohol, 72, 127, 143, 164, 186
Alkoholismus, 72
Aloe, 23
Analphabetismus, 98
African National Congress (ANC) 28, 54, 203
Anglikanische Kirche, 101, 180
Apartheid, 5–6, 9, 11, 32, 43, 48–61, 66–67, 69, 71, 86, 88–89, 92, 95–96, 98, 121, 124, 127, 129, 143, 145, 148–149, 152, 161, 166, 181, 191–192, 202–205, 207, 215ff.
Arbeitslosigkeit, 9, 53, 63, 87, 114, 117
Architektur, 59, 79, 149, 179–181, 193
Armut, 9–10, 49, 53, 61, 63, 66, 85, 111, 114, 145, 150–151, 192
Aufenthaltsgenehmigung, 120, 204
Aufklärung, 106, 108–109
Austern, 7, 141, 170, 176–177
Autofahren, 185–186
Automobilindustrie, 112, 116

B

Bafana Bafana, 124, 195–196
Bantu, 19, 52
Barnard, Dr. Christiaan, 175
Bauwirtschaft, 113, 115
Begrüßung, 78, 95
Bergbau, 112, 116, 143
Bergwerke 50, 116
Bier, 72, 83, 139, 168
Big Five, 5, 23–25, 28, 165, 193
Biko, Steve 55, 58, 63, 217
Bildung, 61, 64, 98–99, 109
Bildungssystem, 6, 63, 98
Biltong, 72–73, 133, 139–140

Black Economic Empowerment (BEE) 119, 130, 153
Black Power, 32, 55
Black Southeaster, 21
Blood River, 45, 160, 191
Bloubergstrand, 14, 20, 111, 164, 174, 199
Blue Train, 188
Bo Kap, 93, 166–167
Bobotie, 140–141
Bodenschätze, 47, 114
Boerwors, 72, 95, 140–141
Börse, 143–144
Botha, Louis, 47
Botha, Pieter Willem, 57
Braai, 21, 72, 89, 95, 139–140
Brautpreis, 84
Broom, Robert, 34
Bruttoinlandsprodukt (BIP) 17, 111
Buren (Boers) 41ff., 60, 90, 96, 100, 138, 141, 143, 160f., 191
Buschmänner, 23, 35, 45, 70, 72

C

Calvinisten, 46, 130, 143
Carjacking, 147
Chinesen, 36, 70, 114
Churchill, Winston
Ciskei, 51
Clegg, Johnny, 205
Coetzee, John Maxwell, 202–203, 207, 215
Coloureds, 17, 32, 69, 95, 119, 157, 165, 175, 216
Commonwealth, 47
Coon Carnival, 93

D

Da Gama, Vasco, 13, 31, 37, 157
De Beers, 116
De Klerk, Frederik Willem, 57–60, 203
Demokratie, 58–59, 62, 111, 203, 215
Deutsche, 40, 55, 96, 132, 149, 166, 181, 183, 200
Diamanten, 45–46, 112, 114, 134, 149, 163
Diaz, Bartolomeu13, 31, 36–37, 45

Diskriminierung, 36, 50, 59, 120
Drakensberge, 16, 19, 42, 74, 201
Droerwors, 72
Drogen, 63, 164
Durban, 7, 17–18, 21–22, 35, 64–65, 70, 90–92, 113, 115, 129, 155–159, 182, 199–200

E

East London, 17–18
Einladungen, 89
Elefanten, 25, 28, 195, 200
Enteignung, 88
Erster Burenkrieg, 45
Evangelisch–Lutherische Kirche, 101

F

False Bay, 14–15, 20, 175
Familie, 64, 70, 74, 78–84, 86, 88–89, 100, 105, 108–109, 116, 124, 139–140, 216
Farbige, 32
Feiertage, 191
Felsmalereien, 73, 75
Fußball, 67, 129, 194–195
Fußballweltmeisterschaft, 63, 113, 115, 151, 185, 215

G

Game Drive, 25, 28
Game Reserve, 28, 75–76, 184, 193
Gandhi, Mohandas Karamchand, 45, 91–92
Gansbaai, 14–15
Gastronomie, 32, 92, 128, 141, 157
Gaststudenten, 182–183
Gauteng, 17, 67, 96, 112, 117, 138
Geisterheiler, 85
Gesundheitsversorgung, 66
Gewürze, 82, 138
Gewürzhandel, 38
Glücksspiel, 150
Gold, 36, 46, 112, 114, 134, 143, 148–149
Golf, 192, 194, 197, 200
Gordimer, Nadine, 216
Great Escarpment, 15
Groote-Schuur-Krankenhaus, 175

Großer Treck, 42–45
Großwildjagd, 28
Guesthouse, 190
Gummischuhtanz, 148

H

Hani, Chris, 58, 106, 153
Hexen, 102–103
Highveld, 15–16
Hinduismus, 101
HIV, 17, 106, 108–109, 216
Hochzeit, 6, 79, 83–85
Homeland, 50–53, 111, 113, 150
Hoodia, 73
Hotels, 118, 144, 156–157, 168, 171, 189–191, 201
Hugenotten, 45, 129–130

I

Ibrahim, Abdullah, 204
Identität, 66–67, 72
Image, 65, 146
Independant African Church, 17, 101
Inder, 6, 45, 70, 90–92, 119, 138, 157
Infrastruktur, 112–113, 115, 168
Inkatha Freedom Party, 35, 60
Inyanga, 104–106
Inyasuti, 16
Islam, 101, 204
Isolation, 195

J

Jacaranda, 21, 159
Jagd, 25, 72–75, 82, 134, 193
Johannesburg, 7, 10–11, 16–19, 28, 33, 35, 45–46, 48–51, 53–54, 57, 59, 63, 70, 88, 90–91, 94, 96, 99, 101–102, 104, 108, 112–113, 115–117, 142–150, 155–156, 159, 182, 186, 188–189, 192, 200, 205–207, 216
Judentum, 101

K

Kalahari, 22, 71–72, 75
Kap Agulhas, 13, 17
Kap der Guten Hoffnung, 13, 37–39, 45, 71, 86, 169
Kapholländisch, 51, 95–96
Kapitalismus, 111
Kapmalaien, 6, 10, 70, 92–93, 166–167

Kapstadt, 7, 10–14, 17, 19–22, 31–32, 35, 40–41, 45–46, 49, 53, 58–59, 62–63, 67, 70, 75, 87, 93, 96, 103, 111–113, 115, 117–119, 127, 129, 132, 155–156, 159, 162–165, 168–174, 176–179, 182, 185–189, 194, 197–200, 203–207, 216–217
Karoo, 6, 20, 22, 34, 128–129, 133, 135–136, 201, 216
Khayelitsha, 53, 67, 101, 102, 103, 111–112, 174–175, 194
Khoi Khoi, 35, 41–42, 45, 70
Khoisan, 23, 35, 45, 60, 96, 133
Kirche, 44, 101–102, 108, 154, 166, 180, 201, 203 ff.
Klima, 5, 19, 132, 145, 155
Klischees, 203
Knysna, 7, 19, 176–177, 186
König Dingane, 43
Konzentrationslager, 147
Kopfschmuck, 80, 105, 133, 156
Korruption, 61, 86, 88
Kraal, 43, 78–79, 81, 85, 104
Kramat, 93
Krankenversorgung, 61
Kreuz des Südens, 20
Kricket, 67, 89, 194–195, 197–198
Kriminalität, 9, 11, 53, 63, 66, 86, 118, 124, 143, 145–147
Kruger National Park, 16, 20–21, 23–24, 27–28, 147, 186, 192–193, 200
Kruger, Paul Johannes
Krüger-Rand, 55
Küche, 53, 128, 138–141, 151, 188, 192, 217
Kultur, 7, 32, 55, 60, 70, 95–96, 106, 178, 184, 203–204, 206–207
KwaZulu Natal (Hluhluwe), 10, 26, 35, 41, 64, 76, 78, 85, 90, 138, 156, 204

L

Landwirtschaft, 23, 35, 88, 90, 102, 112–113, 120, 178
Langa, 53, 174
Lebenserwartung, 17
Lebensstandard, 111
Lesotho, 16, 19, 42
Limpopo, 27, 35, 96
Linksverkehr, 185
Lobola, 84

Lodge, 29, 190–192
Lowveld, 16

M

Machismo, 109
Makeba, Miriam, 55, 204, 206
Mandela, Nelson, 9, 11, 35, 54–55, 58 ff., 84, 90, 154, 160–161, 165, 194, 205–206
Mandela, Winnie, 58, 152
Mapungubwe, 5, 36
Mbeki, Thabo, 61–65
Mentalität, 121–123
Mietwagen, 24, 147, 185, 187
Mines and Works Act, 50
Missing Link, 33
Mosambik, 27
Muthi, 105–106

N

Namib, 22
Nationalhymne, 55, 83, 100, 192
Nationalpark, 28, 177
Naturschutz, 28, 177

O

Orania, 90
Oranje, 16–17, 42, 45
Oranje–Freistaat, 45, 47
Ostindische Handelskompanie, 5, 90, 179, 181

P

Pan African Congress (PAC) 54
Pieterson, Hector, 56, 154
Polygamie, 65
Port Elizabeth, 17–18, 22, 28, 112–113, 177, 199
Pretoria (Tschwane) 17, 43, 67, 70, 91, 96, 159 ff.
Protea, 23, 190

R

Randlords, 143
Rassenhierarchie, 32
Rassentrennung, 9, 32, 49–51, 66
Rassismus, 9, 36, 52, 91, 124, 201–202, 217
Regenbogennation, 5, 8–9, 11, 60, 69, 86, 132, 191–192, 207
Reisen, 7, 22, 27, 91, 185
Reisezeit, 21
Religion, 91, 103, 157, 216

Respekt, 35, 58–59, 74, 78, 85, 102–103, 106, 125
Robben Island, 35, 58–59, 64, 165, 173, 217
Rooibos-Tee, 23
Rovos Train, 188
Rugby, 67, 89, 192, 194–195, 198, 217

S

Safari, 7, 11, 24–25, 28, 121, 136, 184, 192, 200
Sammeltaxis, 187
San, 6, 35, 45, 70–76, 138, 163, 168, 170, 216
Sangoma, 104–107
Savanne, 22, 29, 72–74, 133, 137, 215
Schwarzafrikaner, 32–33, 114, 168
Segregation, 49–50
Selbstbewusstsein, 34, 55, 66, 95–96
Serengeti, 33
Shaka, 41–43, 45, 76, 82
Sharpeville, 54
Shebeen, 153–154
Shopping, 158, 171
Sicherheit, 11, 29, 44, 74, 125, 135, 146–147, 164
Simbabwe, 27, 36, 71, 88, 107, 120, 205
Sklaverei, 42, 45
Slovo, Joe, 58
Smuts, Jan, 47, 166
Southeaster, 20–21
Soweto, 5, 7, 10, 35, 48, 53–56, 96, 98, 106, 109, 116, 143, 146, 149–155, 175, 191, 196, 206, 217
Sozialismus, 63
Sport, 7, 155, 184, 192, 195–196, 198
Sprache, 56, 72, 94–97, 100, 143, 160–161, 176, 182, 202
Squatter Camps, 53, 152
Staatsflagge, 20, 60
Stammeskultur, 59, 124
Stellenbosch, 7, 41, 96, 127–130, 132, 163, 176–182, 200, 204

Sterkfontein, 33–34
Stevenson-Hamilton, James, 267
Strände, 18, 20–22, 52, 170, 198
Strauß, 72, 126, 133–135, 137–139
Südafrikanische Union, 45
Sundowner, 29, 192
Surfen, 14, 170, 198
Swasiland, 19, 64, 107

T

Taal Monument, 96–97
Tablecloth-Phänomen, 163
Tafelberg, 7, 93, 129, 162–165, 167, 173–174, 176, 200
Tankstellen, 27, 186
Tansania, 33
Tanzen, 85, 137, 204
Taxen, 155, 187
Temperaturen, 20–21, 128, 136, 147, 165
Textilindustrie, 114
Thabana N'Tlenyana, 16
Theron, Charlize, 207
Toleranz, 69, 90, 123
Tourismus, 55, 70, 90, 121, 141
Township, 49, 67, 101–102, 111–112, 139–140, 146, 150, 174–175, 187, 204–206, 216
Trade Winds, 38
Tradition, 59, 75, 78, 82, 84–85, 103, 106, 161, 164, 166–167
Trance, 75, 104–105
Transkei, 51
Transvaal, 34, 43–47, 112
Truth and Reconciliation Commission (TRC) 60
Tutu, Desmond, 54–58, 60, 112, 152, 154, 166, 203

U

Ubuntu, 6, 62, 85–86
Ulundi, 77, 106
Umgangssprache, 95, 100
Umkonto we Sizwe, 54
Universität, 11, 35–36, 132, 176, 181–183, 205

UNESCO-Weltkulturerbe, 35
Urbevölkerung, 6, 31, 70, 75–76, 138

V

Vaal, 16, 44
van der Stel, Simon, 129, 178
van Riebeeck, Jan, 31, 38, 40, 45, 129, 163, 172
Verfassung, 11, 19, 59, 62, 77, 95, 191
Vilakazi Street, 54, 56, 152, 154
Vuvuzela, 195

W

Wagenburgmentalität, 6, 44, 89–90
Wahlrecht, 50
Waterfront, 7, 163, 165, 167–168, 170–171, 185, 202
Wein, 120, 124, 127–129, 131–133
Weißer Hai, 14, 156
Whale Watching, 14
White Trash, 87
Wilderness, 18, 20, 22
Winzer, 127, 129–133, 179–180
Wirtschaftspolitik, 63
Witwatersrand, 16, 35, 45–46, 57, 63, 112
World Wildlife Fund (WWF) 28
Wüste, 22

X

Xhosa, 35, 45, 65, 76, 78, 100, 102, 106, 160, 174–175, 204

Z

Zeichensprache, 101
Zeitbegriff, 123
Zille, Helen, 63
Zion Christ Church, 101
Zulukrieg, 45
Zulu, 10, 11, 35–36, 42–45, 69 ff., 95, 97, 160
Zuma, Jacob Gedleyihlekisa, 35, 61, 63 ff., 88, 108, 116
Zweiter Burenkrieg, 47

Danksagung

Der Autor widmet dieses Buch seiner Mutter Inge Pinkau.

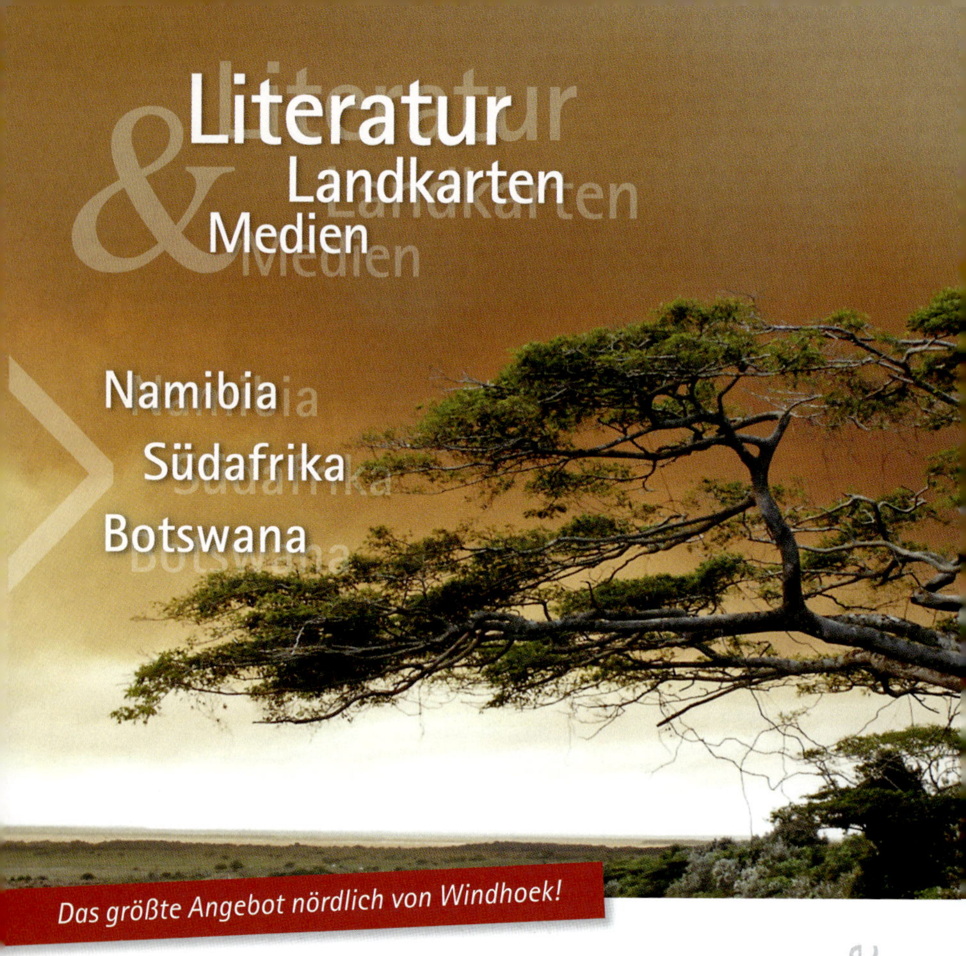

Literatur
Landkarten
Medien

> Namibia
> Südafrika
> Botswana

MONTANA

Guest Farm

Classic and Stylish with African hints

Montana Guestfarm, gelegen im zauberhaften Tal von Schoemanshoek, am Fuße des Swartbergpasses, nahe der Touristenstrasse 328, bietet mit seinem restaurierten alten Farmhaus, seinen Suiten, seinem parkähnlichen Garten, seinem Salzwasserpool, seinen Straußen und Ponys, dem Reichtum seiner Pflanzenwelt eine ideale Urlaubsatmosphäre inmitten der Kleinen Karoo.

Alles, was einen individuellen Urlaub ausmacht, die großzügig eingerichteten Suiten mit eigenem Eingang, Terrasse, TV, Telefon, einen ausgezeichneten Service zu fairen Preisen, eine Küche für den verwöhnten Gaumen und Weine aus der Region findet man auf Montana.

Montana ist idealer Ausgangspunkt für Ausflüge zu den Swartbergen bis hin zum Indischen Ozean.

Wir beraten Sie gerne und helfen , spektakuläre Sehenswürdigkeiten zu entdecken, sowie sich mit dem reichhaltigen Angebot von Straußenfarmen und Tierparks vertraut zu machen.

Montana Guestfarm - PO Box 40 - ZA Oudtshoorn, 6620 - Südafrika
Telefon: 0027 442727774 - Fax: 0027 442794026 -
E-mail: dbeitz@mweb.co.za - www.montanaguestfarm.co.za

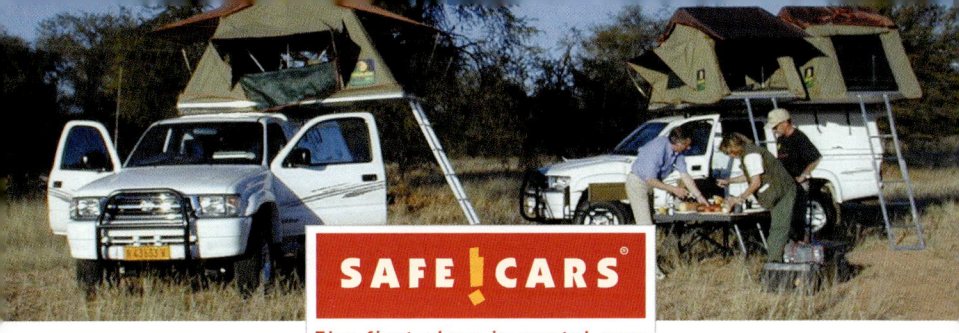

SAFE CARS®
The first class in rental cars

- Die **Fahrzeugflotte** besteht aus Toyota/Nissan, Single oder Double Cabin.
- Die Fahrzeuge werden von einer **Original-Toyota/Nissan-Werkstatt** gewartet.
- Alle Fahrzeuge sind mit einem **Kühlschrank** ausgestattet.
- Alle Küchenutensilien sind in staubdichten und rutschfesten **Boxen** verstaut.
- Inklusive **Europ-Assist** (schnellstmögliche ärztliche Hilfe in Südafrika, Namibia und Botswana.
- Eine **24-Stunden-Notfall-Nummer** ist eingerichtet.
- Wegen **Doppel-Tank** (ca. 140-l) haben die Fahrzeuge eine enorme Reichweite.

Beratung und Buchung bei:
IWANOWSKI´S i **REISEN**

Iwanowski's Individuelles Reisen • Salm-Reifferscheidt-Allee 37
D-41540 Dormagen • Tel. +49(0)2133-26 03-0 •
e-mail: info@afrika.de • www.afrika.de